改革开放四十年

中国水电

（上卷）

中国水力发电工程学会　主编

中国电力出版社

CHINA ELECTRIC POWER PRESS

图书在版编目（CIP）数据

改革开放四十年：中国水电. 上卷 / 中国水力发电工程学会主编. —北京：中国电力出版社，2018.12
ISBN 978-7-5198-2827-1

Ⅰ. ①改… Ⅱ. ①中… Ⅲ. ①水电企业–企业发展–成就–中国 Ⅳ. ①F426.9

中国版本图书馆 CIP 数据核字（2018）第 297243 号

出版发行：中国电力出版社
地　　址：北京市东城区北京站西街 19 号（邮政编码 100005）
网　　址：http://www.cepp.sgcc.com.cn
责任编辑：安小丹（010-63412367）　姜　萍　孙建英
责任校对：黄　蓓　郝军燕
装帧设计：左　铭
责任印制：吴　迪

印　　刷：北京盛通印刷股份有限公司
版　　次：2018 年 12 月第一版
印　　次：2018 年 12 月北京第一次印刷
开　　本：787 毫米×1092 毫米　16 开本
印　　张：20.5
字　　数：413 千字
印　　数：0001—1500 册
定　　价：150.00 元

《改革开放四十年——中国水电》

编 委 会

编 辑 小 组

主　　编　吴义航

副 主 编　雷定演　杨伟国　张博庭　杨永江

技术编辑　安小丹　李　明　王立涛　宁传新

　　　　　由　洋　姜　萍　孙建英　孙　卓

　　　　　徐海英　殷利利　楚　凌

中国水电

改革开放　成就中国水电走向辉煌*
（代前言）

中国水力发电工程学会理事长　张野

四十年前，党的十一届三中全会胜利召开，改革开放的春风吹遍了神州大地，全国上下各行各业掀起了一场解放和发展生产力的新的伟大革命。在国家改革开放总的方针路线指引下，我国水电行业与其他领域改革一样发生了深刻变革，有力推动了中国水电从小到大、从弱到强、从学习跟跑并跑到领跑直至全面超越，装机容量和年发电量均位居世界第一。改革开放之初，中国水电装机容量和发电量仅为 1727 万 kW 和 446 亿 kWh，至 2017 年年底分别为 3.41 亿 kW 和 1.19 万亿 kWh、增长了近 20 倍和 26 倍。中国水电在规划设计、施工安装、设备制造、运行管理、投资融资等全产业链的综合技术和管理水平迈入了世界先进行列。

中国水电的长足发展成就斐然，得益于中国共产党的坚强领导，得益于坚定走改革开放的道路，得益于几代中国水电工作者的锐意改革、敢于创新、勇于实践、艰苦奋斗和精诚奉献。

一、改革开放是中国水电事业健康快速发展动力之源

改革开放四十年来，中国水电工作者以自我革命的勇气和魄力，努力实践水电建设体制机制的改革，勇于直面改革开放所带来的巨大冲击和挑战，悉心探索推进水电健康快

---

* 本文为张野同志 2018 年 9 月 26 日在改革开放四十年中国水电纪念大会上的发言，有删节。

速发展之路。

1978 年，中国开始了改革开放的伟大历史征程。在党中央、国务院的正确路线、方针和能源政策指引下，中国水电的改革也从此拉开序幕。1980 年中国水力发电工程学会在新安江水电站成立，从此我国水电有了团结凝聚科技力量服务行业创新发展的重要纽带和平台；1982 年，在葛洲坝水电站首台机组投产发电之后，水电总局在红石和太平湾水电站推行工程概算"总承包"试点，成为推动水电建设内部改革，打破"大锅饭"调动水电施工企业积极性的转折；1984 年鲁布革水电站获世界银行贷款并进行国际招标，外方企业以远低于标底的价格中标，提前工期和高质量地完成项目，形成的"鲁布革冲击"促进了水电改革，也为全国建筑业管理体制改革提供了借鉴，对我国建筑行业改革发展产生了深远影响；1985 年开始鼓励"集资办电"，国家和地方办电相结合、内资与外资办电相结合的多元化水电投资格局逐步形成。对外开放进一步扩大，不仅补充了水电投资，而且引进了国际先进技术和管理，进一步推动了我国水电的改革和发展。以五强溪、隔河岩、岩滩、水口、漫湾老"五朵金花"和广蓄、二滩、天荒坪、李家峡、棉花滩新"五朵金花"以及小浪底为代表的大型水电水利项目，以在工期、质量、造价等方面的良好成绩推动了水电体制改革深化发展，为"优质、高速、低耗"建设大型水电站提供了十分宝贵的经验；1994 年国家颁布《公司法》，水电建设全面实施以项目法人责任制为中心的现代企业制度改革，多家流域开发公司的组建或改制，迈出了"产权清晰、政企分开、权责分明、管理科学"的重要一步；1996 年国务院提出水电开发"流域、梯级、滚动、综合"八字方针，成为国家水电建设的开发指引；1997 年国家电力公司成立，中央水电投资主体形成，推动了多项大型巨型水电工程和流域梯级电站建设。以三峡工程为代表的一批大中型水电项目，积极践行和不断完善业主负责制、招标承包制、合同管理制和建设监理制的建设管理模式，探索和开辟了具有中国特色的水电建设新路子。

进入 21 世纪，以全国水力资源复查为依据，确立了十三大水电基地的开发蓝图。国家西部大开发战略实施，"西电东送"工程全面启动，西部水电开发翻开了新篇章，中国水电也全面步入流域梯级开发的新阶段。2002 年国务院颁布《电力体制改革方案》，在国家层面建立了多元化的水电开发市场主体，五大电力公司和四个辅业公司等相继成立，加快了我国水电开发的进程。三峡工程建成在即，以龙滩、景洪、瀑布沟、拉西瓦等为代表的一批在国家西部大开发战略和"西电东送"战略实施之后开工的大型水电站先后投产发电，中国水电进入了高速发展时期；2004 年电价体制由"新电新价"向"标杆电价"改革，确立了水电项目投融资的市场化评价标准，同时国家推动金融创新为水电开发提供了资金保障。这些市场化改革和竞争机制的确立，有力促进了水电事业快速向前发展。2012 年党的十八大以来，遵循习近平总书记提出的"节水优先、空间均衡、系统治理、两手发力"新时期治水思路，水电建设在快速发展的同时，着力安全发展和高质量发展，为构建国家水安全保障体系发挥了重要作用；2016 年国家发布《关于进一步推进工程总承包发展的若干意见》，以百万千瓦级的杨房沟水电工程总承包项目为标志，我国大型水电工程建设管理模式进入改革发展新阶段，工程总承包制的大力推广必将对促进水电行业健康可持续发展产生深远的影响。

四十年改革开放，四十年沐雨栉风。中国水电在改革开放大潮中乘风破浪、砥砺前行，不仅为国家经济社会发展提供了源源不断的清洁电能，同时为保障国家能源安全和改善民生、大江大河束水安澜、宝贵淡水资源充分综合利用，以及推进全球节能减排、应对气候变化做出了巨大贡献。中国水电人以国家富强、民族振兴为己任，坚韧不拔、坚持立足国情探索改革发展道路，以海纳百川的胸怀锐意进取、真抓实干，成就了中国水电综合实力领先世界的历史辉煌。

二、科技创新引领中国水电发展攀登高峰

四十年来，改革开放大潮中的中国水电秉承科学技术是第一生产力的发展理念，以科技创新为引领，以电力建设为主战场，以国家重大工程为依托，从变革体制机制入手，虚心学习借鉴世界先进技术和发展经验，大力推进原始创新、集成创新和引进消化吸收再创新，积极推动科技成果转化和工程应用，科学技术实力和管理水平不断提升，在解决了体制机制和资金的制约之后，使科技创新有力支撑了水电事业高质量快速发展。

水电体制机制改革释放出巨大的科技创新活力，中国水电人以精湛的技术和精细的管理，建成了举世瞩目的长江三峡水电站和溪洛渡、向家坝、小湾、水布垭、糯扎渡、构皮滩、锦屏等一批世界级大型水电工程，白鹤滩、乌东德等一批具有国际领先水平的巨型水电工程正在推进建设之中。科技创新促进坝工技术不断取得新跨越，已建的锦屏

一级 305m 双曲拱坝、水布垭 233m 混凝土面板堆石坝、龙滩 216m 碾压混凝土坝、长河坝深厚覆盖层上 240m 堆石坝和在建的双江口 312m 堆石坝均为世界第一,而与高坝工程密切相关的高边坡稳定、大体积混凝土浇筑温控、地下工程施工、深厚覆盖层基础处理、长隧洞施工、泄洪消能、高坝抗震等一系列世界级高新技术均处于国际领先。

一系列大型工程实践推动水电装备水平不断迈向新高度。通过三峡等工程"技术转让、消化吸收、自主创新"的实践,我国仅用 7 年时间便实现大型水电装备的自主设计、制造和安装,如今不仅世界上单机容量 70 万 kW 以上的水轮发电机组绝大部分都安装在中国,而且拥有自主知识产权的单机容量达到 80 万 kW 和 100 万 kW 的水轮发电机组也为中国仅有。

据不完全统计,2000 年以来,获得国家和省部级奖励的水电科技成果有 1308 项,其中,获得国家科技进步奖或技术发明奖的项目共 88 项。科技进步和不断创新推动了水电科学技术的发展,推动着我国从水电大国走向水电强国。

四十年来中国水电改革创新发展的伟大实践,铸造了雄厚的综合科技实力,中国水电已成为名副其实的中国创造和国之重器。

三、推动实施国家战略水电发展奉献社会

改革开放四十年,中国水电不仅是国家发展电力事业的主力军,同时也是国家"西电东送""西部大开发"和"打赢精准脱贫攻坚战"等宏伟蓝图战略实施的有力推动者,特别是在帮助贫困地区群众脱贫致富中发挥了重要作用。

"西电东送"作为我国重要的能源发展战略,水电在其中扮演了十分重要的角色。20世纪 90 年代,建设天生桥水电站送电广东,开启了西电东送的序幕。2010 年,小湾和向家坝水电站送电广东和上海,推动了我国±800kV 直流特高压输变电线路的建设。水电建设对助力西部大开发战略实施起到了重要的作用,并初步形成了"西电东送、南北互供、全国联网、水火互济"的电力发展格局。目前依托"西电东送"骨干水电工程已建成了 5 条特高压直流输电线路,输送水电容量 5000 多万千瓦,年送电量 2000 多亿千瓦时,相当于替代原煤 1 亿 t、减排二氧化碳 2 亿 t。

"西部大开发"是国家重要的区域发展战略,开发水电是推进西部大开发战略的重要

支撑。我国水电资源 80%集中在西部地区，经过长期努力已开发约 2 亿 kW，占我国已建常规水电的 65%。多年来西部水电开发从投资拉动、区域发展、清洁能源供应等方面有力促进了西部地区经济社会的发展。

我国水电工程大多地处深山峡谷、老少边穷地区，涉及移民多为贫困群众，通过库区移民安置实现脱贫致富是水电工程建设的重要内容。四十年来，中国水电建设始终把高度重视水库移民安置作为重点，并在项目实施过程中加以认真落实，努力实现开发与移民致富的共赢，得到了社会各界的广泛认同。

水电开发性移民工作在不断完善中前进，移民政策和举措也在不断调整，体制机制逐步健全，补偿标准稳步提高，安置效果越来越好，走出了一条具有中国特色的水电移民安置和支持后续发展之路，创新出富有区域特点和地方特色的移民后期扶持政策，帮助移民群众走上勤劳致富的道路，推动电站所在区域的经济社会发展，移民"移得出、稳得住、逐步能致富"的目标得以实现。党的十八大以来，党和国家事业发生了历史性变革，推动中国特色社会主义进入新阶段。我国水能资源开发的重心已逐步向贫困人口集中的西南地区转移，广大水电企业和水电工作者要积极履行社会责任，在承担公共服务、提供智力支持、实施项目帮扶、协助科学决策等方面主动作为，努力在打赢脱贫攻坚战中做出更大的贡献。

四、"一带一路"引领中国水电走向国际造福人类

改革开放四十年，深刻改变了中国，也深刻影响了世界。中国水电取得了"世界水电看中国"的伟大成就，成为"一带一路"建设、推动构建人类命运共同体的践行者。

放眼国际大舞台，中国水电是国内最早"走出去"的行业之一。在习近平总书记提出"一带一路"建设重要思想后，中国水电企业把"走出去"深度融合到"一带一路"之中，积极促进国际合作，努力实现政策沟通、设施联通、贸易畅通、资金融通、民心相通，打造国际合作新平台，增添共同发展新动力。经过多年的海外经营和发展，成功占领了水电工程国际工程承包、国际投资和国际贸易三大业务制高点，具备了先进的水电开发、运营管理、金融服务和资本运作能力以及包括设计、施工、重大装备制造在内的完整产业链整合能力。与 100 多个国家和地区建立了水电开发多形式的合作关系，承

接了 60 多个国家的电力和河流规划，业务覆盖全球 140 多个国家，拥有海外权益装机超过 1000 万 kW，在建项目合同总额超过 1500 亿美元，国际项目签约额名列我国"走出去"的行业前茅，累计带动数万亿美元国产装备和材料出口。在"一带一路"沿线国家建立起了多个"三峡工程"，如马来西亚巴贡水电站、苏丹麦洛维水电站、几内亚乐塔水电站等。中国水电人的身影闪现在中巴经济走廊和东南亚，在广袤的非洲大地，在南美洲崇山峻岭之中，足迹遍布世界各地。

经过四十年的顽强拼搏和锐意改革，中国水电已经成为我国在全球综合技术和管理水平领先的重要产业，是国际上一张靓丽的"中国名片"，更是中华文明传播的重要载体。澜沧江的水电开发，成功应对了 2016 年湄公河全流域的干旱灾害，使下游五国受益，成为构建人类命运共同体的典范事例。

构建人类命运共同体是中国共产党人站在中华民族伟大复兴和人类发展进步相结合的高度，旨在重构中国与世界关系而提出的重大战略思想。"一带一路"是构建人类命运共同体的幸福之路，也是引领中国水电走向国际、造福人类的发展之路。

五、生态文明指引中国水电可持续发展道路

党的十八大提出把生态文明建设放在突出位置，融入经济建设、政治建设、文化建设、社会建设各方面和全过程，努力建设美丽中国。推进生态文明建设成为时代主题，构建清洁低碳、安全高效的能源体系，成为水电在新时期的重要使命。新时代赋予水电新的任务，水电应当在能源生产和消费革命、建设生态文明等方面发挥更加突出的作用。

水电是技术成熟且可大规模开发的清洁可再生能源，世界上很多国家都把水电开发放在能源发展的优先位置。我国水电资源蕴藏量居世界首位，积极发展水电是实现国家非化石能源发展目标的必由之路，是有效降低温室气体排放的重要途径，是增加清洁能源供应、保障能源安全、应对气候变化、推进节能减排、实现可持续发展的重要举措。水电作为全国最早推进改革开放的行业之一，改革开放四十年来在国家发展战略指引下，广大水电工作者在建造起一座座工程丰碑的同时，始终不断强化提升环境保护意识，积极践行绿色发展。

绿水青山就是金山银山，维护绿水青山、再造秀美山川，中国水电功不可没。在水

电开发过程中，同步规划、设计、建设生态环境保护设施，不断开展生态流量、鱼类保护、低温水缓减等关键技术科研攻关和技术创新，把生态环境保护落实于规划设计、建设施工和后期的施工撤场、发电运营等全过程，取得了丰硕的成果。可持续发展理念不断深化，逐步形成了生态保护与修复技术体系，努力维护好河流生态系统健康和独特的人文自然景观，实现人与自然和谐共生。如今，全国星罗棋布的水电站几乎都是旅游休闲胜地，成为当地生态良好的典范，如新安江水电站库区形成了闻名遐迩的"千岛湖"，二滩水电站将原本植被稀疏的干热河谷变成了国家级森林公园等。不仅如此，水电开发还对维护河流生命健康发挥了重要作用。三峡、天生桥、龙滩、糯扎渡水电站建成后，通过实施生态调度，增加枯水期生态流量，分别对长江、珠江、湄公河三角洲区"压咸补淡"发挥了不可替代的作用。

经过多年的建设发展，中国水电的节能减排生态环保效益十分显著。四十年来水电累计发电量超过 14 万亿 kWh，约相当于替代标煤 43 亿 t、减排二氧化碳 113 亿 t、二氧化硫 0.37 亿 t、氮氧化物 0.32 亿 t，为打赢蓝天碧水保卫战做出了重要贡献。

回顾过去是为了更好地面向未来。四十年沧海桑田，中国经济飞速发展，国家面貌日新月异。党的十九大以来，以习近平新时代中国特色社会主义思想为指引，中国经济开始由高速增长向高质量增长转型，我国社会已进入新时代开启新征程。新时代对能源供给提出了新要求，清洁能源是经济社会高质量发展的必然选择，也必将为经济社会可持续发展提供新动能。水电作为全球公认并为世界各国所大力发展使用的清洁能源，目前是我国非化石能源的绝对主力，在新时代承担着无可替代的历史使命，在未来能源体系中水电与风电太阳能等新能源必将发挥越来越重要的作用。中国水电要在坚持节约资源和保护环境的基本国策，着力推进绿色发展、循环发展、低碳发展的方针指引下，在工程建设中更加注重统筹考虑和正确处理好生态环境保护、移民安置、地方经济发展等方面关系，真正使水电成为清洁高效能源体系的主力军、生态文明建设的重要力量。坚持以人民为中心的发展理念，让改革发展成果更多更好地惠及全体人民，努力使流域沿线的人民群众都能因为水电开发而享受到改革发展带来的成果，实现水电的可持续发展。

满眼生机转化钧，天工人巧日争新。今年是我国改革开放四十周年，是贯彻落实党的十九大精神开局之年。党的十九大描绘了把我国建成社会主义现代化强国的宏伟蓝图，开启了实现中华民族伟大复兴的新征程。认真总结改革开放四十年来水电发展的成功经验，使水电发展在新时代更好地服务于中国特色社会主义建设大局，为建设美丽中国做出更大贡献，是每一位水电人义不容辞的责任。我们要通过总结和回顾改革开放四十年来我国水电发展取得的辉煌业绩和成就，传承和弘扬中国水电的改革精神和奋斗精神，积极开展学习宣传在改革发展过程中涌现出的先进人物和事迹，使勇于改革、敢于创新的科学精神成为广大水电工作者共同推崇的价值追求，不断提高我国水电的科技实力和创新能力，共同促进中国水电和新能源事业迈向更好更高质量的发展。

改革开放天地宽，砥砺奋进正当时。水电事业是光明的事业、伟大的事业！让我们在习近平新时代中国特色社会主义思想指引下，坚持走中国特色自主创新道路，坚持抓创新就是抓发展、谋创新就是谋未来，坚持以深化改革激发创新活力，把科技进步、社会进步和生态文明建设有机结合起来，在新的起点上承前启后、继往开来，为实现建成社会主义现代化强国的伟大目标、实现中华民族伟大复兴的中国梦而不懈奋斗！

中国水力发电工程学会理事长

张　野

2018 年 9 月 26 日

中国水电

改革开放四十年

目 录

上 卷

改革开放　成就中国水电走向辉煌（代前言）

..................................中国水力发电工程学会理事长　张野

◎ 世纪大跨越

——谈水电建设的体制改革

....汪恕诚 / 1

◎ 中国水电开发与可持续发展

——在联合国水电与可持续发展论坛上的发言（摘要）

....陆佑楣 / 8

◎ 改革开放谋发展　走出国门看世界

....张基尧 / 14

◎ 加强水电建设管理　争创水电精品工程

....周大兵 / 21

◎ 水电事业进一步发展的几点思考

....贺恭 / 30

◎ 改革开放铸就大国重器　科学运行保护长江健康

..................................中国长江三峡集团有限公司　王琳　孙志禹 / 35

◎ 创新创业再出发　苦干实干促发展

　　——中国电建改革开放四十年发展纪实

　　…………………………………… 中国电力建设集团有限公司　晏志勇 / 40

◎ 践行绿色战略　贡献清洁能源

　　…………………………………… 中国能源建设集团有限公司　丁焰章 / 45

◎ 保持战略定力　深入推进一个主体开发一条江

　　…………………………………… 雅砻江流域水电开发有限公司　陈云华 / 50

◎ 加大标准化改革力度　推动中国水电技术标准"走出去"

　　…………………… 水电水利规划设计总院　郑声安　袁建新　李仕胜 / 59

◎ 改革提供动力　锦屏书写华章

　　…………………………………… 雅砻江流域水电开发有限公司　祁宁春 / 65

◎ 澜沧江流域水电技术发展概述

　　………………………… 华能澜沧江水电股份有限公司　艾永平　曹学兴 / 76

◎ 20世纪中国建成的最大水电站——二滩水电站

　　…………………………………… 雅砻江流域水电开发有限公司　吴世勇 / 85

◎ 解读改革开放以来最具代表性的水电工程

　　………………………………………… 中国葛洲坝集团公司　谭萌　黄曼 / 93

◎ 从"鲁布革"崛起

　　——纪念中国改革开放四十年、鲁布革电站发电三十周年

　　………………………… 中国水利水电第十四工程局有限公司　冉路超 / 98

◎ 漫湾往事……… 中国华电集团公司云南华电怒江水电开发有限公司　张建新 / 104

◎ 忆龙羊会战 ………… 中国电建集团西北勘测设计研究院有限公司　陈学刚 / 110

◎ 李家峡勘测轶事……… 中国电建集团西北勘测设计研究院有限公司　赵定成 / 117

◎ 水电建设的体制革命 ……………………… 中国长江电力股份有限公司　李俊瀛 / 121

◎ 北盘江上董箐水电站的建设奇迹

　　………………………… 贵州黔源电力股份有限公司贵州北盘江董箐发电厂 / 124

◎ 从水磨坊到水轮机

　　——我与改革开放共奋进

　　…………………… 国投云南大朝山水电有限公司　张良 / 128

◎ 低水头"丰满"的前世今生

　　………… 国家电投五凌电力有限公司马迹塘水电厂　吴一帆　詹强 / 133

◎ 开路先锋与无名英雄………… 水利部小浪底水利枢纽管理中心　张庆来 / 139

◎ 自强不息　勇于超越　砥砺前行四十年

　　——纪念改革开放四十周年水电十局谱华章

　　…………………… 中国水利水电第十工程局有限公司　高超锋 / 151

◎ 圆百年梦想　筑世纪辉煌 ………………… 三峡水力发电厂　熊燕娇　朱玲 / 156

◎ 四十载砥砺奋进　乌东德再立新功

　　………… 长江三峡勘测研究院有限公司（武汉）　周炳强　王团乐　刘冲平 / 161

◎ 匠心铸精品　创新启新程

　　——水电五局改革开放促高质量发展综述

　　…………………… 中国水利水电第五工程局有限公司　李鑫 / 167

◎ 燃点万家灯　共筑中国梦

　　——天生桥水力发电总厂三十年改革发展纪事

　　…………………… 天生桥二级水力发电有限公司　邓峰 / 171

◎ 唱响新时代铁军之歌………… 中国水利水电第八工程局有限公司　鲍亚欢 / 177

◎ 搏击江河　铸梦水电

　　——"葛洲坝机电"品牌发展纪实

　　………… 中国葛洲坝集团机电建设有限公司　莫文华　崔慧丽　刘创农 / 181

◎ 三代人水电情　四十年改革路

　　…………………… 中国水利水电第一工程局有限公司　丛熙航 / 187

◎ 我的十局　我的梦………… 中国水利水电第十工程局有限公司　廖永谦 / 192

◎ 从中国改革开放四十年看十二局发展变化

　　…………………………中国水利水电第十二工程局有限公司　胡英姿 / 199

◎ 筑梦江河展风采　装点山川谱华章

　　——改革开放四十年水电九局水利水电建设成果回眸

　　…………………………中国水利水电第九工程局有限公司　廖江平 / 201

◎ 四十年·回望|水电十五局：每个第一，引燃改变

　　…………………………中国水电建设集团十五工程局有限公司　贺小平 / 205

◎ 全球一枝独秀的中国水电…………………………机械科学研究总院　齐靖远 / 212

◎ 改革开放四十年　中国水电成就卓越

　　…………………………中电建水电开发集团有限公司　李培　杨秋桂 / 218

◎ 开启长江新纪元　成就水电新高度

　　——纪念改革开放四十周年

　　…………………………葛洲坝水力发电厂　李四勤　陆坪 / 226

◎ 在新时代改革开放征程中书写人生精彩

　　——纪念改革开放四十周年征文

　　…………………………中国水利水电第一工程局有限公司　赵丽华 / 232

◎ 引领水电发展坐标不断攀升　中国电建集团成都勘测设计研究院

　　改革开放四十周年发展侧记

　　…………………………中国电建集团成都勘测设计研究院　邱云 / 235

◎ 中国电建集团昆明勘测设计研究院在改革开放的道路上砥砺前行

　　…………………………中国电建集团昆明勘测设计研究院　何丽文　刘昱 / 239

◎ "一带一路"小水电援外培训与国际合作交流综述

　　…………………………水利部农村电气化研究所（亚太地区小水电研究培训中心）

　　　　　　　　　　　　　徐锦才　施瑾　林凝　赵建达　张恬 / 246

◎ 践行"一带一路"　提升国际水平

　　…………………………中国葛洲坝集团海外投资有限公司　周光灿 / 251

◎ 中国电力建设集团有限公司首个境外投资项目甘再水电站

　　………………………………… 中国水电甘再项目公司　白准英 / 256

◎ 中国水电在非洲………………… 中国电建集团国际工程有限公司　罗霄巍 / 261

◎ 明珠闪耀老挝南欧江………………… 南欧江流域发电有限公司　宋会红 / 264

◎ 乘风破浪会有时　直挂云帆济沧海

　　………………… 中国电建集团中南勘测设计研究院　何颖　吴徐华 / 272

◎ 到国际舞台浪遏飞舟　在水电市场挥斥方遒

　　——大步走向国际市场的中国电建集团北京勘测设计研究院

　　………………… 中国电建集团北京勘测设计研究院有限公司　田园 / 276

◎ 导师带徒培养模式在中国电力建设集团有限公司的实践和发展

　　……… 中国电建集团海外投资有限公司　俞祥荣　高超　曹际宣　王耀东 / 281

◎ 改革开放四十周年　我的水电情

　　——根据对四川分局 1978 年出生职工采访实录

　　………………………… 中国水利水电第一工程局有限公司　莫玲 / 288

◎ 感恩水电　无悔青春

　　——记改革开放四十周年

　　………………………… 中国水利水电第一工程局有限公司　侯朋伟 / 291

◎ 心向水电　刻绘青春………… 中国电建集团国际工程有限公司　李琳 / 293

◎ 昨日余晖　今日芳华………… 中国水利水电第十工程局有限公司　肖璐 / 296

◎ 浅谈改革开放四十年以来的发展变化

　　………………… 中国水利水电第十二工程局有限公司　马季煌 / 299

◎ 乘着改革开放的夏荫………… 中国水利水电第十二工程局有限公司　张晨 / 301

◎ 我在改革开放的岁月里　砥砺前行

　　………………………… 中国水利水电第一工程局有限公司　孙明敏 / 304

◎ 后记………………………………………………………………307

世纪大跨越[*]

——谈水电建设的体制改革

汪恕诚

党的十一届三中全会以来，我国的水电事业取得了举世瞩目的发展。根据 10 年规划和"八五"计划安排，到 2000 年全国水电装机容量要达到 7000 万 kW 以上，同时，一批世界级水平的水电站将陆续开工建设。在迎接水电建设高潮到来之际，我们要认真总结 10 年来水电建设改革的历程和主要成就，明确在深化改革中需要解决的若干问题，展望未来，更好地完成历史赋予我们的使命。

一、改革取得了显著成效

我国的水电建设的改革始于 1984 年鲁布革工程引水隧洞国际招标和石塘工程国内招标。在这之后，国内的全部水电工程（西藏羊卓雍湖电站除外）都实行了业主责任制、建设监理制和招标承包制，涌现出一批建设速度快、施工质量好、投资得到一定程度控制的工程建设项目。以 100 万 kW 以上的大型水电站建设为例，广州抽水蓄能电站（简称广蓄）一期工程装机容量 120 万 kW，1988 年 9 月 26 日开工，1993 年 7 月第 1 台机组投入商业运行，比国家批准的建设工期提前 4 个月，与国际上 6 座同类电站相比，建设速度快 1～2 年。水电第十四工程局承包广蓄工程施工任务。开挖阶段职工人数 1700人，混凝土衬砌及机组安装阶段职工约 3000 人，高峰劳动生产率达 5 万元/（人·年）。水口水电站装机容量 140 万 kW，1987 年 1 月承包商进点，1993 年 8 月 8 日第 1 台机组

---

* 本文写于 1992 年 6 月，作者为水利部原部长。

发电。其月最高开挖强度为 35 万 m³，年最高开挖量 309 万 m³；混凝土浇筑月平均强度 10 万 m³，年浇筑量达 116 万 m³，施工质量优良，表明我国的水电施工水平已跨上了新的台阶。承担水口施工任务的华田公司施工人数为 3000～3500 人，高峰劳动生产率 5 万元/（人·年）。岩滩（121 万 kW），漫湾（125 万 kW）、隔河岩（120 万 kW）等水电站也已陆续投产发电，这几项工程的施工人数为 5000～7000 人，高峰劳动生产率 3～3.5 万元/（人·年）。以上列举的这些大型水电建设项目，与自营工程相比，劳动人数减少 1/2～2/3，劳动生产率提高 1～3 倍，工期减少 1～2 年，经济效益显著。

"八五"期间，水电出现了投产高峰，全国大中型水电站（含地方中型）可投产 1200 万 kW。从 1991～1993 年，各年投产的千瓦数分别为 115 万、213.28 万 kW 和 334.85 万 kW；1994～1995 年两年计划投产 600 万 kW。这样的投产速度在我国水电建设史上也是绝无仅有的。

二、改革的关键是转换经营机制

近年来，水电建设之所以取得了比较显著的成绩，就我们自身的工作来看，主要是抓了三件事，即：建立健全新机制、实行项目管理和采用新技术。其中，最关键的是转换经营机制。

1. 建立业主责任制、建设监理制和招标承包制

水电建设的业主责任制、建设监理制和招标承包制是在 1984 年鲁布革水电站引水隧洞工程率先进行国际招标、实行转换机制试点的基础上逐步形成的。这种新机制的确立，主要通过以下三个方面的作用，推动了水电建设的发展。

（1）确立业主的地位。业主单位要负责资金筹集、工程建设、生产运营及资金偿还的全过程。业主单位的各项工作必须以取得电站的整体经济效益为出发点，在建设阶段，即以谋求电站及早投产发电作为主要的奋斗目标，并严格把握工程质量，较好地克服了基本建设不注重经济效益的弊端。

（2）确立甲乙方关系。在工程建设中确立了甲乙方关系，作为甲方的建设单位，其工作职责主要为三控制一协调：控制进度、质量，资金；协调建设过程中的各种矛盾。甲方的这种监督、管理、协调、服务的职能，无疑对提高工程建设的管理水平是有效的。

（3）把施工企业推向市场。招标承包制的建立，把施工企业推向市场，在市场竞争中谋求企业的生存和发展。抓管理、讲效益，重合同、守信誉成为企业发展的内在要求。竞争带来的压力变为企业深化改革的动力。自主经营、自我约束、自我完善、自我发展的新型施工企业正在兴起，为水电事业的更大发展准备了条件。

2. 实行项目管理和项目法施工

管理是一门科学，在新的机制确立之后，管理是十分重要的。对水电建设行业来说，在初设批准之后，根据国家批准的工程概算，工期和设计，以实现工程成本，质量和工期的整体最优，取得最大效益为目标，按项目自身特性和它的内在规律来组织全过程的科学管理，即项目管理。为了便于区分甲乙方的项目管理，我们分别称为"项目管理"和"项目法施工"。现在项目管理项目法施工已在许多水电工程中运用，取得了明显的效果。

3. 采用新的科学技术

科学技术是第一生产力，新的科学技术的采用是提高水电建设水平的重要途径，这里以鲁布革水电站为例，据不完全统计，该顶工程在不断优化设计和推进技术进步方面，共取得了 3100 万元的直接经济效益；广州抽水蓄能，水口，岩滩等水电站在建设中都十分注重采用新的科技成果和技术，以谋求工程建设的整体经济效益。

三、改革的三个阶段

改革是新生事物，尤其在社会主义的中国，如何探寻一种符合中国实际的水电建设管理体制，需要一个实践——认识——再实践——再认识的过程，需要认真她探索、总结和完善。

1. 积极试点认真探索

自鲁布革工程开始，水电建设管理体制改革已有 10 年了。改革中我们坚持了多种模式的广泛试点，从实践中总结实验，探索道路。现归纳起来，先后出现了 4 种模式。

（1）由国家行政领导部门直接组建建设单位，建设单位负责工程建设，工程完工后用"交钥匙"的办法移交给业主单位。如鲁布革工程就是这种漠式。这种办法，在建设过程中未能发挥出业主的作用，在后来的改革实践中已不再采用。

（2）由设计院总承包，工程建成后移交给业主单位。如浙江的石塘水电姑工程，设计总承包进一调动了设计人员的积极性，工程建设取得很好的成绩，但这种办法同样没有发挥业主单位的作用，工程后期产生了许多矛盾，使工程移交遇到很大困难。今后运用这种模式必须注意充分发挥业主单位的作用，实行业主管理指导下的设计总承包。

（3）由业主单位组建的建设单位来管理工程建设，如漫湾、水口、岩滩、隔河岩、五强溪、李家峡、二滩等水电站工程。

（4）由业主单位聘请工程监理实施工程建设管理，如广蓄、十三陵、天荒坪、天生桥一级、大广坝、太平驿、莲花等水电站工程。

以上第三、第四种模式将是我国水电建设管理的主要形式。在10年多的改革实践中，除探索管理模式外，对具体的管理办法也进行了广泛的探讨，积累了很多经验和教训。

2. 全面系统地总结经验

随着鲁布革、石塘工程的竣工，广蓄、岩滩、漫湾、水口、隔河岩等电站的陆续投产，标志着我国在新的建设管理体制下运作的电站建设即将完成一个完整的建设周期，完全具备了全面系统总结经验的条件。近年来，各建设单位都在抓紧总结经验，原能源部召开的广州抽水蓄能电站建设经验交流会，以及水电建设管理专业委员会的几次年会，都是对水电改革的全面总结。当前我们的任务就是要认真总结经验，提高管理水平，全面地、科学地、系统地把改革的实践经验上升到理论，形成管理科学，进而更好地指导实践。

3. 建章建制加以定型

在总结经验并上升到理论科学的基础上，就应迅速制定出各种法规、规定、办法、意见等法律性文件，使之成为水电建设应遵循的准则，依靠法律把改革成果固定下来。现在，这项工作正在加紧进行。

管理体制改革三个阶段的工作是事物发展的必然过程，其内容是互相穿插的，不能截然分开。从总体看，目前仍主要处于第二阶段。希望通过大家的努力。争取在本世纪末以前确立具有中国特色的水电建设管理体制。

四、深化改革中亟须解决的几个问题

当前，深化水电建设管理体制的改革，主要需解决以下几个问题。

1. 以现代企业制度来规范、完善和组建甲方机构

随着社会主义市场经济体制的逐步建立，随着改革的不断深化，水电建设要在业主责任制的基础上，以现代企业制度来规范、完善和组建甲方机构。甲方机构必须明确出资人的资产权益和业主单位的经营权益，并逐步实行政企分开。成立流域开发公司或地域开发公司，搞有限责任公司、股份制公司，是水电建设更高层次上的改革，现已开始试行。

2. 深化设计改革

在水电建设全面推行"三项制度"的情况下，实质上已使水电基本建设进入了市场，建设单位已经主要以经济手段来管理基本建设了。另外，设计工作基本上仍然是用计划经济、行政手段的办法来管理，两者之间必然产生矛盾和摩擦，这种情况已经在许多工程项目建设过程中出现。自党的十一届三中全会以来，设计工作也进行了许多改革，取得了一定成效。1993年以来，设计改革的步伐又进一步加快。设计改革的主要内容可以概括为：设计成果商品化；设计单位企业化；设计管理行业化。现阶段主要是在社会主义市场经济条件下，探索水电前期工作的筹资体制；探索设计院事业体制改为企业体制问题以及进一步完善设计单位内部经营管理机制问题。

3. 大力发展多种经营，建立施工企业的产业支柱

由于我国经济的高速发展，对电力工业的发展提出了越来越高的要求。水电能源的开发也越来越被国家领导和计划部门重视，水电投资逐年增加，上升速度之快不仅是水电建设史上所没有的，也是全国其他行业所没有的。水电建设的改革和我国其他各行各业的改革一样，在大幅度提高劳动生产率的情况下。施工企业富余人员的安置是改革能否深入持久的最重要问题。近年来，水电施工企业多种经营的发展曾经历了福利型、安置型和产业型三个阶段。现在看来，22万人的施工队伍，至少应有7万～10万人在多种经营岗位，而且一定要使多种经营发展成为产业型，成为工程局的一根产业支柱，才能使施工企业真正摆脱困境，也才能使水电建设的改革成果得以巩固和发展。

4. 加强配套改革

国家现行的各种管理体制，如行政管理体制、计划体制、财税体制、外贸体制等，也都进行了很多改革。但由于水电建设的改革进展较快，就会遇到许多新的问题，提出

新的要求，这就是我们经常所说的配套改革的问题。以计划管理的重要手段概算控制为例，静态的概算已经很难适应动态的资金流管理的需要了，除了在静态概算基础上加进动态的变化因素外，最根本的是要建立一套与国际接轨的、又符合中国实际的工程造价管理办法和体系。这项工作正在实施中。

五、历史使命

1912 年，在云南昆明建成了我国第 1 座水电站——石龙坝。经过水电建设者几代人 80 多年尤其是新中国成立后 40 多年的努力，至 1993 年底，全国水电装机已达到 4459 万 kW。回顾这 80 年的历程，总结经验，展望未来，我国水电建设可以大致划分为三个阶段。

1. 石龙坝——葛洲坝

新中国成立以后，陆续建设了刘家峡、丹江口、龚嘴、新安江、白山、龙羊峡、葛洲坝等一批大型水电站和一系列中小型水电站，尤其是葛洲坝工程建设，达到了较高的水平，成为我国水电建设史上的光辉一页。但是，也要清醒地看到，这一时期还有"工期长、投资大、见效慢"三项帽子压在我们头上，我国水电建设的整体水平与世界先进水平还有较大差距。

2. 鲁布革——广州抽水蓄能电站

为使我国水电建设水平能够有突破性的提高，并迎接水电建设高潮的到来，改革早已成为全体水电建设者的光荣历史使命。从 1984 年鲁布革改革开始，到全国各水电建设项目普遍推行新的管理体制，改革成果开始显示。广蓄建设经验集中体现了我国水电建设改革成果，并展示了今后水电改革发展的方向。水电建设的改革阶段大体将延续到本世纪末。届时将新增装机容量 3500 万 kW 左右，总装机容量达到 7000 万 kW 以上。改革的不断深入，也为迎接我国一批世界级水平水电站的建设做好了管理和技术上的准备。

3. 二滩——三峡工程

"八五""九五"期间，我国已经和将要开始建设一批特大型水电项目，如三峡 1820 万 kW、二滩 330 万 kW、龙滩 420 万 kW、小湾 420 万 kW、瀑布沟 330 万 kW（或锦屏 2×300 万 kW）。中国的水电建设者一定要有这样的志气：用一流的设计、一流的管理、一流的技术、一流的质量建成一批世界一流的水电站。到 2012 年，经过从石龙坝开始的一个世纪的努力，使全国水电装机容量规划达到 1.1 亿～1.25 亿 kW，实现世纪大跨越。我们不仅要建成世界最大电站——三峡水电站，夺取"单项"冠军，还要成为世界上水电装机容量（常规机组）最多的国家，夺取"团体"冠军。

中国水电开发与可持续发展[*]

——在联合国水电与可持续发展论坛上的发言（摘要）

陆佑楣

2004 年 10 月，联合国水电与可持续发展论坛在北京召开。原水利电力部和能源部副部长、原中国长江三峡工程开发总公司总经理陆佑楣院士就"中国水电开发与可持续发展"问题做了发言，提出中国水电开发要有一个良好的建设管理体制、要做好流域和项目规划、要有完善的移民政策和行动、要充分做好生态和环境的评估。同时，在高度重视水电开发对社会、环境及生态等方面影响的前提下，建议大力发展水电和其他清洁能源的开发利用。时隔 14 年，对我国水电建设和发展至今仍有重要的指导作用和意义。

（一）中国的经济发展对电力的需求

目前中国正处在经济高速增长的时期，GDP 的年增长率持续保持在 8% 以上。国民经济的增长必然伴随着对能源电力需求的增长。2003 年年底全国电力总装机容量已达 3.91 亿 kW，年发电量为 19000 亿 kWh，仍然出现了部分地区电力供应不足，拉闸限电频繁。可以预计的电力增长前景为：2010 年将达到 6 亿 kW，2020 年将达到 9.5 亿 kW 以上，这是一个可观的增速。

---

[*] 本文作者为原中国长江三峡工程开发总公司总经理、中国工程院院士，本文原载于《中国水力发电年鉴（第九卷）》，2004。

（二）中国一次能源储量及评价

中国的电力主要依靠常规一次能源获得，据勘查统计资料：煤炭储量1390亿t（备产储量），原油储量33亿t，天然气储量1.7万亿m^3，水能（可开发的）储量24740亿kWh/年。

（1）煤炭资源相对较为丰富，但人均占有量也只是世界人均占有量的45%。煤炭是我国电力的主要能源，其年产量的50%以上用于发电。但大量燃烧煤炭造成的环境污染问题是难以克服的，加上煤炭开采过程对生态环境的影响，故不可忽视要付出的代价。从中国能源结构看，电力工业以煤电为主的格局在可见的未来难以转变。然而煤炭是不可再生的，总储量肯定逐步减少，按当前年开采量17亿t计算，80余年就将耗竭。

（2）石油是中国紧缺的能源资源，人均占有量只是世界人均占有量的10.71%。石油是可携带能源，主要是用于飞机、汽车、船舶的动力和化工原料，不宜大量地用于发电。

（3）天然气也是中国的紧缺能源，人均占有量只是世界人均占有量的4.99%，主要用于化学工业原料及居民生活用能源，也不宜大量地用于发电。

（4）水能资源在中国相对较为丰富，人均占有量为世界人均占有量的55.1%。它是用于发电的优质能源。水力发电是一次性能源直接转换成电力的物理过程，它不消耗一立方水，也不污染一立方水，不排放一立方有害气体，也不排放一公斤固体废物，是清洁的能源。只要地球上水循环不中止，江河不会干涸，水资源是永恒的，是可再生的能源。世界各国无不优先开发水能资源。据统计，世界上有24个国家依靠水力发电提供国内90%的电力，如巴西、挪威等；有55个国家水力发电占全国电力的50%以上，如加拿大、瑞士、瑞典等。中国当前的水电装机容量约占全国电力的24%，年发电量占14.8%。当然，水电开发将淹没部分土地，居民要搬迁；河流流态的改变会影响部分鱼类的生存环境，水库泥沙淤积可能带来一些不利的影响。为此，水电开发过程必需建立一套科学、完整的评估体系，以做出准确的抉择和采取相应对策。

（5）核电是优质高效的能源。经过几十年的发展，核电不论从技术上和安全上都已得到公众的认可；随着技术的发展，将是人类未来能源的发展方向。中国的核电事业起步较晚，目前仅有636.4万kW的装机容量，占全国电力总装机容量的1.6%，应在近期大力发展核电，预期到2020年达到3600万kW的装机容量。

（6）风能、太阳能、生物能等是洁净的可再生能源，目前利用技术尚处于初始阶段，应该加快科技研发。但由于能量转换密度和效率很低，在可见的未来还不可能成为电力的主角。

（三）中国的水电开发及现状

（1）中国有众多的河流，地理特征和气候特征形成了丰富的水能资源。我国水能资源理论蕴藏量为 6.88 亿 kW，年发电量 5.92 万亿 kWh。经过最新的经济、技术、环境综合评估、筛选，我国可开发利用的水能资源为 4.48 亿 kW，年发电量 2.47 万亿 kWh，约相当于每年燃烧 9 亿 t 煤炭的能量，是世界上水能资源总量最多的国家。

（2）中国虽然在 1912 年就有了第一座水电站（云南省石龙坝，装机 500kW），但由于工业化进程的滞后，水电开发利用真正起步是在 20 世纪的后半期。经过 50 多年的建设，到 2003 年全国水电总装机容量已达 9217 万 kW，年发电量 2830 亿 kWh。从水能资源的储量看，中国水电开发水平远低于世界上水能资源相对丰富的国家。

（3）在中国已经开发的水电装机中，有 2800 多万 kW 属于单站 5 万 kW 以下的小水电站，约有 40000 余座，占水电总容量的 33%。小水电为解决广大农村和偏远山区等大电网难以覆盖的地区用电起到了积极而有效的作用，代替了一部分燃煤电源，保护了环境。小水电投资分散，筹资容易，技术和设备相对简单，建设周期短，是不可忽视的可再生能源。国家已将小水电列入可再生能源的优惠政策扶持之列。

（4）单站 5 万 kW 以上的大中型水电站是中国水电的主力，经过 50 余年的开发建设，已建成 230 余座，其中百万千瓦级以上的水电站 25 座。中国已有能力开发各类水电站。长江三峡水电站的建设成功，标志着特大型水电站的开发建设能力上升到新的高度，中国的水电开发建设能力已跃居世界前列。

（四）中国水电开发的经验与教训

（1）要有一个良好的建设管理体制。20 世纪 80 年代以前，在计划经济体制下实行的是国家财政拨款，政府行业部门管理，施工企业自建自管，竣工后移交给电力部门运行管理。虽然也成功地建设了一批水电站，但由于投资者、项目负责人、工程承包人和经营运行机构的界限不清，互相错位或脱节，职责不明，效率低下。随着国家经济体制由计划经济转换为市场经济，水电开发建设实施了一套全新的建设管理体制，即实行项目法人负责制、招标承包制、工程监理制。项目法人以合同的形式组织各方建设者，有力地推动了水电开发建设的速度。

（2）要做好流域和项目规划。从本质上讲，项目的规划是对大自然、对河流以及对流域的人文社会认识的过程，要积累大量的准确的原始数据，进行科学的选择，论证项目的必要性和可行性。项目的决策，必须坚持科学和民主，听取各种不同意见。

（3）要有一个优质的设计和技术管理。充分掌握河流的水文、地质、地震等自然条件，做好设计，是项目成败的关键之一。水电站的施工受自然因素及人为因素影响很大，工程技术复杂，必须有一套严格的技术管理制度。尽可能运用先进的工程技术和高效的施工机具，是保证工程顺利建设的关键。

（4）要有完善的移民政策和行动，做好水库移民搬迁，是项目成败的关键。中国地少人多，在东南沿海地区已建的一些大中型水电站，为每年得到 1 亿 kWh 的电量平均需搬迁 1000 人以上（西部地区则为 200～300 人）。早期建设的一些水电站，由于没有足够补偿，简易的搬迁造成了大量的遗留问题。从 20 世纪 80 年代以后，中国政府加强了水库移民工作的政策研究和法规建设，把移民工作与经济发展结合起来，把移民与脱贫致富结合起来，取得了明显的成效。最典型的例子是长江三峡工程，移民总量达 113 万人口，除了补偿足够的迁建资金，还组织了全国范围的对口支援和部分外迁移民，从 1993 年开始与工程建设同步进行，到 2004 年 6 月已完成约 90 万居民的搬迁工作，其中外迁到平原地区或经济较发达地区有 16.5 万人。三峡工程的成功移民是一个很好的范例，也得到了联合国有关组织的好评。

（5）要充分做好生态和环境的评估。水电站要兴建水库，必然改变河流的原始状态，淹没区的生态将发生一定的变化。对水质是否会变质，是否会导致鱼类的增多或减少乃至灭绝，以及河流的泥沙运动规律等，需要认真研究分析。

（6）做好资金的筹措，多渠道融资，运作好资金，保证工程建设的资金使用。水电工程投资规模大，在中国百万级水电站单位千瓦的投资成本约 1000～1200 美元，总投资达 10 亿～12 亿美元，如三峡电站达 220 亿美元。大中型水电站建设周期长，一般要 5～10 年，期间的物价变化、银行利率的变化都会影响整个工程的造价。为此，必须不断的预测风险，加强风险分析，尽量规避风险，调整融资方式，用"静态投资控制，动态资金运作"的办法降低成本，保证工程顺利推进。

（7）推行流域滚动开发机制。在同一河流实行滚动开发可以取得最好的开发效率。

（五）长江三峡工程的范例

长江三峡工程是当今世界规模最大的水电工程，装机容量 1820 万 kW，多年平均年发电量 847 亿 kWh，并有防洪和通航的效益。三峡工程经历了七十多年的设想、规划、勘测、设计、论证、决策的过程，于 1992 年由全国人大表决兴建。按 1993 年的物价水平计算，该工程需投资 900.9 亿元人民币，其中水库移民补偿 400 亿元。整个工程建设期达 17 年，考虑到物价因素和银行利率变化的因素，1994 年预测工程所需总投资为 2039 亿元人民币（相当于 250 亿美元）。水库移民总量达 113 万人口，重建城镇 12 座。1993 年三峡工程进入实施阶段。中国政府决定运用市场经济的规律组织三峡工程的建设，成立了中国长江三峡工程开发总公司，作为三峡工程的项目法人。国家设立了三峡工程建设基金，以资本金的形式注入三峡总公司。三峡基金约占总投资的 40%，三峡总公司自身发电收益投入约占 20%，其余的 40%资金由三峡总公司从融资市场获得（银行贷款、向社会发行债券、改制上市等多渠道筹措资金）。三峡工程经过 11 年的建设，已于 2003 年 6 月实现了水库的初期蓄水、船闸通航和首批机组发电的阶段性目标。至 2004 年 8 月已有 10 台 70 万 kW 的机组投产发电，累计发电量已达 320 亿 kWh。经国家发改委核定三峡电厂的上网电价为 0.25 元/kWh（人民币），其中运行、折旧、融资及税赋等成本约占 0.20 元，净利润约每度电 0.05 元。三峡总公司将建设期的发电收益再投入三峡工程建设。截至 2003 年年底，三峡工程投资已实际完成 1000 亿元人民币，预测到 2009 年全部竣工时，工程总投资大约可控制在 1800 亿元人民币（约 220 亿美元）以内。三峡总公司通过改制成立了控股上市公司——中国长江电力股份有限公司，"长江电力"股票成功地于 2003 年正式上市，运用资本市场上的资金滚动开发新的电站项目。现已获得金沙江上乌东德、白鹤滩、溪洛渡、向家坝四个梯级电站的开发权。这四个梯级电站的总容量为 3800 万 kW，其中溪洛渡、向家坝两电站已开始进入筹备建设期。三峡总公司进入到一个健康的滚动发展时期。三峡工程项目的开发历程可以看作是中国水电开发的一个典范，建立了一套有利于水电加快开发的机制。

（六）可持续发展的电力政策建议

（1）水力发电是可再生的清洁能源，可以起到改善生态、保护环境的有效作用。只要资源允许，应该尽量地开发利用水能，尽可能多地替代不可再生和污染环境的矿物燃料发电。

（2）科学地评估每一个水电站的利弊得失。对环境和生态的影响，要有科学的数据分析，避免概念性判断。同时，还要用同等出力和电量条件下不同类型的电力进行比较，做出选择性决策。

（3）良好的市场机制是发展水电的有利因素，应该加快电力体制的改革。

（4）为解决农村和边远山区居民用电问题，小水电应该在政府政策上予以扶植，但也切忌盲目开发，破坏沿河的用水规律和自然景观。小水电建设相对简易，可靠性较低，不宜同大电网联网。

（5）税赋政策方面，对具有防洪功能的水电站，因属于非经营性的公众效益，应实行低税率。

（6）在可见的未来 30 年内，中国的电力结构应将水力发电的比率从目前的 24%提高到 25%以上。

（7）为了适应经济的高速增长，中国的电力政策应：立足煤电，但逐步缩小其占有比率；大力发展水电，充分利用水能资源；加快核电建设的步伐，并积极进行新能源（如风能、太阳能、生物能等）的商品化开发。

改革开放谋发展　走出国门看世界*

张基尧

一、走出去了解世界

对外开放，意味着多年封闭的中国向世界敞开大门，引进技术和管理，引进人才和资金，为加快中国的经济发展服务，为实现中国的工业、农业、科学技术和国防现代化服务。

对外开放还有另一层含义，那就是走出国门去学习人类社会长期以来积累的科技成果和先进的管理经验，加强国际交流与合作，让中国了解世界、让世界了解中国。

中国水电站建设有着近百年的历史，新中国成立以来我们先后建设了三门峡、新安江、古田等一批水电站，继之又建设到龙羊峡、白山、葛洲坝等大型水电站。几十年的水电建设实践为我国电力建设做出贡献的同时也积累了丰富的水电建设经验，培养了大批的水电建设人才。

20 世纪 70~80 年代，为了提高成立不久的新中国的国际地位，支持亚非拉人民的解放斗争，也为了粉碎当时以美国为首的西方国家孤立、反对中国的图谋，中国政府无私援助非洲刚果、喀麦隆、坦桑尼亚等国家，给予经济援助，派出医疗小分队，帮助援建铁路、公路、机场以及水电站，当时的喀麦隆拉格都水电站就是援建项目之一。

那时的援助是无私的、也是无偿的，是中国人民勒紧裤带、忍饥挨饿给予的。

能够出国参加经济援建的是经历反复政治审查，三代、五代根红苗正的国际主义战

---

* 本文选自张基尧《足迹江河》第七章，有删节。作者为原国务院南水北调工程建设委员会办公室主任、中国水力发电工程学会原理事长。

士，是各行业的技术骨干，是新中国的形象代表。他们每月拿着十几美元的补贴（国内每月几十元的工资照发），经受着气候条件、生活环境、语言交流、感情生活等常年的考验和煎熬，严守外事纪律，友好对待当地人民，日以继夜地做好技术指导和管理咨询。炎热、疾病、劳累，以至个别同志倒在了工作岗位上，永远地留在了异国他乡，我的同学童文豹就为埃塞俄比亚的水电建设付出了生命的代价。

两年一次探亲，他们用千方百计省下来的零用钱买上一台现在早已淘汰的收录机，几块花色一般的尼龙布，还有普通的不能再普通的折叠伞，可这在当时的中国却是很少见到的稀有商品，中国的技术和劳动力廉价到难以令人置信，然而这是历史的事实！

改革开放以后的中国以什么形式走出国门，我们既要加强与国际社会包括发展中国家的交流与合作，又不能无偿地进行经济援助，我们需要探索一种互利共赢、既发挥中国优势又有利于国际社会接受的新方式——工程承包。

如何以工程承包的方式走出去呢？

二、取得对外经营权

改革开放后，原来的水电部外事司援外基建处，转换职能组建了中水对外工程公司，由组织外援工程转变为在国外承揽水利水电工程项目。由于在援外工程中积累的经验和人才，由于中国水利水电工程的国际影响，更由于在中水对外工程公司身后的几十万水电大军，水利水电对外工程在亚非拉水电市场有广泛声誉。

为什么有能力的无资质，有资质的无能力，水电总公司拥有十几个水电工程局，几十万水电大军建设了数以百计的大小水电站却没有水电工程对外承包经营的资质？

对外经营权是走出国门、走向世界承包水电工程的钥匙，我下决心攻克这个难关。

要取得水电工程的对外经营权，在 20 世纪 90 年代初并非易事，它既有来自国家计委、对外贸易部等政府机关的政策障碍，也有来自中水对外公司的阻力，水电总公司若是拿到对外经营权，还会从中水对外公司手里分包工程吗？还会为其提供技术支持和人力支持吗？在国际水电市场无疑又增加了一个强劲的竞争对手！

面对国内水电工程的减少和水电职工队伍的困难，这一步就是再难也要走出去，我暗自下定决心，以在鲁布革、广蓄工程啃硬骨头的精神，争取水利水电对外经营权。

要干成任何事情，第一要有人，第二要有钱，可我碰到的第一个问题，既不是人也不是钱，是单位注册地点。

1991 年底，我遵从中国水电总公司调令到总公司报到，报到的地点就是位于水利部附近的白广路中国人民解放军总参谋部第三招待所（总参三所）。据说自中国水电建设局改革拆分后，水电总公司一直租用总参三所的十多间客房办公，总公司的 6 位领导挤在一间 24m² 的单间里，6 张桌椅一放几乎没有人行的通道，管理十几个工程局、几十万人的水电总公司竟没有一间会议室，工程局的领导来京汇报工作，只有在招待所走廊里站立等待。中午时分，北京有家室的职工自带午饭，像我这样的单身职工只能在招待所搭伙，若是因公外出回来错过时间，午饭只有自行解决。即使这样，招待所每年几十万的租金也难以承担，由于拖欠房租，总参三所多次以改造装修之名催促我们搬家，谁愿意把房子租给一个拖欠房租的穷房客呢？

这样的办公条件如何能使机关职工安心工作，如何使总公司在工程局系统有凝聚力，如何面对国际市场的激烈竞争，又如何应对外经贸部等国家机关的审查，连个办公地点都没有的单位如何申请国际承包经营权！

解决办公地点是稳定队伍的需要，更是申报对外经营权的前提。

水电总公司的上级曾是水利电力部，1988 年水利电力部改组后分别成立了水利部和电力工业部，水电总公司行政关系隶属电力部领导，同时承担大型水利工程的建设任务。要解决办公地点，我把工作重点放在电力部，水利部能支持多少算多少，支持总比不支持强。

总参三所要求我们搬家腾房催声阵阵，申请水电总公司的对外经营权迫在眉睫，当时的电力部与水利部对水电总公司解决办公用房问题又不积极，我和总公司领导研究，买地建房困难重重，一是投资太大难以申请到充足的投资，又不能向已十分困难的工程局摊派，二是时间太长，总参三所不能延期这么长时间，三是征地建房距机关职工住地太远交通不便。研究结果还是买旧房以应急需。经多方选择，我们统一意见选定北三环外的流芳宾馆，一座小小的但可容身的宾馆。隔壁台湾商人开设的圆山大酒店规模宏大、配套齐全、设施先进、客流量很大，借助圆山大酒店供暖供水的流芳宾馆，就像是高楼大厦旁的一间偏厦，很少有人问津，难以经营下去，这也是流芳宾馆愿意出手的原因。

在水利部明确支持资金的数额后，电力部几经协调也承担了不足资金的部分。几天后，流芳宾馆产权正式转换到中国水电总公司名下，我们终于有了属于自己的落脚之地，也就有了名正言顺的企业注册之地，水电建设局拆分后多年来水电总公司流动办公的局面结束了。

1993 年 5 月 18 日，水电总公司 1993 年工作会议在流芳宾馆召开，各工程局长（厂长）、党委书记参加会议，电力部部长史大桢、副部长汪恕诚，水利部副部长周文智，中国长江三峡工程开发公司总经理陆佑楣，国家能源投资公司副总经理吴敬儒，武警部队水电指挥部副主任汪成杰少将，以及水电系统的老领导张季农、刘书田、陈赓仪、张铁铮出席会议，大家都为水电总公司有了自己的家而感到高兴，流芳宾馆虽小，但它凝聚了几十万水电儿女的心，倾注了几代水电人的情，在首都北京总算有了水电人的一席之地。

1993 年 4 月 10 日，在经过半年多的努力后，国家对外经济贸易部批准中国水电建设总公司取得开展对外承包工程施工和劳务合作的对外经营权，经营范围包括：承包本行业国外工程和国内外资工作，承包上述工程所需设备、材料出口，对外派遣本行业工程、生产及服务的劳务人员，按国家有关规定对国（境）外开办企业。

从此，通向国际水电市场的大门打开了。中国水电援外工作从封闭的计划经济无偿援助模式走向了真正的国际工程承包，展现在水电人面前的是一个新的平台，是一片更加广阔的天地，他们从这里起步，在风雨中前行，开始创造新的国外工程建设的历史。

三、起步巴基斯坦

位于东南亚喜马拉雅山南麓的巴基斯坦民主共和国与我国新疆毗邻，温暖湿润的气候和大片的农田，极适合农作物生长，但基础设施薄弱，灌溉渠系缺失，制约了农业的发展，政治动荡、经济落后、人民群众生活贫困，是典型的第三世界发展中国家。

巴基斯坦与中国世代友好，新中国成立后是较早与我国建立友好关系的国家。长期以来，我国政府在加快经济发展的同时，不断给予巴基斯坦支持和援助，派出专家、医疗队，帮助进行基础设施建设，给予经济援助和物资支援。巴基斯坦也全力支持我国，维护中国的合法权益和核心利益，两国政府和人民建立起合作互信的关系和深厚传统的友谊。

在基础设施建设中，水利和铁路建设首当其冲。疏浚河道、建立农业灌溉体系，筑坝防洪、保障人民生命财产安全是政务之急，巴基斯坦政府始终把农业基础设施和公共安全放在基础设施建设的首位，并希望中国政府提供帮助。

水电十三局利用中水对外公司的资质率先走出国门，在巴基斯坦卡拉奇等港口工程中获得少量吹填造地的项目，并在卡拉奇建立了办事处，成为水电总公司工程局系统最早走出国门的单位，卡拉奇办事处也就成了第一个驻海外的办事机构。

我把第一个国外考察的国家选在巴基斯坦。1993年11月29日，我以水电总公司总经理身份带队，在十三局袁鉴局长陪同下，登上巴基斯坦的土地，对帕特菲德灌渠改造工程7A标及巴方工程市场进行考察。

下午时分，我们到了帕特菲德灌渠7A标项目。对于从事水电工程多年的我来说，对渠道工程并不陌生，我用很短的时间检查了渠道工程的质量，并与项目经理进行了交谈。在交谈中我被告知帕特菲德灌渠是一个庞大的灌溉系统，7A标只是其中的一部分，今后还有B、C、D等标段，帕特菲德灌渠项目使用的是世界银行贷款，工程技术并不复杂，中方只需派出管理人员，大部分工作可以雇用当地劳务完成。我问及项目的资金利润等情况时，项目经理说：“工程款基本上可以按时结算，有时推迟，业主方也会加付一些利息。至于工程利润主要看如何管理了，若是材料节约抓紧一些，设备利用率高一些，利润可以达到10%～15%。”我听到这些介绍心中为之一震，在国内水电工程的利润菲薄，能达到3%～4%就很不错了，在巴基斯坦能有如此高的利润是十分难得的。

我对巴基斯坦的风俗、市场、项目以及出国队伍的状况有了基本了解，心中暗下决心，创造条件让中国水电走出国门这条路一定要坚定不移地走下去。市场无边界，市场依靠竞争，我们在国际水利水电市场的竞争中，有技术优势和人力资源优势，我们一定能取得胜利。

但事实证明，我的想法太天真了。

1995年，巴基斯坦恰西玛灌溉系统65号合同标书编制工作到了关键时刻，我又一次在十三局党委书记张广旗的陪同下第二次赶赴卡拉奇。

恰西玛灌溉系统是继帕特菲德灌渠工程后巴基斯坦最大的灌溉工程，65号合同是该项工程的第一部分,工程规模约 10 亿美元。鉴于工程规模较大,当时的水电总公司财力薄弱,为规避工程风险,增加融资力量,刚刚获取对外经营权的水电总公司决定与中国土木工程总公司联合投标,投标标书以水电总公司及所属水电十三局为主编制,投标资质以中土公司为主,两家联合组成工程建设联营体。

参加恰西玛工程投标的除中国公司外还有法国、德国、土耳其以及韩国等若干家国际工程公司,大家看中了约 10 亿美元的工程规模,投标竞争十分激烈。各公司都选定了当地合作公司或投标代表,标书编制、报价高低和代理公司的标外活动都十分重要。

狭窄、闷热的工作间中,编标同志挥汗如雨,风扇怕吹飞满屋的资料不敢开启,从事技术方案研究的工程师们从多个方案中比选出成本最低的开挖方式、衬砌型式、施工组织方法,从事标价核定的经济师们一遍又一遍核算工程费用、管理费用以及佣金和税费。

所有投标人都在紧张的工作,他们不仅认真地研究施工方案,详细地调查巴基斯坦有关投标政策、税费规定以及当地材料价格和人工费用,他们还千方百计找到与业主、政府官员有密切联系的"代理人",通过"代理人"做好投标前的"铺垫工作"。

第二天,我们赶到巴基斯坦的首都斯里兰堡递送了在原报价基础上降价 1000 万美元的标书,开标结果在八个投标人中间以价格最低名列第一,更可喜的是与第二名的土耳其公司总报价上差 400 万美元,在近 10 亿美元的项目中,400 万美元只有千分之四的差距,实在是太理想了。

按照国际惯例和巴基斯坦的做法,最低价中标已是板上钉钉的事了。

我还没有离开巴基斯坦,就传来代理人的消息:"业主的意见是名列第二名的土耳其公司中标,究其原因听说是亚洲开发银行的意见,恰西玛工程使用部分亚洲开发银行的投资,亚洲开发银行的意见举足轻重!"

消息传来中水投标组和中土投资组均一片哗然,如晴天霹雳!

第二天我和张广旗飞赴在新加坡的亚行总部,经过一番约见程序,我们拜见了亚行总裁佐藤光夫。

亚行总裁佐藤是日本人,他不失恭敬、满面笑容的接待了我们。当我们说明来意后,他说:"恰西玛工程是使用了亚行的部分贷款,这是对经济落后国家的一种援助,至于工程投标那是巴基斯坦业主的事，我们不予干预。但是我们知道，中国公司已经在巴基斯坦中标了一些工程，我们的观点是给亚行成员国以更多的机会……"

寥寥数语，我们已经明白了亚洲开发银行的意图，起码是总裁先生的意图。我们无法评价是出于民族的原因还是工程的原因，还是其他什么原因致使总裁先生有如此想法，但我们有一条最简单的认识：既然公开投标就应该公平竞争，竞争是不应附带人为条件的。

继之水电总公司又以水电十三局为基础，通过竞争获得了帕特菲德 7B、7D 等其他工程标，中水总公司巴基斯坦项目经理部也宣告成立。经过十几年的苦心经营、艰难跋涉，我们在巴基斯坦才真正站住了脚。

直到现在巴基斯坦依然是水电总公司对外开放的重要阵地，它的起步和发展为水电总公司走出国门提供了重要的启迪和借鉴。

加强水电建设管理
争创水电精品工程*

周大兵

在新世纪的第一个春天，也正值水电开发的春天来临之际，我们在这里召开国家电力公司水电建设管理座谈会。这次会议主题是：以党的十五届五中全会和刚刚开过的中央工作会议精神为指导，全面贯彻落实国家电力公司2001年深圳工作座谈会及温州全国电力建设现场经验交流会的精神，研究部署在新的形势下全面加强水电建设管理，重点总结、交流加强水电建设质量管理的经验，不断提高水电建设管理水平，确保水电工程质量，争创水电精品工程，全面促进水电建设的发展。

下面我讲三个方面的问题：

一、适应水电开发的大好形势，进一步提高水电建设管理水平

随着国民经济和电力工业迅速发展，特别是改革开放以来，经过水电建设者的艰苦努力，我国水电建设取得了巨大成就。据初步统计，截至2000年底，全国已建、在建大中型水电站约220座，100万kW以上的大型水电站就有20座，全国水电装机总容量达7680万kW，水电年发电量达2400亿kWh，分居世界的第2位和第4位。其中总装机容量为240万kW的广州抽水蓄能电站是世界上最大的抽水蓄能电站，正在加紧施工的三峡水电站，是世界目前最大的水电站。特别是在20世纪90年代的10年间，水电投产4000万kW以上，超过了90年代以前水电投产容量的总和，这样的投产速度在世界水

---

* 本文系根据周大兵同志在2001年国家电力公司水电建设管理座谈会上的讲话整理而成，原文载于《中国水力发电年鉴（第七卷）》。周大兵同志曾担任原国家电力公司副总经理、原中国国电集团公司总经理。

电建设史上也是罕见的。

当前随着党中央、国务院确定的西部大开发战略和"西电东送"战略的实施，电力结构的调整和可持续发展战略的实施，为进一步加快水电开发创造了难得的历史机遇。党的十五届五中全会通过的《中共中央关于制定国民经济和社会发展第十个五年计划的建议》明确要求电源建设要"发展水电、坑口大机组火电……"。在国家计委召开的"西电东送"工作会议上，进一步明确"西电东送"要以水电为主，优先发展水电。国家在产业政策、电力市场、项目审批等多方面对水电给予倾斜，为加快水电发展创造了良好的环境和条件。在 2000 年底开工的"西电东送"一期工程四个电源项目中，水电就占了三个。国务院在 2000 年底通过了小湾、公伯峡和吉林台水电站的立项，龙滩、公伯峡、小湾等工程将有望获准于年内正式开工。这一切都充分体现了国家对加快水电开发的高度重视，我们期盼已久的水电开发的春天正在来临。

根据国家规划的要求，到 2005 年、2010 年、2015 年水电装机将分别达到 9500 万kW、1.25 亿 kW 和 1.5 亿 kW。为了实现上述目标，今后一个时期，国家电力公司要在水电资源丰富的中西部地区加快大型水电基地开发和骨干水电站的建设，在缺少常规水能资源的东部地区，积极建设一批抽水蓄能电站。近期我们要重点抓紧开工建设龙滩、小湾、水布垭、公伯峡、三板溪、瀑布沟等常规水电站和桐柏、泰安、宜兴、琅琊山、西龙池、张河湾等抽水蓄能电站。根据形势的发展，我们还要抓紧做好糯扎渡、拉西瓦、构皮滩、思林、平班等项目的前期工作，争取这些水电站在"十五"末或"十一五"初能开工建设。

面临水电开发的大好形势，国家电力公司广大水电工作者一定要紧紧抓住千载难逢的历史机遇，以对国家高度负责的敬业精神，兢兢业业地做好工作。决不能因我们自身的工作疏漏而错失良机，延误发展。特别是在当前一批新的大型水电项目集中开工，水电建设任务增加的情况下，研究如何适应新形势，迎接新挑战，抓好水电建设管理工作，提高水电工程的建设质量管理，确保水电工程的质量，是我们面临的一个重要课题，也是我们这次会议要重点研究解决的问题。

二、正确估价水电建设管理的成绩，充分认识确保水电工程质量的重大意义

不断提高水电建设管理水平，确保水电工程的质量，是一个重大的问题，历来得到

党和国家领导人的高度重视，得到国家有关部门的高度重视，得到国家电力公司和广大水电建设者的高度重视。近几年，在国家电力公司党组的领导下，各水电业主、设计、施工、监理单位，始终把水电项目的质量安全工作摆在工程建设的首位，常抓不懈。使水电建设管理，特别是水电工程质量不因市场化的改革而受到冲击，不因竞争激烈而松懈，不因经济效益滑坡而削弱。水电建设管理和质量管理水平在从计划经济向市场经济转轨的过程中，仍然得到稳步提高，取得了明显的成效。我们坚持水电建设体制的改革，形成了以项目法人为主体的质量保证体系，从而使质量管理从管理机制、组织机构上适应了市场经济的需要，质量管理体系等得到了强化和落实。我们通过学习和采用国际先进的管理经验，不断加强施工现场管理，建设了一批整体质量高的工程，其中广蓄和二滩水电站的工程质量和建设管理水平接近或达到了国际先进水平。我们坚持把国际先进管理经验和中国的实际相结合，努力探索一条具有中国特色的质量管理体系，在充分调查研究的基础上，制定颁发了《水电建设工程质量管理办法（试行）》《水电建设工程安全文明生产管理规定》《水利水电工程施工合同示范文本》《水电机组达标投产考核评定办法》等一系列管理规范、规定，并开始组织实施。水电机组达标投产工作已经起步并取得了初步成效，从莲花工程开始，到目前已经有 12 台水电机组实现了达标投产，提高了水电工程质量。广蓄二期 4 台机组是首批达标投产的 30 万 kW 级水电机组。

　　尽管我们在水电建设管理，在水电工程质量管理方面取得了很大的成绩，但我们仍应清醒地认识到，我们还存在许多不足和差距。表现在：① 质量管理理念、管理思想和管理素质上还不能适应形势的需要，质量管理体系不健全，质量监督作用不能充分发挥；② 少数单位和部分职工，特别是个别领导干部不重视工程质量；③ 工程质量和施工工艺水平有待进一步提高，文明施工水平差距较大；④ 安全生产基础还不牢固，每年死亡人数居高不下；⑤ 现代化管理手段应用少，决策管理系统信息不畅、运转不灵、条块分割、效率低下；⑥ 片面强调水电施工情况特殊，不愿深入开展达标投产活动。这些问题，已经在不同程度上成为水电建设健康发展的制约因素，必须引起我们的高度重视，采取有力措施，认真加以解决。

　　存在以上问题的原因很多，其中一个重要原因是，对质量工作的重要性认识不足，质量意识不强，因此我在这里还要重点讲这个问题。

第一，水电工程质量是直接关系到人民群众生命财产安全的重大问题。我们建设的大批水电工程都处在大江大河之上，随着水电建设的发展，技术水平的提高，出现了一批规模宏大的高坝大库，如果发生问题，不仅给电网及水资源利用造成损失，而且直接威胁千百万人民群众的生命财产安全，威胁到国家财产和公共设施的安全，直接影响社会稳定，造成难以估量的经济损失和社会问题。这方面过去有着沉痛的教训，如 1975 年 8 月河南的连续溃坝事故、1993 年青海沟后水库垮坝事故等，都给国民经济和人民群众生命财产造成巨大的损失。事后检讨，不外是因为勘测规划失误、设计不当，或工程质量差，都与质量管理有直接关系。前车之鉴，各级领导同志，务必充分注意，万万不可掉以轻心。

第二，保证水电工程质量，既是重大的经济问题，也是重大的政治问题。目前正在建设的一批水电工程，以及随着"西电东送"战略的实施开工的和即将开工的水电项目，都是国家经济发展计划中的骨干项目，也是国家电力公司重点投资的项目；既是国民经济新的增长点，也是国家电力公司新的效益增长点。对于促进国民经济和社会发展，促进电力结构调整，实施可持续发展战略，具有重大意义。因此如何保证这些工程的建设质量，具有重大的经济意义。同时，党中央、国务院高度关注"西电东送"项目。朱镕基总理前一时期为华南地区"西电东送"一期工程做了重要指示："'西电东送'工程是西部地区大开发的重点骨干项目，必须全力以赴，按时完成，力争到'十五'计划期末新增向广东送电能力 1000 万 kW，这对于开发西部地区电力资源，满足广东经济发展用电需求，提高双方整体经济效益，都有重要作用。'西电东送'工程的开工标志着西部地区大开发拉开序幕……"因此，在确保质量的前提下，如期完成"西电东送"项目，落实党中央、国务院的战略部署，已经成为重大的政治问题。如果在水电建设中发生了质量问题，在投产以后将无法实现预期的经济效益和社会效益，影响国家经济发展计划和战略的顺利实施，干扰国家西部大开发的战略部署，将造成严重的政治影响。因此，我们要站在讲政治的高度来看待质量问题，确保工程建设质量。

第三，保证水电工程质量是关系我们能否成功建设一批世界级的水电工程的关键问题。我们正在建设和即将开工的一批水电工程在规模和技术上，属于世界级工程。龙滩、小湾、水布垭水电站不但装机巨大，大坝也是世界同类坝型中最高的。龙滩 192m 高的碾压混凝土坝世界最高，小湾292m高的双曲拱坝名列前茅，水布垭233m的面板堆石坝世界第一。这就要求我们决不能还停留在过去的水平上，必须以一流的质量来建设这些世界一流的工程。只有这样，才能保证这些项目顺利建设成功，才能保证向世界水电最新技术的冲击成功。

第四，水电工程质量是关系到设计、施工和投资者的效益和形象，关系国家电力公司效益和形象的大问题。任何水电项目的质量问题，最终必然会给责任者以及相关单位和国家电力公司带来损失，包括经济损失和信誉损失，将会使设计、施工、监理等单位的无形资产大打折扣，在激烈的市场竞争中陷于被动。作为世界500强企业，国家电力公司正在朝着国际一流电力公司的目标迈进，这就要求我们水电建设的质量向国际一流的标准靠拢。同时，保证水电建设质量，将为项目投产后的安全经济运行奠定良好的基础，使项目充分具备竞价上网的能力，适应电力体制改革的需要。保证建设质量也是确保投资者经营收益的内在要求，是设计施工企业提高市场竞争力和应对中国加入WTO、实现"走出去"战略的需要。

上面讲的质量，不但指施工质量，还包括勘测、规划、设计等与工程建设有关的方面。希望大家真正充分认识抓水电工程质量工作的重大意义，以高度的政治责任感对待质量工作，切实提高水电工程质量水平。我们应当牢固树立质量意识，以"咬定青山不放松"的精神，加大力度，扎扎实实抓好水电建设管理、水电建设项目质量管理，确保工程质量，把水电建设的管理水平推上一个新台阶。

三、瞄准世界先进水平，创建水电精品工程

提高水电建设管理水平，保证水电工程质量，一定要坚持高标准，严要求，狠抓落实。高标准，就是国际一流的标准。严要求，就是要把水电建设管理和水电项目质量工作纳入到法制轨道，不折不扣地执行水电建设的一系列标准、规范、制度。

改革开放以来，水电建设行业积极顺应改革开放的潮流，取得了令人瞩目的成就。从水电生产能力上，我国已跨入世界水电第二大国。从水电技术发展上，我国在许多领域处于世界领先水平。在国内，水电建设体制率先与国际接轨，实现了自营方式向项目法人负责制的转变，在电力建设体制的改革中产生了具有深远意义的重大影响。因此，

在新的形势下，面对水电大开发又一个春天的到来，我们有责任、有理由、有信心提出水电建设管理、水电建设质量管理、水电工程质量水平全面向国际先进水平靠近的目标。

根据国家电力公司党组提出的创建"两型两化国际一流公司"的战略目标，我们在温州会上明确了创建国际一流电力建设水平的目标：2005年，各省级电力公司建设管理、各施工企业管理和工程项目管理要与国际惯例接轨，2010年前，基本达到国际先进水平，部分省级电力公司的建设管理、部分施工企业达到国际一流公司标准、部分工程项目管理要达到国际一流工程管理标准。

创建国际一流的水电建设水平，这就意味着水电工程管理、施工企业管理要符合国际惯例，具有国际一流的管理水平，国际一流的施工工艺水平，国际一流的投产移交水平，国际一流的经营机制和经营效益。创建国际一流水电建设水平的这个总体要求，也是对水电建设质量管理的要求。

当前对所有去年以来新开工的水电建设项目的质量要求是：全部机组实现达标投产，工程总体质量达到或超过目前国内先进水平，部分项目争取达到国际先进水平；单位千瓦人员伤亡数量有较大幅度的下降，努力实现安全事故零目标。在建项目，也要根据自己的情况，高标准地实施以上目标。

所有国家电力公司系统的设计、施工、监理等单位，所有国家电力公司直接控股和国家电力公司子公司控股的项目，都必须执行以上目标和要求。国家电力公司及其子公司参股的项目，原则上要执行以上目标和要求。

水电建设质量管理是一个庞大的系统工程，实现以上目标，任务极其艰巨。为此必须组织和动员全体水电建设战线上的广大职工，团结协作，努力工作。当前要重点抓好以下工作：

1. 坚持现代企业制度，强化工程质量管理体系

要坚持以业主（项目法人）负责制、建设监理制、招标承包制为主要内容的水电建设管理体制。在水电建设质量管理中，首先要保证落实好项目法人质量责任制，这是抓好质量管理的核心所在。要促进、支持、帮助项目法人做好质量管理工作，保障项目法人的质量管理核心地位。项目法人要切实建立健全质量保证体系，完善质量管理制度。设计、施工、监理等单位也要建立健全相应的质量保证体系，做到质量管理体制健全、体系完善、责任落实、监督有力。要从本单位的实际出发，高标准地确定质量目标，制定质量目标的实施措施。

要强化质量监督，国家电力公司受国家经贸委的委托承担水电工程质量监督工作，并出台了《水电建设工程质量监督暂行规定》，各地区要严格按照国家电力公司的要求建立健全质量监督体系，认真搞好质量监督工作。对于在质量监督工程中发现的问题要及时处理。

2. 建立健全质量责任制，各司其职，各负其责

各单位和水电建设项目，要切实建立健全质量管理制度，重点抓好质量管理责任制的落实，把质量管理的责任层层落实到各级领导、部门和职工。从事水电建设工作的单位、部门和职工，都必须抱着对国家和人民负责的态度，以高度的责任感，以强烈的事业心，加强水电质量管理。各水电工程的项目法人要充分发挥项目质量管理组织指挥者的作用，履行质量管理和质量第一责任人的职责，要把安全管理和质量管理摆在施工管理的首位，认真部署。当前项目法人要特别注意防止抢工期忽视质量的倾向。设计单位在工程质量问题上同样要发挥龙头作用，从工程勘测规划阶段就要树立质量意识，不断优化设计，为实现项目的高质量建设创造条件；在施工过程中，要坚持实事求是的科学态度，从技术上监督和帮助施工单位把好质量关。施工单位作为建设实施的主体，要严格遵守有关质量管理的规章制度，精心组织，精心施工。监理单位要发挥质量卫士的作用，发扬敢于坚持真理、坚持科学的精神，任何情况下，都要恪守职业道德，不盲从、不屈从于来自任何一方的压力。

特别要强调的是，坚持质量第一，要注意处理好质量与工期、质量与效益的关系，把握好其中的辩证关系。当前，为了抓住水电开发的宝贵机遇，必须确保工期，但是绝不能因为工期而牺牲质量。我在这里重申，必须在保证质量的前提下，达到工期要求。任何单位、部门乃至个人，绝不能为了局部利益、个人利益、暂时利益，而损害工程质量。水电工程是百年大计，决不能急功近利，忽视工程的总体质量和使用寿命。要坚持按"三不放过"的原则，严肃处理质量事故，对玩忽职守、不负责任造成重大质量事故的单位和个人，要依法追究法律责任。要按照国家的有关法律法规的规定，实行水电工程项目的质量责任终身追究制度。

3. 加强全过程质量管理

管理是企业永恒的主题，管理创新是新形势下企业生存与发展的内在要求。管理创新的关键在于实现真正的科学管理，并形成特色管理。我们要借鉴火电建设管理"达标投产"的成功经验，深入开展达标投产活动，逐步将水电达标投产活动全方位地推广到水电工程的全过程。水电建设质量要从项目前期抓起，对设计、施工、调试、运行各个阶段，设计、施工、监理各承包商进行全过程控制，加强工程建设过程的质量管理。要教育和动员水电战线的全体职工提高质量意识，积极主动地参与质量管理工作。要更多地注意对建设过程中人为可控因素的管理，提高工程设计和建筑安装质量水平，以过程精品来保证工程精品。

4. 大力推广和运用新技术成果，提高设计和施工质量

要发挥科学技术对提高工程质量的作用，以科技进步带动水电建设质量向世界先进水平靠拢。各级领导一定要高度重视、大力支持科技进步，加大科技投入力度，以提高在建水电项目的工程质量，加快科技创新步伐。要在充分论证的基础上和确保安全的前提下，大力采用新工艺、新材料、新技术，促进建设水平的提高。

在当前突出的是要推进设计革命，建立对设计的激励与约束机制，将设计质量、服务质量与设计单位收益挂起钩来，促进设计质量的提高。设计院要将设计革命的思想深入贯彻到工程设计全过程中，进一步提高设计管理水平、技术水平、设计质量和服务质量，在全面、细致调研的基础上，充分学习借鉴国内外同类工程的先进经验，优化工程设计。还要进一步采用先进技术、先进设备、先进方法，缩短勘测设计周期，特别当在建项目出现重大地质条件的变化时，设计要提高应变能力和紧急处置能力，加快决策速度，及时采取措施，努力将损失减少到最小限度；管理部门要积极研究鼓励技术进步的措施，制定鼓励科技创新的办法，促进形成企业自主创新的内在动力与机制。

5. 全面实施《水电建设工程安全文明生产管理规定》等一系列关于水电建设管理的办法，开展达标投产活动

我们要认真总结水电建设管理，特别是近年来水电机组达标投产活动的经验，全面实施《水电建设工程安全文明生产管理规定》等一系列关于水电建设管理的办法，创建优质工程和精品工程，逐步向国际一流水平靠拢。

这些年来水电建设质量有了很大的提高，但是，我们水电工程的质量水平还不平衡，总体质量还不能令人十分满意。去年，国家电力公司水电代表团在参观了美国胡佛大坝以后，感触很深，该工程运行了 60 多年，至今依然如新。对照国内一些项目，大家深感我们在质量方面还存在很大的差距。因此，各级领导要振奋精神，克服水电建设中"环境复杂没条件搞好、条件艰苦不容易搞好、工期紧张来不及搞好、经济困难无法搞好"等畏难情绪，借鉴火电建设的经验，深入开展达标投产活动。

6. 推广计算机在工程管理中的应用

面对我国即将加入 WTO 的形势，必须加快管理的现代化、国际化进程。要瞄准国际先进的管理模式，大力引进先进的管理手段和方法，广泛采用信息、网络等技术，提高管理水平。

信息技术的发展，对 21 世纪企业管理提出了新的挑战。信息技术将促进业主、设计、监理、施工、运行等各个环节的整合，改变长期以来的条块分割式的粗放管理，从而产生集约管理，将上游和下游的环节形成一个整体，提高整体工作质量，减少差错。其次，信息技术使信息的交流和传递加快，可以提高决策速度，防微杜渐，一旦发现质量事故苗头，可以及时采取处理措施，防止重大质量事故的发生。我们要鼓励开发和推广使用适合中国国情、用科学的管理思想和先进的技术平台构筑起来的质量管理系统。今后在水电工程建设中，要加快推行和完善工程质量管理网络化、程序化、标准化，进一步发挥微机在工程管理中的作用，大力推广先进软件在工程建设质量管理中的应用，逐步建立健全工程质量管理系统，促进质量管理水平的提高。

同志们，我们已经胜利地跨进了新世纪，虽然前面的道路上还面临着许多困难和挑战，我相信，只要我们团结一致，不畏艰难，抓住机遇，勇于进取，"十五"期间和新的世纪，我国的水电事业必将有一个巨大发展，水电建设管理水平、水电建设质量管理水平也必将有一个大的提高。让我们振奋精神，再接再厉，为促进水电建设质量管理与国际接轨而努力奋斗！

水电事业进一步发展的几点思考[*]

贺恭

新中国成立以来，我国电力工业发展迅速，其中水电经过规划、勘测、设计、施工以及装备制造等各方面的共同努力，不仅电站数量、装机容量有了很大的增长，并在技术水平，包括施工技术、装备技术等，都登上了很高的台阶。随着近数十年一批超大型工程的建设和运营，可以说，中国水电的综合能力已经达到了世界水平，有一些已处于国际领先位置。

但是，也应当看到，中国水电发展走过的路子不完全平坦，其间多有坎坷。一是水电自身有发展理念需不断完善、技术素质需不断提升的问题，这需要一个较长的过程。二是水电发展的外部环境也不时存在着颇多干扰，或认识不统一，或政策多调整，环境时好时差，也曾一度影响着水电本可更大更快的发展。

那么，水电进一步发展需解决哪些问题呢？笔者提出几点思考以供讨论。限于知识和认识上的局限，不妥之处请予批评指正。

一、对水电的多种作用和多重功能要有科学准确的评价，以利上升到新的认识

从国际上，特别是几个水能资源丰富的国家的水能开发利用及我国多年来水电营运的情况看，水电的功能是多重的。它不仅仅解决电力的需求，也为水利事业和民生做出了巨大的贡献。就以我国两大河流来说，如果没有黄河上、中游数十座大中型水电站（水库）的建成，黄河的洪涝、泥沙和下游的断流能得到较好的解决吗？如果不是因长江三峡工程及上游水电站的建成，类似1998年大洪水造成的巨大灾害能避免吗？当然，稍有

---

[*] 本文作者为中国华电集团公司原总经理。

世界历史知识的人应知道，美国 20 世纪二三十年代胡佛水电站的建设为克服经济大危机起了重大作用。其他不少流域水电开发起到的积极作用就不再一一列举。大量的实际情况已充分证明，水电的作用是多种的，其功能是多重的。从水电的字义上讲，水和电的叠加，才能很好地认识水电，我们应当把水电的开发作为国家不可或缺的事业来看待。

这里，一个不能回避的问题就是对管理体制的利弊如何认识。多年来，主管水电的权威机构、上级部门的电力、水利部门合久必分，分久必合，分分合合，数经周折。经常导致水能资源开发利用在规划方针和具体项目的设置上出现功能分割而不能统一的情况，或由于功能单一、投资渠道不同而项目分管的上级机构不同而影响项目综合功能的发挥。

我之所以在本文的题目及前文把水电作为一个事业对待，其用意在于，为了把水电事业做好，使其利于国计民生的多种功能发挥好，就应当在管理体制上再行研究如何设置方为最佳。

二、水电的环保功能应充分发挥，对一些误解甚至歪曲水电环保功能的言行，我们要认真对待，既做好自身工作，也要加强宣传

首先，水电本身就具有较强的环保功能，只是我们过去自觉性不强，对其挖掘不深，进一步发挥不够。水电站的水库对周边环境的保护和气候的调节都有很强的作用。譬如，四川雅砻江二滩水电站建成后，渡口市的气候就有明显的变化，即由干热的河谷气象向着湿润的方向转化。这样的例子应当很多。

其次，从 20 世纪 90 年代始，随着整个环保概念的提升，水电在开发和运营中进一步强化了加强环保的举措。一是对河流的动植物，特别是珍稀鱼类进行科学调研，制订和落实保护规划，设置了增殖放流站。不少水电站此种设施，其规模之大，培育之科学，毫不夸张地说，超过了珍稀鱼类自然生存的状态。如贵州乌江索风营电站，其增殖放流站的规模和水平，堪称一流。特别需提到的，20 世纪 70 年代，建在湖北宜昌的长江中华鲟养殖所，多年来的精心养殖和放流，对中华鲟的生存，特别是在长江建水电站后新的生存基地的产生起了重大作用。这些充分说明中国的水电工作者对流域生态的重视，也验证了，只要科学对待、措施得当，河流生物的规律是可以摸索和掌握的。

二是在工程建设中，认真处理好施工和保护环境的关系，按照工程和环保同步进行的理念和规划做好工作，特别是加强山体边坡的保护和绿化恢复。我2017年应邀赴已建成的金沙江溪洛渡电站参观。那满目皆绿的环境，那凌空飞翔的白鹭，坝体与山体联为一体，全然不见当年大规模施工的痕迹，已成为一个新的生态环境。这应该是我们所追求的，而且可以和应当实现的。

三是移民点的设置也与工程一样重视环保。我曾在乌江流域察看过几个电站移民点的状况，给我总体印象是：规划得当，建筑有特色，与自然环境融为一体。在当前，我们还要把移民点建设同精准扶贫及美丽乡村建设结合好，使移民点的建设上一个新的层次。

总之，在水电开发上，要把建设和环保统一起来，也能够统一起来，以达成双赢的目的。绝不能只强调开发建设而忽视或不重视环保；也不能以敬畏保护自然为名而丧失水电开发建设的有利时机。

三、在水电以市场经济方式为主开发建设的过程中，要加强政府宏观调控的力度

水能资源是重要的国土资源，水电开发服务于国计民生，因此，水电开发的若干重要方面和重大问题，需要政府的引导、协调和决策。

一是水电开发的战略方针、指导思想，应由国家明确。比如多年来曾提出过的在保护环境的基础上积极开发水电，河流梯级开发，水电能源基地建设，西电东送（主要指的南方地区的水电东送），大中小并举开发，开发性移民等。这些方针、指导思想都对水电开发起到积极的推动作用，对水电开发过程的重大问题予以了及时的引导。当前，需要进一步做好的就是，在坚持这些方针的过程中要加强政府部门的监察和协调，对地方政府和从事水电开发的单位出现的偏差要予以权威性的纠正和调控。

二是水电开发的规划，应由政府负责规划的宏观管理部门进行统一规划，这个规划不仅是全国性的重大河流，还必须包括重要的区域性河流，以及这些河流的二级支流的开发规划。由于多年来，二级支流，特别是三级支流的无序开发，不少未经统一规划的小水电导致流域破坏的情况是常见的（当然，我们应当肯定在当时电网供电暂时到达不了的偏远地区，小水电站是起到了积极的作用，随着时代的发展，应当历史地辩证地看

待这一段期间小水电蓬勃发展的利弊）。二级支流以上的流域开发规划应由国家宏观部门统一负责规划，授权省级部门规划的，要上报核准。三级及以下支流的流域，一般由省级规划部门规划，在经省权威机构核准后要报国家宏观部门核备。需特别指出，国家宏观部门所做出的统一规划要按照一定程序进行立法，这样才能起法律性的权威作用。

三是西电东送的战略方针应进一步坚持并抓好落实。这个方针是从我国东西能源资源不平衡需互补的实际出发而制订的。多年来，北中南三条通道都发挥了积极的有成效的作用。如内蒙古的煤电送北京，三峡的水电送华东，贵州的水火电送广东等。应当看到，在此过程中，也曾出现过地方利益影响了送电方和接电方的和谐。东部的一些省份或从本身发展出发，或等不及西电东送而开发了不少火电，对环境造成影响；而西部也有的省份，狭隘的地方资源保护的思想作怪，不愿输出电能，或错失东送的时机，导致本省用不完电而电站大量弃水。这些都是教训，应很好的总结。当前，要从国家能源的大格局出发，宏观部门应继续做好西电东送的接续工作。要在处理好开发与环保关系的基础上，加大西南水电能源基地的开发建设，使其逐步具有强大而稳定的供给和调节能力，这对于我国能源结构调整、应对气候变化、加大洁净、环保的比重以及南方水系洪枯的调节有着极其重要的作用，具有重大的战略意义。

四、要科学评价三峡工程，既要在运行实践中不断总结、认真按照规划设计和验收报告的要求完善和解决好有关事项，更要理直气壮地对歪曲、恶意攻击三峡工程的言论予以澄清和抨击

前不久，中央领导视察三峡工程，给予很高评价，并引申出"大国重器要掌握在自己手里"的结论。我作为参与三峡建设的老同志，心情很是激动。联想到三峡工程从论证、上马、建设，到蓄水发电等数十年的风风雨雨、跌宕起伏，而在建成后国内外、社会上的一些评论，颇为感慨。

三峡工程是新中国成立以来最大的水利水电工程，经数十年、多学科多专家的论证、科学做出结论，经全国人大审议通过。又经过十数年的建设、精心施工，追求质量第一，数万员工齐努力，各方面，特别是从中央到地方各级政府的支持，百万移民舍小家为大家的壮举，终于使工程得以建成，可谓上下同欲者胜。三峡工程是社会主义制度可以集中力量办大事的成功例证，是将科学技术与市场经济体制有机结合的成功例证，建成后的这若干年，三峡工程防洪、发电、通航及供水的功能已取得了很多成就，已初步和有力地证明了三峡工程的科学和伟大。在运行实践中，也在不断总结和按照验收报告进一步完善需解决好的问题。

对三峡工程，社会上不少的评论是正常的、正面的和善意的，也有一些议论是不了解情况而发，或信谣传谣而已。但确有一些奇谈怪论和歪曲、攻击的言论则需我们的警惕和认真对待，要以科学的态度宣传三峡工程，要用三峡工程在不断的运行实践而取得的成就激励正能量，回击别有用心的攻击。

前不久，在改革开放四十年之际，云南以礼河梯级水电站也迎来了首台机组发电六十周年，我以老以礼河人的身份有幸重新回到电站参观访问。以礼河水电站是"一五"期间上马的国家重点水电项目，也是当时第一个跨流域、高水头的梯级地下电站，四个梯级总容量虽只有32.15万kW，而多年来作为云南电网的骨干电站，为电网的稳定、地方财政和农田灌溉、城镇供水等发挥了重要的不可或缺的作用。如今，一花甲的电站仍老而弥坚，继续发挥着多重功能，真令人高兴！我想，我们在20世纪50年代建的电站的作用、功能能发挥这么好，今天，我们应当也可以做得更好。

改革开放铸就大国重器　科学运行保护长江健康

中国长江三峡集团有限公司　　王琳　　孙志禹

从 1910 年在云南石龙坝兴建第一座水电站至今，中国水电从无到有、从小到大、从弱到强，已走过百年历程。新中国成立后，一代代人承前启后、艰苦奋斗，一个个伟大的水电工程，成为中华民族复兴之路上的一座座丰碑。

习近平总书记 2018 年 4 月 24 日视察三峡工程时指出，三峡工程是国之重器，是靠劳动者辛勤劳动自力更生创造出来的，成为改革开放以来我国发展的重要标志，是我国社会主义制度能够集中力量办大事优越性的典范，是中国人民富于智慧和创造性的典范，是中华民族日益走向繁荣强盛的典范。这是对三峡工程的高度赞扬，也是对全体水电人的鼓舞和激励。

一、三峡工程是改革开放的重要成果，是中华民族伟大复兴的标志性工程

1953 年 2 月，毛主席视察长江，提出兴建三峡工程解决长江中下游防洪问题的设想。但是，受客观条件所限，上三峡工程的条件一直不成熟。1970 年，中央批准兴建葛洲坝工程，为三峡工程作实战准备、积累经验。1978 年，十一届三中全会以后，我国进入了改革开放的新时期，以经济建设为中心的方针深入人心，经济社会文化事业取得日新月异的迅猛发展。1980 年 7 月，邓小平考察三峡，他指出，"看准了就下决心，不要动摇"，有力地推动了三峡工程研究。

1986 年，中央成立三峡工程论证领导小组。1989 年 5 月，长江水利委员会根据各专家组论证意见，编报了长江三峡水利枢纽可行性研究报告。在国内研究的同时，我国还请加拿大政府同步进行了三峡工程可行性研究，提出的方案与长江水利委员会的设计方

案基本一致。

经过改革开放十多年的建设，国家经济快速发展、社会稳定、人民安居乐业，为兴建三峡工程在政治上、经济上奠定了坚实基础。1992年，七届全国人大五次会议通过了关于兴建三峡工程的决议。由于三峡工程规模巨大，经济社会效益显著，对国民经济和生态环境影响深远，中央几代领导集体对三峡工程始终抱着审慎、严谨的科学态度和实事求是的务实作风，体现了党对国家、对人民、对历史高度负责的精神，体现了一切以人民为中心的使命意识和担当精神。可以说，没有改革开放，没有解放思想、实事求是，就没有三峡工程的科学论证、民主决策、顺利开工、胜利建成。

三峡工程建设是在我国由计划经济向社会主义市场经济转型期间进行的，鉴于工程规模空前、技术复杂、施工难度大的特殊性，在国家层面，成立了国务院三峡工程建设委员会；在企业层面，成立了中国长江三峡工程开发总公司（简称三峡总公司）、中国电网建设总公司，独立核算，自负盈亏，按照市场化原则组织建设和经营，实行业主负责制、合同管理制、招标投标制、项目监理制。这样的项目管理模式，是改革开放的重大体制机制创新，为全国开了先例，确保了党中央的坚强领导，明确了各方权责，理顺了政府、企业和市场之间的关系，充分调动了各方面的积极性，保证了三峡工程建设自始至终严格按设计安全有序进行。

三峡工程首次实行了资本金制，三峡基金成为工程投资的主要来源。另外，充分运用市场机制，积极利用资本市场，开辟企业债券、政策性银行贷款、商业银行贷款、出口信贷、发电资产上市融资等多种渠道，由三峡总公司自借自还，自担风险。实践证明，这条与市场经济接轨、与国际接轨的投融资道路是成功的，既保证了工程需要，又使资金控制在国家批准的概算以内。

三峡工程实行"静态控制，动态管理"的投资控制模式，解决了长期来重点工程多次调整投资概算的弊端。国家还专门成立三峡工程稽查组，对工程的资金管理、建设进度和安全施工等方面进行稽查；国家审计署多次开展专项审计，及时发现和解决问题。这也是重大工程监督制度方面的创新。

科教兴国战略为工程建设的顺利进行奠定了坚实基础。三峡工程坚持自主创新、集成创新、引进消化吸收再创新，一方面大力开展国内研发，动员各参建单位、全国各有关科研单位和高等院校的力量加强科技攻关；另一方面，通过国际招标从国外厂家引进先进技术。三峡工程攻克了一个又一个世界级难题，创造了一项又一项世界纪录，实现了设计科学、质量一流、运行高效、环境友好。大江截流技术世界领先，截流流量11600m^3/s、截流水深60m、24h抛投强度19.4万m^3。三峡工程共完成土石方开挖1.2亿m^3，混凝土浇筑总量2807万m^3，创造了连续3年超越400万m^3、高峰年达548万m^{3}的世界纪录，造就了大坝建设的世界奇迹，三峡工程质量得到全面、全员、全过程的控制。建成世界上水头最高、规模最大的双线五级船闸，建成世界上最大垂直升船机。在水轮发电机组的设计制造中，三峡总公司支持哈电、东电用7年时间完成了从左岸机组分包到右岸机组独立承包的重大转变，完全掌握了70万kW大型机组核心技术。

三峡工程推动了我国水电工程建设和管理、大型机组设备、输变电工程等领域科技水平的大幅提升，一系列关键技术获得突破，我国由水电大国跃升为水电强国，实现了从"跟跑者"到"引领者"的跨越。三峡枢纽工程获得了20多项国家科技奖励，200多项省部级科技进步奖和700余项专利，建立了117项工程质量和技术标准。依靠自力更生、自主创新获取的重大科技创新成果，依靠拼搏奋斗获取的核心技术、关键技术，已经牢牢掌握在我们中国人自己手上。

二、科学运行三峡工程，充分发挥生态效益和社会效益

三峡工程2009年如期建成，开始进行试验性蓄水。自2010年以来，连续9年实现正常蓄水位175m目标。三峡工程发挥了巨大的生态效益、社会效益，对于长江中下游的安澜、长江经济带的快速发展做出了重要贡献。

三峡工程是长江防洪的骨干工程，在长江防洪减灾中发挥了中流砥柱作用，2003年以来拦蓄洪水1440亿m^3。2010年和2012年汛期，三峡枢纽科学调度，防御了两次大于7万m^3/s的洪峰，有效避免了人民生命财产的巨大损失，避免了洪水过后满目疮痍对生态环境的严重破坏，为长江中下游人民群众生产生活提供了坚强的安全屏障。

三峡水库成为我国最大的战略淡水资源库。自2003年蓄水以来，库区及相关区域生态环境状况良好，水环境质量稳定。枯水期平均下泄流量由3500m^3/s增加到6000m^3/s，从2003年至今累计补水2430亿m^3，对保障长江中下游生活、生产、生态用水需求、改

善通航条件发挥了重要作用。

三峡工程节能减排效益十分可观。截至目前，三峡电站已累计发电约 1.16 万亿 kWh，相当于节约标准煤近 3.8 亿 t，减排温室气体近 10 亿 t。

三峡工程为库区经济社会发展和移民生产生活条件改善带来重大机遇。库区产业结构不断调整优化，基础设施明显改善，社会事业不断发展，移民生活水平普遍提高，城乡面貌焕然一新。库区生态环境明显改善，城镇生活污水处理率、垃圾无害化处理率高于全国水平，教育、卫生、文化事业长足进步，成为人与自然和谐共处的新库区。

三峡工程蓄水后，长江成为名副其实的"黄金水道"，有力地推动了长江经济带的形成和发展。三峡船闸年最大货运量达 1.3 亿 t，比蓄水前提高约 7 倍；单位运输成本平均下降 37%。三峡升船机试通航以来，累计过船 5200 艘次，通过旅客 12.5 万人次。

从白鹤滩、乌东德到三峡、葛洲坝，三峡集团在长江干流建设的 6 座大型水电站，总库容超过 900 亿 m^3，总防洪库容近 380 亿 m^3，约占长江中上游重要水库总防洪库容的 2/3；总装机容量近 7200 万 kW，约占长江中上游大型水电站总装机容量的 1/3；控制河流总长度约 2000km，接近长江干流长度的 1/3；涵盖流域面积超过 100 万 km^2，超过总流域面积的 1/2。这些关系国家安全和国计民生的重大基础性工程，是促进长江经济带发展的骨干项目，保障了长江流域的防洪安全、航运安全、生态安全、水资源安全和能源安全，有力地促进了库区移民安稳致富和流域经济社会协调发展。

"一带一路"倡议源自中国，更属于世界。三峡工程的成功建设，全面提升了我国水电产业的规划、设计、施工、设备制造和运行管理水平，培养了一大批优秀的高素质专业技术人才和管理人才。三峡集团和行业内各单位一起，积极响应国家"一带一路"倡议，编队出海，将沿线国家作为"走出去"的重要区域，让三峡品牌和三峡标准走向国际。目前，三峡集团已在全球近 50 个国家和地区开展国际业务，拥有海外电站装机约 1500 万 kW，资产总额超过 1000 亿元。在积极开展业务的同时，三峡集团积极参与当地基础设施改善、民生保障、社区发展、文化交流等活动，在海外树立了良好的中国企业形象。

三、深入推进长江大保护，奏响新时代的长江之歌

人类文明离不开江河的哺育，历史发展离不开江河的润泽。习近平总书记强调，在

新形势下推动长江经济带发展，要从中华民族长远利益考虑，把修复长江生态环境摆在压倒性位置，努力把长江经济带建设成为生态更优美、交通更顺畅、经济更协调、市场更统一、机制更科学的黄金经济带。

三峡集团坚持在发展中保护、在保护中发展，始终把山清水秀作为主旋律，把人与山水林田湖作为生命共同体。建设生态文明是中华民族永续发展的千年大计，我们要正确把握整体推进和重点突破的关系，做好生态环境保护修复工作；正确把握生态环境保护和经济发展的关系，协同推进生态优先和绿色发展；正确把握总体谋划和久久为功的关系，坚定不移将一张蓝图干到底；正确把握自身发展和协同发展的关系，参与长江经济带高效经济体建设。三峡集团生于长江、长于长江，与国家的前途命运紧紧相连、与长江的绿色发展休戚与共，要成立长江大保护实体公司，建立投资平台、融资平台，选取典型项目先试先行，促进长江生态环境改善，使母亲河永葆生机活力。

三峡集团"建设三峡，开发长江"的任务已经完成，在新时代，我们要把运行好管理好三峡工程、深入推进长江大保护作为我们新的使命。三峡工程要以生态文明建设为目标，不断提高科学调度、科学运行、科学管理的水平，关注长江健康，保护长江生态，把生态调度作为一项重要任务。结合长江大保护的具体要求，实时制定和调整生态调度目标，抓好水质、水生生物、陆生生物、泥沙监测等各个方面的工作。强化生态调度科研和试验，增强研究的系统性、针对性和前瞻性。周密制定生态调度方案，注重梳理总结，将可行有效的成果应用于具体的生态调度实践。

改革永无止境，发展永无止境。三峡集团坚持以习近平新时代中国特色社会主义思想为指导，努力发挥好应有作用，积极参与长江经济带生态修复和环境保护建设，在新时代践行好新使命，让生态环境更加美好，让人民生活更加幸福，为中华民族的伟大复兴贡献三峡力量！

创新创业再出发　苦干实干促发展

——中国电建改革开放四十年发展纪实

中国电力建设集团有限公司　晏志勇

以 1978 年 12 月党的十一届三中全会召开为标志,中国开启了改革开放的历史征程。四十年来,在党中央、国务院的正确领导和亲切关怀下,电力行业全体同仁逢山开路、遇水架桥,实现了中国电力由小到大、由弱到强的华丽转身。中国电网特高压技术、水电工程技术、工程施工建设和装备制造以及工程建设管理,都当之无愧地处于世界领先水平,中国电力企业为世界电力事业的发展做出了卓越贡献。

中国电力建设有限公司(简称中国电建),作为最早自我改革走向市场经济,最早开放自我"走出去"参与全球市场竞争的电力建设企业,四十年来始终站在改革开放的潮头前沿,历经改革的洗礼、开放的磨砺,形成了一系列一流建设成就、建成了一系列超级工程、创造了一系列世界第一。

一、勇立改革潮头,在改革中不断推动做强做优做大

——改革开放的四十年,是中国电建不断深化体制机制改革、增强内生发展活力的四十年

从 20 世纪 80 年代初期的工程投资包干责任制起步,到 1984 年的"鲁布革冲击",

再到"集资办电"、流域开发与项目法人责任制、2002 年国家电力体制改革、2011 年电网主辅分离改革及一体化重组等多轮重大改革中，中国电建始终勇立潮头，不等不靠，自我变革，克服项目开工不足、市场竞争日趋激烈等重重考验，从灵魂深处不断强化市场意识，在体制上持续完善现代企业制度，在管理机制上强调效益观念，以市场促改革，以改革促市场，为中国电建保持四十年跨越式发展奠定了坚实基础。

以水电开发为例，四十年来，中国水电装机容量和发电量从改革开放之初的 1727 万 kW 和 446 亿 kWh，跃升至 2017 年年底的 3.41 亿 kW 和 1.19 万亿 kWh，分别增长了近 20 倍和 26 倍，水电发展速度之快、成就之大，前所未有、世界瞩目，使中国一跃迈进全球水电及电力能源领先国家行列。

——改革开放的四十年，是中国电建落实创新驱动、全面提升技术和管理能力的四十年

四十年来，中国电建人的足迹踏遍祖国的大江大河、高山峻岭，先后完成了澜沧江、雅砻江、大渡河、黄河上游和雅鲁藏布江等一系列水电规划，为国家十三大水电基地建设、区域能源资源结构调整优化提供了科学依据；先后攻克了一大批制约水电行业发展的关键技术难题，创造了诸多引以为傲的水电工程建设世界纪录。如在复杂地质基础处理方面，创造了深厚覆盖层下混凝土防渗墙成墙深度 200 多米的世界纪录。在大江大河导截流方面，三峡、锦屏一级、溪洛渡、白鹤滩等超高难度导截流施工达到了国际领先水平。在高混凝土坝建设方面，建成了龙滩、光照、向家坝、黄登等 200m 级超高混凝土重力坝，小湾、锦屏一级、溪洛渡等一批 300m 级超高拱坝，一次次刷新超高坝的世界纪录。在超高边坡稳定性处理方面，小湾水电站 700m 级巨型高陡工程边坡、锦屏一级 600m 复杂地质条件高陡边坡的加固处理在世界水电乃至整个工程界都极为罕见。

可以自豪地说，中国电力规划设计及施工技术方面全球领先、世界一流，具备在各类复杂体制条件下建设各类水电站及电力基础设施的能力，是中国在国际上处于领先地位、具有国际竞争优势的产业。

——改革开放的四十年，是中国电建担当使命责任、推动国家战略落地的四十年

四十年来，中国电建主动服务国家重大战略规划，积极实践生态文明建设理念，实现工程建设与普惠民生的协调发展。我们在工程建设中，同步规划、设计、建设生态环

境保护设施，实现工程与自然的和谐共生。我们在设计施工水库大坝电站中，同步考虑防洪、灌溉、供水、旅游、移民脱贫致富等因素，促进区域经济社会文明综合发展、打赢扶贫攻坚战，让当地老百姓得到实实在在的好处。

四十年来，中国电建承建和开发的水电项目累计发电量超过 14 万亿 kWh，相当于替代标准煤 43 亿 t、减排二氧化碳 113 亿 t、二氧化硫 0.37 亿 t、氮氧化物 0.32 亿 t，为我国及全球节能减排和环境保护做出了重要贡献。

二、站在开放前沿，在开放中持续更稳更好更快发展

改革开放的四十年，是中国电力行业全球化发展的关键时期。中国电建从 20 世纪 50 年代末承担国家外援项目开始，于 1993 年获得首批对外经营权，2006 年率先提出国际业务优先发展战略，2016 年制定并开始实施国际业务集团化、属地化、全球化"三步走"战略，海外经营不断迈上新台阶，国际化程度不断提高。

——改革开放的四十年，是中国电建高端切入、规划先行，奉献一流方案开拓国际市场的四十年

全产业链一体化是中国电建的核心能力和比较优势。中国电建从战略高度出发，不为了项目而项目、为了投资而投资，在获得自己合法收益的同时，发挥优势为项目所在国更好解决有关问题提出总体解决方案。近年来，中国电建主动甚至免费为各国政府提供咨询服务、编制国家或区域的行业发展规划，已参与"一带一路"能源合作专项规划、中国—东盟绿色能源网络规划、中亚能源合作规划、中国与东南亚四国电力合作规划等国家任务，完成了"一带一路"沿线 45 个国家能源电力及基础设施规划研究报告，为持续深入拓展国际市场完成了大量前期工作、创造了良好条件。目前，中国电建国际经营已覆盖全球 121 个国家和地区。

——改革开放的四十年，是中国电建技术先进、质量优良，打造全球能源电力第一品牌的四十年

中国电建一直以来均严格遵守项目所在国质量、安全、环境的法规和标准，制定并执行"所在国有关标准低于中国标准的，按照中国标准执行；所在国有关标准高于中国标准的，按照所在国标准执行"的企业准则，以优质的产品和服务赢得各方信任，创造

了"世界电建看中国"的伟大成就，创造了一个又一个"第一"和"之最"。1984 年中国电建承建的中国最大的援外水电工程——喀麦隆拉格都水电站仍然是该国骨干电厂，至今运转正常，承建的南累克水电站照片登上老挝的货币，马来西亚巴贡水电站、苏丹麦洛维水电站、厄瓜多尔 CCS 水电站被项目所在国誉为本国的"三峡"；建设了拉美第一条、世界第四条 800kV 特高压直流输电线路——巴西美丽山输电工程，非洲最大风电项目——埃塞俄比亚阿达玛风电场和世界最大光热项目——摩洛哥努奥光热发电站。仅 2018 年以来就有 8 项电力工程获得中国境外鲁班奖、1 项获得中国境外优质工程金奖，习近平主席见证、支持的电力项目达到 16 个。

——改革开放的四十年，是中国电建风险防控、效益保障，深度融入当地经济社会发展的四十年

作为以施工为主业的建设企业，中国电建一直需要面对市场和订单压力，但我们不断增强风险意识，提升科学研判和防范风险的能力，杜绝不顾风险而盲目为之甚至恶性竞争的行为，确保国有资产安全和企业人员安全，维护中国国企形象。同时，高度重视社会责任工作，积极开展企业公共外交，推进属地化管理和合规经营，创造了较好的经济效益和社会效益。截至目前，中国电建境外总投资达到 490 亿元、总装机容量 564.5 万kW，既取得了良好的投资收益，又有效带动了当地经济发展。

——改革开放的四十年，是中国电建开放合作、互利共赢，不断开创全球化发展新篇章的四十年

四十年来，中国电建始终秉承"开放合作、互利共赢"这一初心，与各方携手共同发展。我们创的互利共赢的"加纳模式"被非洲多国高度评价并纷纷效仿；我们用 14 年推动赞比亚一揽子合作计划 10 个项目逐一落地，成为中国企业与非洲国家政府携手发展的典范；我们雇用项目当地员工超过 8 万人，为 38 个非洲国家培训了 440 名政府官员以及数以万计的实用技能型人才，授人以鱼，更授人以渔。四十年来，中国电建承建的海外水电总装机容量超过 1.1 亿 kW、海外火电总装机容量 1.15 亿 kW、海外新能源总装机容量 740 万 kW，这些电力基础设施成为助推所在国经济社会发展和民众福祉的至关重要的动力，同时带动了大量中国国产机电装备和材料出口，仅 2004 年以来，中国电建承建或投资的海外电力项目就累计带动相关出口 287 亿美元，这为进一步扩大中国电建与

电力行业兄弟企业的合作提供给了更多机会。

改革开放四十年改变了中国，也深刻影响了世界。在当前异常复杂的全球政治经济调整变局中，改革开放四十年的回顾，向我们昭示了颠扑不破的真理：改革开放是电力行业发展的根本动力，是决定电力行业命运的关键一招，是新时代我们应对一切艰难与挑战、实现更好发展的信念和信心、定力和底气。

发展是对改革开放四十周年最好的纪念。中国电建愿同各兄弟单位、各位同仁精诚团结、携手共进，以纪念改革开放四十周年为契机，坚持以习近平新时代中国特色社会主义思想为指引，自觉贯彻落实"五大发展理念"，深化改革不停歇、扩大开放不止步，用更好的发展成就，推动电力行业抵达新的高度，将中国电力打造成为又一张亮丽的中国名片。

践行绿色战略　贡献清洁能源

中国能源建设集团有限公司　丁焰章

在人类漫漫历史长河中，水电和其他能源的开发利用具有划时代的重要意义，让人类从此告别了茹毛饮血的野蛮生活，点燃了文明进步的熊熊烈火；伴随着能源方式的每一次变革，人类文明也不断走向了新的高峰。时至今日，能源因子无处不在，人类对能源的利用也更加多元化、广泛化。水电作为目前技术最成熟、最具市场竞争力、可以大规模开发的清洁可再生能源，不仅解决了越来越多的人类用电问题，而且减少了煤炭、石油等化石能源的消耗，减少了对大气的污染，还充分发挥出了防洪、灌溉、航运等多种综合效益，为人类文明进步、世界经济社会发展做出了重大贡献。

中国能源建设集团有限公司（简称中国能建），及其核心子企业中国葛洲坝集团有限公司（简称葛洲坝集团），为我国乃至全球水电事业发展做出了突出贡献。尤其是葛洲坝集团，因水电而生，得名于万里长江第一坝——葛洲坝，兴起于世界最大水利水电枢纽工程——三峡工程的建设，从长江走向全国、走出国门，由传统水电建筑企业转型升级为集环保、建筑、基础设施投资与运营、装备制造、房地产、水泥、民爆、金融为一体的跨国企业集团。

一、精心打造"葛洲坝"水电品牌

作为中国水电队伍的"王牌军"，葛洲坝集团从 1970 年成立以来，在国内、国际贡献了大量水电工程杰作，打造出了世界知名的"葛洲坝"水电品牌。

20世纪70年代，面对落后的技术、恶劣的环境、艰苦的条件，葛洲坝集团硬是依靠着肩挑背扛，依靠着人定胜天的信念，独家在万里长江之上，历史上第一次截断宏伟的长江，建起了雄壮的葛洲坝，在当时的中国创造了100多项水电施工纪录，为长江三峡水利枢纽工程的建设进行了实战准备，掀起了长江大开发的序幕。

1993年，葛洲坝集团开始承担起三峡工程的建设任务，在这座代表当今世界建筑施工最高技术水平的工程建设中，承担了65%以上的工程量，创造了在龙口超过60m、流量突破10000m³/s、昼夜抛投最高强度达19.4万m³条件下进行大江截流的世界纪录；首次安装国产70万kW机组、首次在一个工程中安装投产机组总容量超过300万kW，成为名副其实的主力军。在整个工程建设期间，葛洲坝集团创造的世界之最多达100余项，获得了包括国家科技进步一等奖在内的科技成果奖励30余项，获得专利近百项，多项成果具有世界领先水平。

能力的提升伴随着我国水电资源的纵深广阔开发利用。四十八年来，葛洲坝集团已在长江、黄河、珠江、雅砻江等大江大河、在全国20多个省市自治区整体或主要承建、参建了葛洲坝、三峡、隔河岩、二滩、水布垭、瀑布沟、锦屏等500多个水利水电建设工程项目，创造了100余项世界之最，先后荣获鲁班奖、詹天佑奖、大禹奖、中国电力优质工程奖等行业最高奖125项。

二、积极探索水电科学技术

作为中国水电技术的"探索者"，葛洲坝集团不断整合优化各类科技资源，加快国内外先进技术的引进消化吸收和再创新，组织战略性、基础性、前瞻性课题研发，着力解决共性技术问题和关键技术难题，突破和掌握了一系列行业领先技术。

目前，葛洲坝集团已经组建了2个院士专家工作站，2个博士后科研工作站和55家科研院所，17名院士已经或即将进站工作。历年来，取得包括国家科技进步奖在内的重大科技成果1500多项，3200余项专利获得国家授权，主参编的108项国家及行业标准已发布，55项工法被评为国家级工法，形成了一批具有自主知识产权的核心技术。

葛洲坝集团在大江大河导截流、筑坝施工、地下工程、大型金属结构制造安装、大型机组安装等领域，占据了世界技术制高点。紧跟水利水电工程开发大潮，公司水利水电工程技术不断取得新的突破，研究创新的关键技术，达到国际领先、国际先进和国内领先的达 23 项之多。例如，以三峡工程为代表的大江大河导截流技术和特大型升船机施工技术，以锦屏一级为代表的大型混凝土双曲拱坝施工技术，以水布垭、瀑布沟等为代表的大型面板堆石坝施工技术，以溪洛渡、白鹤滩、乌东德等为代表的大型地下洞室群施工技术等，以溪洛渡、锦屏等为代表的巨型水轮发电机组安装调试技术，以土谷塘、大藤峡等为代表的超大型弧形闸门制造安装技术，均在行业中树立了典范。

三、践行"走出去"战略，做中国水电的代表

多年来，中国能建积极践行"走出去"战略，勇作中国水电"走出去"的代表，积极响应"一带一路"倡议，坚持绿色发展和属地化理念，参与全球水电开发，将先进的技术、绿色的产品、优秀的管理、低成本的资金投向"一带一路"沿线，赢得了众多国家的信赖和认可。

葛洲坝集团在全球 18 个国家和地区，已经建成和正在建设的水电站、抽水蓄能电站和其他工程超过 600 项，承揽了一系列在全球具有影响力的工程项目。在南美洲承建的阿根廷最大水电工程——孔拉水电站，总装机容量 1310MW；承建的非洲"三峡工程"——安哥拉卡卡水电站，总装机容量 2170MW；承建的尼日利亚蒙贝拉水电站（3050MW）总投资额为 57.93 亿美元，是目前中资企业在海外承建的最大项目。

中国能建承建的巴基斯坦 NJ（尼拉姆—吉拉姆）水电工程，是中巴经济走廊的重要先行项目，已成为中巴两国在基础建设领域全面广泛合作的缩影。项目建设期间，我们克服复杂地质条件，先后攻克了穿越喜马拉雅大断裂带、高埋深长引水隧洞施工、地下厂房收敛大变形、深竖井施工、穿河段施工等一系列世界级工程难题，战胜了特大洪水、穿河段涌水、TBM 超强岩爆等突发情况，目前已实现多台机组发电。电站投产发电为当地提供充足低价清洁能源，有效帮助克服电力短缺，为巴基斯坦经济发展注入新动能，得到了时任巴基斯坦总理阿巴西的高度赞誉，并亲自出席了发电仪式。

中国能建将清洁能源作为海外投资的重要方向。在尼日利亚投资建设的重油发电站，已经投入运营。目前正在巴基斯坦投资建设的 SK 水电工程，总装机容量为 873.5MW；

投资建设的阿扎德帕坦水电站，总装机容量为 640MW，将极大地缓解巴基斯坦的电力短缺现状。同时，中国能建还参股了中国海外基础设施投资公司、东盟基金，积极与其他企业共同致力于海外能源等开发利用。

中国能建在发展海外能源的同时，主动融入当地社会，加强经济合作与文化交流，积极参与当地抢险救灾和公益项目建设，在利比亚撤侨、尼泊尔地震、厄瓜多尔地震、西非埃博拉疫情等重大事件中，积极响应中国政府的统一部署，圆满地完成了救援撤离、应急抢险、疾病应对等急难险重任务，充分展示了中央企业的形象和担当。

多年来，中国能建在我国 4000 多家"走出去"企业中的排名一直在第 5 位和第 8 位之间，先后荣获"中国'一带一路'杰出贡献企业奖""'一带一路'新能源国际发展突出贡献奖""感动非洲十大中国企业""走进东盟十大成功企业"等称号。

四、促进中国水电转型升级创新

中国能建葛洲坝集团作为中国水电转型升级的创新者，通过创新实施 EPC、BOT、PPP、投资拉动等商业模式，由传统建筑施工承包商向投资商、总承包商和运营商转变，实现了发展方式的根本转变。依托在水电施工领域积累的深厚产业优势、技术优势和平台优势，把握能源革命战略机遇，大力向环保、高端装备制造等业务领域拓展，迅速形成了规模、创出了品牌。

当前，葛洲坝已经在淤泥处理、污土污水处理、黑臭水体治理、钢渣循环利用、固体废物深加工、垃圾处理、环保装备和材料等领域形成了规划、设计、制造、施工、运营能力的绿色全产业链，可以提供系统解决方案和"一站式"服务。如自主研发的国际领先、具备自主知识产权的 HAS 技术，能将湖底、河底、海滩及污水处理厂的淤泥进行固化或脱水改性，为淤泥资源化利用提供了解决样本，该技术已在滇池治理项目中得到应用，效果获得了国家环保部和云南省的肯定。积极延伸产业链，组建专业化的水务运营公司，目前在国内外的水处理能力达到 300 万 t/天，能源装机总容量达到 119 万 kW。响应"中国制造 2025"战略，大力发展智慧能源、高效储能、节能环保、智能制造业务。与德国曼恩和芬兰瓦西兰合作，取得了具备世界领先技术的燃气发电机组在中国销售的独家授权。拥有行业领先的储电、储冷、储热等储能技术，能够广泛应用于电网调峰调频、分布式电站、智能微电网、城市充电桩、工业供热、城市供暖、光热发电等领域，可以有效解决弃电问题。与中科院合作研发的 10MW 先进压缩空气储能系统获评"中国能源装备十大卓越性能产品"和联合国工业发展组织颁发的"全球可再生能源领域最具投资价值的领先技术蓝天奖"。目前，正在将 10MW 先进压缩空气储能系统进行产业化，并启动了 100MW 先进压缩空气储能系统的研发工作。

未来，水电仍然是最有效率、最起作用的可再生能源，是当前能源革命的主力军。习近平总书记在长江经济带发展座谈会中指出"要把修复长江生态环境摆在压倒性位置，共抓大保护，不搞大开发"，为我国今后的水电开发利用指出了新方向、提供了新思路。中国能建，将继续坚持"精益创造价值、精品引领未来"宗旨，以精细管理提升效益、以精心服务塑造品牌，用优秀的商业模式、雄厚的科研实力和全产业链服务能力，缔造精品工程和精良装备，与业内同行精诚合作，促进我国水电事业的繁荣，推进水电等清洁能源可持续发展，共同创造行业光明未来。

保持战略定力　深入推进一个主体开发一条江

雅砻江流域水电开发有限公司　陈云华

水电是清洁可再生的绿色能源，在我国能源结构中占据重要地位。改革开放以来，我国水电建设管理体制不断完善，技术水平不断突破，装机规模跃居世界第一，取得了举世瞩目的成就，对促进国民经济和社会发展起到了重要作用。雅砻江是我国重要水电基地之一，受益于国家电力体制改革和投资体制改革，实现了"一个主体开发一条江"，取得了较好的实践效果，在我国清洁能源行业具有代表性。

一、雅砻江流域水电资源及开发概况

雅砻江发源于巴颜喀拉山南麓，干流全长 1571km，天然落差 3830m，年径流量 609 亿 m³。雅砻江干流技术可开发容量约 3000 万 kW，技术可开发年发电量约 1500 亿 kWh，占四川省全省的 24%，约占全国的 5%。

雅砻江干流划分为上、中、下游三个河段。上游河段从呷依寺至两河口，河段长 688km，目前正在开展河段水电规划。初拟以木能达为龙头水库的 10 级开发方案，总装机容量约 300 万 kW。

中游河段从两河口至卡拉，河段长 385km，拟定以两河口为龙头水库的 7 级开发方案，自上而下分别为两河口（300 万 kW）、牙根一级（27 万 kW）、牙根二级（108 万 kW）、楞古（257.5 万 kW）、孟底沟（240 万 kW）、杨房沟（150 万 kW）、卡拉（102 万 kW），总装机约 1200 万 kW。其中两河口水库具有多年调节能力，两河口及杨房沟已核准在建，预计 2020 年首台机组投产发电。

下游河段从锦屏一级至江口，河段长 412km，已建成以锦屏一级为龙头水库的 5 级水电站，自上而下分别为锦屏一级（360 万 kW）、锦屏二级（480 万 kW）、官地（240 万 kW）、二滩（330 万 kW）、桐子林（60 万 kW），总装机容量 1470 万 kW。其中锦屏一级水库具有年调节能力，二滩水库具有不完全年调节能力。

雅砻江流域水能资源高度集中，大型电站多，装机容量大，规模优势突出，梯级补偿效益显著，是全国最优质水电能源基地之一。尤其是当两河口、锦屏一级、二滩为代表的三大控制性水库全部建成后，总库容达 237 亿 m^3，联合运行可使雅砻江中下游梯级电站达到多年调节特性，并可使雅砻江干流梯级电站群平枯期电量大于丰水期电量，有效改善四川省电力丰余枯缺的结构性矛盾。雅砻江流域风能、光能资源同样丰富，风能资源等级多为 2 级，光能资源属于全国二类和三类地区，均具备较大开发价值，且水电、风电、光电出力具有天然互补特性。为充分发挥雅砻江流域梯级电站优越的调节特性，实现多种能源优势互补，需深入推进"一个主体开发一条江"的开发模式，统筹规划、科学开发。

二、一个主体开发一条江的优势与实践

（一）一个主体开发一条江的优势

1. 有利于统筹规划，实现梯级最优开发

流域梯级水电站运行受到电力联系和水力联系制约，同时大型水库电站可对下游梯级电站产生补偿调节效益，在流域梯级开发中具有重要地位和骨干作用。"一个主体开发一条江"的开发模式可综合考虑梯级各电站的具体特点，并从流域梯级整体角度进行研究和选择，实现整个梯级开发的投资效益和能源开发效率的最大化。同时，可结合电力系统的特点和电力市场发展要求，对各梯级电站按照"统一规划，有序建设"的原则进行开发，实现流域的科学和最优开发。

2. 有利于统筹考虑电力接入系统和外送规划

大型水电站往往地处高山峡谷，电源点远离负荷中心，而输电线路走廊资源十分有限，需统筹考虑梯级电站规划和接入系统设计。"一个主体开发一条江"的开发模式可从全局出发，远近结合，对流域梯级电站的输电走廊进行统一规划，统筹兼顾流域梯级电站接入系统设计，做到整体最优，运行经济。

3. 有利于水电科学开发与和谐开发

流域梯级开发对生态环境、社会经济发展的影响复杂、深远，不同开发方式、生态环境保护措施和移民安置方式对流域生态环境和社会经济环境的影响也不同。"一个主体开发一条江"的开发模式能够统筹规划流域水电梯级开发时序，充分考虑水电开发与环境保护的双重要求，制定环境合理的流域水电开发方案，从源头上避免环境问题。同时，在流域生态保护和移民方面，可统筹制定环境保护措施和安排移民安置及补偿政策，维护国家、开发企业和当地群众的根本利益，实现水电的科学开发与和谐开发。

4. 有利于不同电站间物资调配，节约投资

水电站通常地理位置偏远、自然条件恶劣、交通条件差，给工程建设物资运输、施工带来许多困难，同时也将进一步提高建设成本。"一个主体开发一条江"的开发模式能够统一协调和规划，提高上下游梯级之间的施工辅助设施、渣场、交通和建设营地等资源使用效率，加快电站建设并节省投资。同时，可通过流域化、集团化和规模化的项目招标采购，有效降低招标和采购成本，并对整个流域开发实行统一管理，精简管理环节、统筹人力资源配置，进一步节约管理成本，提高管理效率，进而提高市场竞争力。

5. 有利于实现梯级水电站的综合效益最大化

受水情变化的随机、不重复和不确定性以及电力系统中电力负荷的不确定性、多种电源配合运行的影响，流域梯级水电站的运行管理复杂性高、难度大。"一个主体开发一条江"的开发模式可从流域化管理的角度出发，开展流域梯级电站综合调度相关研究，最大程度地协调上、下游梯级的水力、电力、泥沙、防洪关系，通过流域梯级联合优化调度，实现综合开发效益最大化。

6. 有利于充分发挥梯级补偿效益

水电出力季节性强、丰枯差别大，为改善电网特性，需要建设一些调节性能好的龙头水库电站。但由于需要修建高坝大库，龙头电站本身的技术经济指标并不是很优越，其效益更多地体现在对下游梯级电站的补偿效益上。"一个主体开发一条江"的开发模式可综合平衡考虑梯级电站总体经济效益，进行流域化资源配置，加快龙头电站建设，有利于充分发挥梯级补偿效益。

（二）雅砻江"一条江"水电开发模式的实践

1. 尊重科学，把握规律，实现一条江一个开发主体

改革开放以来，水电开发的投资主体和投资方式逐步多样化，开发规模逐步扩大，水能资源无序开发利用的问题逐步凸显。新世纪初，雅砻江开发的第一个项目二滩水电站，因电力营销问题产生巨额亏损，号称全国"第一水电大省"的四川，出现了"电力过剩，不能再上水电项目"的声音。2003 年 10 月，国家发改委正式授权二滩公司全面负责实施雅砻江水能资源开发和水电站建设与管理。在此背景下，二滩公司巧抓机遇，于 2003 年 11 月举办了在中国水电届具有深远影响的"雅砻江流域水电开发高级论坛"，提出了科学有序开发雅砻江全流域水电资源的模式。2012 年 11 月，国家能源局发文再次明确二滩公司负责雅砻江干流水能资源整体开发，并要求将"二滩水电开发有限责任公司"正式更名为"雅砻江流域水电开发有限公司"。由此，雅砻江公司成为我国唯一一个由国家授权完整开发一条江的流域公司，为雅砻江"一条江"水电开发模式创造了条件。

2. 统筹规划、科学布局，实现一条江全面规划

雅砻江干流全长 1571km，流域面积 13.6 万 km²，域内雨量丰沛，年径流量达 602 亿 m³，相当于黄河的 1.1 倍，干流技术可开发容量约 3000 万 kW，技术可开发年发电量约 1500 亿 kWh。在认真总结国内外水电开发经验，深入分析未来经济发展和电力增长以及电力市场消纳、电网规划等情况的基础上，雅砻江公司提出了"雅砻江流域水能资源开发四阶段战略"：第一阶段，2000 年以前，开发建设二滩水电站，实现投运装机规模 330 万 kW；第二阶段，2015 年以前，建设锦屏、官地、桐子林水电站，全面完成雅砻江下游梯级水电开发，公司拥有的发电能力提升至 1470 万 kW，规模效益和梯级补偿效益初步显现，基本形成现代化流域梯级电站群管理的雏形，公司成为区域电力市场中举足轻重的独立发电企业；第三阶段，2025 年前后，继续深入推进雅砻江流域水电开发，建设包括两河口水电站在内的 4～5 个雅砻江中游主要梯级电站，实现新增装机 800 万 kW 左右，公司拥有的发电能力达到 2300 万 kW 以上，公司将迈入国际一流大型独立发电企业行列；第四阶段，全流域项目开发填平补齐，雅砻江流域开发全面完成，公司拥有发电能力达到 3000 万 kW 左右。

3. 着力推进、重点突破，实现一条江的有序开发

在做好雅砻江水电开发科学规划的同时，雅砻江公司按照"统筹规划、科学布局、着力推进、重点突破"的发展思路，圆满完成了雅砻江流域水能资源开发第一、第二阶段战略，全面完成了雅砻江下游五座梯级水电站的开发建设任务，建成了世界最高坝和世界最大规模水工隧洞群。目前，雅砻江公司拥有水电装机容量 1470 万 kW，年发电量超过 700 亿 kWh。在此基础上，雅砻江公司着力推进第三阶段战略，雅砻江中游"龙头"水库电站——两河口水电站（300 万 kW）于 2014 年核准开工，计划 2020 年首台机组投运，2021 年全部机组投运；杨房沟水电站（150 万 kW）于 2015 年核准开工，计划 2020 年首台机组投运，2021 年全部机组投运。雅砻江中上游其他梯级电站前期工作有序推进，雅砻江流域"首尾呼应、多点开花、全江联动、有序推进"的态势已经形成。此外，雅砻江公司着力完善流域输电、对外交通、集控调度、人才培养等规划，为实现雅砻江流域的有序开发提供科学依据。

4. 科技支撑、创新管理，实现一条江的科学开发

雅砻江流域具有得天独厚的水能资源，同时自然条件恶劣，工程建设难度极大。要实现一条江的科学开发，必须依靠先进的科学技术，积极探索管理新模式。2005 年，雅砻江公司与国家自然科学基金委员会共同成立资金规模为 5000 万元的雅砻江水电开发联合研究基金；2016 年再次与国家自然科学基金委员会联合成立资金规模为 9000 万元的雅砻江联合研究基金，借助国家级科研平台，组织全国最优秀的科研力量，开展相关工程技术、电力生产、环境保护等重大课题研究。同时，雅砻江公司通过成立博士后工作站和特咨团，与国内外权威专业机构开展合作，共同攻克诸多世界级水电技术难题，为雅砻江水能资源的科学开发提供了强大的技术支撑，提升了中国水电建设科技的整体实力。在研究解决工程技术难题之外，雅砻江公司积极支持基础科学研究，依托锦屏二级垂直岩石覆盖厚度达 2500m 的辅助洞，建设世界最深地下实验室，用于开展深部岩石力学试验和暗物质探测等物理科学实验。随着雅砻江流域梯级电站的开发，雅砻江公司已由最初单一项目管理发展成为多项目管理，逐步形成了"流域化、集团化、科学化"发展与管理的新模式。按照新模式的文化整合，使公司的组织机构与业务流程更加合理高效，管理效率不断得到提升。目前，流域化的资源共享，流域化的统筹方法，流域化的管理手段，为雅砻江科学开发提供了强有力的管理保证。

5. *统筹兼顾、发挥优势，实现一条江的和谐开发*

在雅砻江流域水电开发过程中，雅砻江公司始终坚持"流域统筹、和谐发展"的环保理念，努力造就"山川秀美、经济繁荣、社会和谐的雅砻江河谷"，积极探索人与自然和谐共生的流域开发模式。在水电开发过程中，雅砻江公司充分发挥一个主体开发一条江的优势，前瞻性地做好流域水电开发规划和流域生态保护规划，在流域开发的时序、工程规模确定、枢纽方案选择、施工及建设工期安排等方面，不断完善项目环境保护的各项制度，建立健全环境友好的评价指标体系，尽量避免单项目环境保护的分割性和片面性，避免移民搬迁政策的多变性和间断性。在锦屏等水电站建设过程中，通过大坝分层取水、生态流量泄放、建设联合鱼类增殖站等辅助方式，帮助河段内原有鱼类生存和繁殖。在移民搬迁工作中，雅砻江公司坚持以人为本，立足移民长远发展，创新工作思路，超前做好移民搬迁安置规划，确保移民资金足额如期投入，努力改善移民的后续发展条件，保证移民搬得出、稳得住、能发展，真正实现了开发性移民。通过多项举措，雅砻江下游二滩水电站荣获国家"环境友好工程奖"，锦屏二级、官地水电站荣获 2017年度生产建设项目国家水土保持生态文明工程称号。

三、新时代"一个主体开发一条江"的延伸思考

改革开放 40 年来，我国能源发展取得了巨大的成就，党的十九大报告提出了中国发展新的历史方位——中国特色社会主义进入了新时代。新时代要推动形成人与自然和谐发展新格局，必须贯彻绿色发展理念，壮大节能环保产业、清洁生产产业、清洁能源产业，推进能源生产和消费革命，构建清洁低碳、安全高效的能源体系。这对流域开发提出了新的要求，需要不断继承和发展"一个主体开发一条江"的新使命。

（一）新时代赋予深入开发一条江的新使命

2014年习近平在中央财经领导小组第六次会议中提出推动能源消费、能源供给、能源技术和能源体制四方面的"革命"。其中，能源供给革命要求着力发展非煤能源，形成煤、油、气、核、新能源、可再生能源多轮驱动的能源供应体系。2015年习近平在巴黎出席气候变化大会时提出"到2030年我国国内生产总值二氧化碳排放比2005年下降60%～65%，非化石能源占一次能源消费比重达到20%左右"。《国民经济和社会发展第十三个五年规划纲要》及《能源发展"十三五"规划》均对清洁能源的发展和规模提出具体要求。

雅砻江流域不仅水能资源富集，风、光资源同样丰富，且与水电具有天然互补特性。但由于区域内电网系统薄弱、风光电出力不稳定、四川省内消纳能力有限等因素，开发程度较低。雅砻江具备两河口、锦屏一级、二滩三大水库，可使雅砻江中下游达到多年调节特性，通过水电机组的快速调节和水库的优化调度，可以将随机波动的风电、光电调整为平滑、稳定的优质电源，通过流域内已有水电外送通道打捆送出。通过充分发挥流域梯级水电站群的能力和条件，进一步带动和促进流域内风光电的协同开发，有利于破解风光电开发和消纳难题，发挥风光水资源互补开发优势，促进清洁能源科学开发和有效利用。为此，雅砻江公司提出要在雅砻江流域建设世界规模最大的风光水互补清洁能源基地，以水电业主为主开发建设，并将其作为发展战略，这是新时代下"一个主体开发一条江"的延伸，是新时代赋予雅砻江流域开发的新使命。

（二）雅砻江流域风光水互补清洁能源基地概况

2016年国家能源局正式发文开展雅砻江流域风光水互补开发研究和规划工作。根据最新成果，雅砻江流域风光水互补清洁能源基地规划风电装机规模约1200万kW，光电装机规模约1800万kW。风、光总装机容量超过3000万kW，相当于再造一条雅砻江。

该基地的建设符合国家发展战略，有利于提高清洁能源开发比例，实现资源优化组合和有效利用，将进一步促进我国西部地区经济社会发展，是践行新时代下新使命的具体举措，对推动能源生产和消费革命、优化能源结构、保障能源安全、打赢"污染防治"攻坚战具有重要意义。基地规划范围内绝大部分地区属于国家"三区三州"深度贫困地区。通过新建 3000 万 kW 风电、光电，直接总投资约 3000 亿元，间接带动数千亿级的产业规模，带动民族地区就业和长期稳定税收，符合加快贫困地区能源开发项目建设的要求，对促进民族地区经济社会发展和打赢"精准脱贫"攻坚战具有重要意义。基地建设有利于进一步探索新型的清洁可再生能源协同开发模式，对解决风电和光电送出和消纳难题具有示范作用，对推动建设四川省清洁能源示范省及未来清洁能源持续稳定发展具有重要意义，也对国际上清洁能源资源丰沛地区具有借鉴价值。

（三）深入推进一个主体开发一条江的主要任务

雅砻江流域风光水互补清洁能源基地规模巨大，涉及的技术问题和开发条件也更加复杂。目前，除黄河上游实施了部分光水互补工程外，尚无成熟先例可以借鉴。需要进一步加大技术攻关，加大统筹协调力度，做好顶层设计和规划布局，科学有序实施好整体基地建设。

1. 精益求精，加强流域电站群管理和优化调度

目前，雅砻江下游五座水电站已全部投产发电并实现远程集中控制，并且已有锦屏一级和二滩两座水库电站，流域梯级优化调度的规模效益已经逐步显现。2017 年雅砻江公司并购了两座光伏电站，也顺利完成接管运营。雅砻江公司将加强流域的气象和来水预测预报精度，深入推进流域数字化和信息化建设，建立流域标准化管理模式，充分发挥流域电站群优化调度能力，继续推进"无人值班、少人值守"模式，逐步实现"智能电厂"研发、应用和推广，为后续发展打好基础。

2. 稳中求进，科学有序开发雅砻江中上游水电

在雅砻江流域水能资源第一、第二阶段战略圆满完成的基础上，雅砻江公司将继续科学有序推进中上游水电建设。根据国家水电"十三五"规划要求加快中游两河口水电站建设，尽早发挥流域梯级补偿效益，改善电网电源结构和供电质量；继续实践总结杨房沟水电站 EPC 总承包的建设管理模式，在流域其他电站推广应用，为行业提供借鉴；推动落实相关电站消纳市场和送出工程建设，匹配好网源关系；深挖勘测设计潜力，在源头控制好工程投资，保证市场项目竞争力，并将此作为项目开发建设的前提。雅砻江公司将按照"四阶段"战略继续做好后续梯级电站建设，完成国家赋予雅砻江公司的使命，在中上游水电站建设过程中提前为未来风光电接入预留接口，为基地建设创造条件。

3. 统筹规划，打造雅砻江流域风光水互补清洁能源基地

雅砻江流域风光水互补清洁能源基地建设是复杂的系统工程，需要加强顶层设计，做好基地规划工作，研究落实资源布局、接入方式、外送消纳、电价机制、开发模式、建设时序和支持政策等。在基地规划工作开展的同时，雅砻江公司平行开展了相关技术攻关，依托雅砻江联合基金开展流域梯级电站长期安全经济运行，以及风光资源评估、出力预测、风光电站智能运行管理、联合优化调度等一系列课题。根据相关要求，将按照"统一规划、先期示范、分步实施"的原则，先期建设一批风光电达百万千瓦级规模的试点示范项目，接入已建水电站打捆送出，目前正在开展前期工作。2018年，雅砻江公司成立了独立的新能源建设管理机构，在规划阶段提前介入，超前储备人员和管理力量，以满足未来规模化开发建设的需要。

四、结语

改革开放40年来，我国水电建设取得了举世瞩目的成就，特别是随着"一个主体开发一条江"开发模式的深入实践，雅砻江公司在流域梯级电站的统筹开发与利用方面积累了丰富的经验，为国家西电东送、能源结构优化做出了重要的贡献。展望未来，新时代对清洁能源开发提出了新的要求，风光水协同高效利用拓展了"一个主体开发一条江"的内涵和任务。

雅砻江公司将继续保持战略定力，深入推进一个主体开发一条江，认真做好雅砻江梯级电站开发建设和运行管理，积极推动雅砻江流域风光水互补清洁能源基地建设，为国际清洁能源高效开发利用提供中国智慧，为我国清洁能源发展及深化改革开放做出新的更大贡献。

加大标准化改革力度 推动中国水电技术标准"走出去"

水电水利规划设计总院 郑声安 袁建新 李仕胜

自新中国成立以来，随着水能资源的开发，在全面引进、学习苏联技术标准的基础上，通过新中国水电建设经验的积累，中国自 1978 年开始陆续出版发行了第一批水电行业技术标准。改革开放以来，随着向欧美同行的学习，我国水电工程建设能力和技术水平快速发展，水电行业技术标准也不断得到补充完善，标准体系建设也逐步形成，基本上涵盖了水电工程规划、勘察、设计、施工、验收、运行、管理、维护、加固、拆除（或退役）等全生命周期，为我国四十年来水电工程建设的快速发展提供了有力的技术支撑，保障了运行管理的安全高效。近年来，中国作为推动世界水电发展的重要力量，在全球水电建设中扮演着越来越重要的角色。然而中国水电标准，特别是成套水电技术标准在国际水电市场上的影响力与获取的建设市场份额存在较大差距，技术标准已成为我国水电参与国际市场竞争、扩大对外技术交流工作的主要瓶颈之一。

为系统解决水电"走出去"面临的诸多问题，国家能源局委托水电水利规划设计总院组织开展中国水电技术标准"走出去"课题研究。课题组进行了广泛的市场调研，分析了中外水电技术标准差异、中国水电标准"走出去"存在的突出问题等。此课题研究为构建适应国际市场的水电技术标准体系，编制接轨国际的标准文本，助推中国水电技术标准"走出去"具有重要意义。

一、中国水电技术标准走出去基本情况

课题研究共选取了中国企业在境外承建的 93 项典型水电工程项目，这些项目主要集

中在亚洲、非洲和美洲，分别占总项目数的 52%、33% 和 14%。项目承建模式基本以 EPC 和 BOT 模式为主，分别占总数的 73% 与 16%。在全部水电项目中，有 18% 共 17 个项目（其中 BOT 项目占 7 个，EPC 项目占 8 个，设备成套或施工承包项目 2 个）在中国企业承担的合同范围内，完全采用中国技术标准；有 23% 的项目完全采用国际技术标准和国外技术标准；其余 59% 的项目主要采用国际技术标准和国外技术标准，经中国企业及工程师与业主沟通后，在确认中国标准和国际标准等同或不低于国际标准要求的前提下，也采用了部分中国技术标准或中国标准中的部分条款。

全部采用中国技术标准的项目，主要集中在亚洲的老挝、柬埔寨、缅甸等国家和非洲的几内亚、尼日利亚、肯尼亚、津巴布韦等国家。这些项目大多数是中国企业投资的，从这些数据中不难看出，中国水电成套的技术标准在国外的接受度仅局限在亚非少数国家中，距被国际广泛认同还存在很大的差距。

二、中外水电技术标准的主要差异及中国水电技术标准国际化存在的主要问题

（一）中外水电标准体系框架的差异

以美国为代表的西方水电标准，可分为技术法规与技术标准，两者有着明显的区分。对直接涉及公众利益和国家长远利益的公共安全、环境保护、节能、业内竞争规则等重大规定，多由政府主管部门制定和发布，以法令、法规等形式颁布，具有强制性必须执行。非强制性的技术标准主要由标准化社会团体制定和发布，多为综合性标准，标准体系主要是按构筑物、岩土工程、设备功能（系统）、环保要素等建立的。试验类、方法（公式）、产品类标准与 ISO/IEC 国际标准建立理念相一致。

我国目前正在建立强制性的标准体系。水电水利规划设计总院 2016 年根据国家能源局的要求对水电行业技术标准体系进行了一次全面的梳理，正式出版了《水电行业技术标准体系表》（2017 年版）。但为了避免标准体系调整变化过大，对我国当前水电建设工作产生负面影响，此次标准体系梳理重点解决了原有标准体系中全生命周期管理要求不到位的问题，而水电行业技术标准体系仍沿用苏联模式即按照专业分类建立的模式，专业划分详细而综合性不足，且过分强调设计、施工、验收和运行的相互独立性。同时水

电标准的梳理工作由十一个专业标准化技术委员管理，也造成了各专业标准之间存在一些矛盾。另外由于历史原因和政府管理的需要，涉及管理类的标准占相当比例，这也是我国水电标准体系与国外标准体系的明显差别之一。

（二）中外标准阐述内容方式不同

国外根据成熟的、实践性很强的技术编制的标准，其内容可包括技术原理、工艺流程、技术要求、试验检验等，而在我国类似的标准中，只以条款形式做出明确规定，一般不进行原理阐述，原因写在条文说明中，极易形成知其然而不知其所以然的情况。

对一些需要在工程进行过程中验证的技术指标，国外的标准既做出一些具体规定，又有一定的灵活性，充分发挥工程师的主观能动性。而我国同类标准对工程中的技术细节规定得很具体，但有的指标却没有一个范围值，标准的使用缺乏必要的灵活性，束缚了工程师的手脚，限制了其思维的创新。

（三）中外标准具体规定和要求的差异

中国标准与国外标准差异最大的是在风险评估与控制方面：国外标准体现以风险评估为核心来策划具体工程项目，通过控制对下游危害性的风险来确定水库规模、入库洪水标准等关键指标；中国标准内涵中也考虑风险的影响，但并未采用风险评估的方法，而是通过控制建筑物的安全风险和工程失事的危害，确定相关的工程关键指标。同时随着流域梯级开发的逐步实现、电站群的形成，流域安全与应急标准也有缺失。

在环境保护标准方面，我国水电项目环境评价和流域水电规划战略环境评价方面，程序、方法和标准与世界银行及欧美的要求是一致的。但在生态补偿措施、生态流量的控制标准、过鱼设施的控制目标等方面有一定的差异。

水工建筑物的主要技术标准在设计理论和方法方面总体一致，但也存在一些差异。如在混凝土重力坝的洪水标准、稳定及应力控制标准、温控设计标准、施工和监测细部设计等方面，中国标准和美国标准有差别；在混凝土拱坝的洪水标准、枢纽布置、荷载及组合、坝体混凝土强度、计算方法和混凝土强度控制标准、拱座稳定分析、建基面确定、温度控制等方面，中国标准和美国标准有差异，其中中国标准表达形式层次分明、枢纽布置考虑因素较为全面、泄洪系统运行灵活，温度控制要求更为详尽。

（四）中国水电技术标准国际化存在的主要问题

1. 没有"中国水电技术标准品牌"

目前，中国企业在国外水电工程中实际使用到的中国标准就有国家标准 GB、能源标准 NB、电力标准 DL、水利标准 SL，还有工程建设标准（JC、JG、JGJ）、计量标准（JJF、JJG）、交通标准 JT 以及水电标准 SD 等类别。中国的水电标准本身就缺乏综合性、系统性，在同一个项目上使用 GB、NB、DL、SL 等不同标准，往往让国外工程师很难理解，导致中国标准认知度较低、认可度较差，没有品牌效应。

2. 缺少权威的以英文为代表的标准外文版

当前，中国水电技术标准在国外水电项目应用中认可度不高，一个重要的原因是中国标准的权威性英文译本缺乏，导致国外工程师不知道、不了解中国的标准，且中外技术标准在制定的理念、思路、表述方式等方面具有较大的差异，即便有少量中国标准的英文译本，由于文化、语言的问题，常让国外工程师难以理解，造成其对规范的理解存在差异。

3. 中国设计咨询机构在高端咨询市场缺乏竞争力

在国际工程市场上，项目业主的咨询工程师，负责项目的前期设计工作，对工程标准的使用有很大的话语权。西方发达国家的咨询设计企业长期活跃在国际舞台，凭借其技术实力和商业运作能力，占据产业链的高端，目前国际水电工程市场的项目业主工程师大多数是由他们承担。而我国的设计咨询企业是伴随着施工承包过程中"走出去"的，一直居于产业链的中低端，这也造成中国水电技术标准失去从源头上推广的先机。

三、中国水电技术标准"走出去"的对策和建议

（一）构建与国际接轨的技术标准体系，全力打造中国水电技术标准品牌

我国水电标准体系与国际业界具有广泛认同度的成熟标准体系间存在差异，中国水电标准要做到逐渐被国际认可，必须借鉴或参考国际成熟的先进标准体系，建立一套"接轨国际、适应国情"的水电技术标准体系。课题组研究国外成熟的水电技术标准体系，根据其分类规则，探索建立了"接轨国际，适应国情"的中国水电技术标准体系框架，标准体系由"主观（人）"（管理类）和"客观（建筑物、设备）"（技术类）两大部分标

准组合而成，两部分分别按照各自的特性分层次展开，同时技术标准与管理标准共同构成一个行业的标准体系。

加大水电标准制（修）订力度，在标准制（修）订过程中，一是要遵循国际水电界共同认可的标准制定原则、理念和方法；二是要将我国工程实践中的成功经验转化成标准；三是做好目前标准体系中专业标准之间存在问题的协调与解决。

推动"NB/SD"作为中国水电标准的标准代号，提高中国水电技术标准的辨识度，全力打造中国水电技术标准品牌。

（二）加快全文强制性标准的编制

2018年1月1日起实施的《中华人民共和国标准化法》第十条规定：对保障人身健康和生命财产安全、国家安全、生态环境安全以及满足经济社会管理基本需要的技术要求，应当制定强制性国家标准。这与国际理念是一致的，为尽快与国际接轨，按照国家能源局的要求，水电水利规划设计总院正在抓紧开展《水力发电工程项目规范》全文强制性标准的编制工作，以便尽快发布实施。

（三）大力推动中国水电技术标准翻译工作

国家正大力推动标准翻译出版工作，能源行业标准英文版主要由国家能源局批准和发布，目前水电行业标准翻译数量远远不能满足国际交流与项目工作的需求，因此，各标准主编单位需要根据国家能源局《能源行业标准英文版翻译出版工作管理办法（试行）》的要求和批准的年度翻译出版计划，进一步加大人力与物力投入，全面完成英文翻译工作。

在水电水利规划设计总院初步搭建的水电技术中英文标准查询平台的基础上，进一步补充完善相关中英文标准的信息查询功能，推动水电技术标准在全球范围开放和共享。

（四）鼓励中国设计咨询机构积极参与国际竞争

有能力的中国水电设计咨询机构应努力提升国际咨询能力，积极参与国际竞争，树立中国高端咨询公司形象，通过承担国际工程项目的咨询工程师工作，推动在水电项目开发咨询活动中采用中国技术标准，是中国标准"走出去"最有力、最直接的途径。

（五）多措并举，推动中国水电标准走出去

进一步深入开展对标工作，全面分析中外标准的差异性和共同点，形成中外标准对比表及说明，以便我国水电行业技术标准国际交流工作的开展，推动中国水电技术标准与主要国家的水电技术标准的互认。同时通过开展示范工程建设、协助有需求的国家建立水电技术标准、专题研讨与交流，有针对性地进行人才培养等工作，多措并举，推动中国水电技术标准"走出去、走进去、走上去"。

四、结束语

构建先进的水电技术标准体系是长期实践和不断完善的过程，需要按照"整体推进、分步实施"的方法，稳妥推进向新型水电技术标准体系的过渡，逐步建立层次清晰、结构合理、分类科学、衔接配套的水电行业技术标准体系。同时，通过政府层面、社会层面、企业层面开展多种形式的工作和活动，努力让国际社会逐步了解、接受、使用和习惯中国水电标准，使中国水电技术标准在国际上立得住、有权威、信誉高，努力融合成为世界水电建设主要的工作方法和文化理念，成为国际社会认可的先进技术标准，打造中国水电"走出去"的品牌。以"构建人类命运共同体"的理念，把中国水电技术标准作为全人类的共同文化财富，向世界广泛传播，与全人类共享，为解决人类问题提出中国方案，贡献中国智慧。

改革提供动力　锦屏书写华章

雅砻江流域水电开发有限公司　祁宁春

雅砻江自青藏高原雪山流出，切入横断山脉褶皱带的深谷巨壑，以磅礴浩荡之势奔腾而下，在巍巍锦屏山下止住脚步，掉头向北，又向东向南流去，形成了约150km的大河湾，造就了300多米的河流落差，蕴藏了丰富的水能资源。早在1956年，中国水电泰斗潘家铮院士就与锦屏查勘队员一起，爬过四十四弯、八十八拐，翻越锦屏山，穿行于滑坡、悬崖、山峰间的羊肠小道。他曾于锦屏大河湾感慨"大坝建此，得天独厚"，但受制于当时中国水电建设能力，只能望江兴叹。

1978年冬天，一股暖流吹开时代巨变的大幕，中国大地如春风过境般生机盎然。壮阔的东方潮深刻改变了中国，影响了世界，也让潘家铮院士付出心血的雅砻江锦屏大河湾发生了天翻地覆的巨变。在锦屏大河湾"双星"璀璨、水能资源福泽四方的今天，我们深情回望改革开放40年的辉煌历程，不禁由衷赞叹：正是改革开放，为锦屏工程建设提供了源源不竭的动力；正是革故鼎新，让锦屏工程在攻坚克难的创业征程中书写惊艳世界的壮丽华章。

一、乘改革春风，锦屏迎难上

1956年，水电建设者翻越锦屏山，将足迹第一次留在了这方土地。十载辛勤劳动，付出了智慧和汗水，甚至生命，于1965年完成了《雅砻江流域水力资源及其利用报告》。1978年，党的十一届三中全会胜利召开，开启了我国以经济建设为中心的改革开放大幕。改革开放伊始，电力供应不足的问题也开始凸显。1979年，水利部和电力部在全国水力资源普查的基础上，提出了《十大水电基地的设想》，雅砻江流域成为十大水电基地之一。

同年，《雅砻江锦屏水电站开发方案研究报告》出台，提出了大胆而令人鼓舞的锦屏一级高坝水库和锦屏二级引水两级开发方案。锦屏水电站充分利用大河湾天然落差，再加一座高坝，形成 600m 的落差，总装机规模 840 万 kW，接近流域总装机容量的 1/3，是雅砻江上最大的水电站，也是雅砻江流域开发的战略性工程。同时，锦屏水电站作为雅砻江流域下游开发的龙头电站，梯级补偿效益明显。锦屏一级水电站水库总库容 77.6 亿 m³，调节库容 49.1 亿 m³，属年调节水库，是雅砻江干流下游水电开发规划的"控制性"水库，建成后每年使雅砻江下游梯级电站增加发电量 60 亿 kWh，相当于新建一座装机容量 120 万 kW 的水电站。锦屏二级水电站将 150km 的锦屏大河湾截弯取直、引水发电，4 条引水隧洞平均长约 16.67km，开挖洞径 12.4～13m，埋深达 2500m。建设锦屏水电站工程，将为解决国家电力供应不足问题做出重要贡献。

然而，改革开放初期，建设这世界最高的大坝，打通世界埋深最深的隧洞，既受资金、体制、管理理念的制约，也缺乏技术支撑，高边坡稳定、高坝抗震、深埋长隧洞、深部山体裂缝处理、泄洪消能技术等，均是难以攻克的难关。

随着改革开放的深入，中国水电建设者借助改革开放平台，引进消化国外先进技术，自主创新，中国水电在建设体制、建设技术、装备制造方面均有了长足进步。在国家电力体制改革方面，水电在全国建筑行业领域率先探索和推动了由计划经济迈向市场经济的管理体制改革。随着 1997 年"政企分开"和 2002 年"厂网分开"两次电力体制根本性改革相继完成，电力行业也全面进入了市场经济发展模式。作为电力能源领域改革开放的"先行者"，水电伴随着改革的步伐取得了长足发展，中国水电工程建设能力的提升已成为改革开放的显著成果，这也为锦屏水电站乘改革春风迎势而上创造了条件。

然而，锦屏水电站经济指标优越，伴随的是不适宜人类生存的自然环境、复杂的地形地质条件，以及难以想象的设计、施工和管理难度。即使是改革开放 20 多年，这里仍然无交通条件，自然条件恶劣。陆佑楣院士曾说："三峡最大，锦屏最难"。王思敬院士曾说："我 2004 年刚到锦屏时，也曾经怀疑这个地方大型工程能不能建，能不能施工"。谭靖夷院士曾说："锦屏大坝工程的复杂性、艰巨性和挑战性，要求建设者必须以战战兢兢、如履薄冰的态度来解决工程中的重大技术难题"。

（一）锦屏的难，来自于复杂地形地质条件下建造世界级工程的设计和施工问题

锦屏一级水电站拥有 305m 高的世界第一高坝，坝址区山势陡峻，岩石卸荷严重，加上危岩体，边坡处理高度近千米，左岸还有深部拉裂缝问题。复杂地基条件下超 300m 高拱坝设计、复杂地质条件下高陡边坡稳定及加固处理、落差 240m 特高水头窄河谷大泄量泄洪消能、高陡地形环境特高拱坝高效施工等，都是工程关键设计和施工难题。锦屏二级水电站拥有世界最大规模水工洞室群。穿越锦屏山的 7 条长度各约 17km 的引水隧洞和交通隧洞，上覆山体最大埋深 2525m，实测最大地应力 113.87MPa，最大水压力超过 10MPa，其设计、施工和建成后的管理都是世界级难题。超埋深超高地应力带来的强岩爆问题、超高压大流量岩溶地下涌水封堵问题、超深埋隧洞结构设计满足长期稳定问题、特大容量输水系统复杂水力瞬变流问题和超深埋长大隧洞群复杂施工组织问题等，也都是工程关键设计和施工难题。

同时，锦屏的难还在于施工布置和工程管理。由于高山峡谷，场地异常狭窄，施工组织非常困难，而参建单位多，施工战线长，在优质建设资源短缺，中国建筑市场信誉体系尚不完善的背景下，理顺复杂的生产关系，保证巨型工程的建设组织需要，确保工程质量，难度巨大。

（二）锦屏的险，来自于恶劣的自然环境给建设者生产生活带来的种种困难

在锦屏，45°的边坡就是平地，超过 70°的边坡处处皆是，潘家铮院士曾以"峰如斧劈江边立，路似绳盘洞里行"形容锦屏险峻的自然环境。锦屏前期建设者就像拴了绳子的猴子，在山上爬上爬下。山谷中架起了多条缆索，汽车和装载机甚至大挖掘机都在空中飞渡，风管、水管、钢筋、炸药、手风钻等几十吨的设备都是拆开后，靠人一件一件往山上背。锦屏工程建设期间，尤其是工程建设前期，由于自然环境恶劣、地质条件差和立体交叉作业等带来的边坡滚石不断，岩爆、塌方、突涌水等危险情况时有发生，施工条件极其恶劣，对施工人员等建设者的人身安全造成了威胁，并给他们的生产生活带来了极大困难。地下洞室开挖过程中，毫无征兆的岩爆时常发生，爆裂的石块如飞弹，能弹射出好几十米远，破坏性极强。山体内的高压涌水也能瞬间冲穿围岩裂隙，以每秒 20m³ 的出水量和高达 7MPa 的压力呈浓雾状喷射，喷射最远距离达到 100 多米，喷水孔

隙发出的巨大声响，让人恐惧。锦屏前期员工住在悬空于半山上的铁皮房里，由于山上蛇多，有时蛇会爬到床上，所以时常发生"与白娘子共舞"的故事。

（三）锦屏的苦，来自于基础条件根本不具备的情况下甘于奉献、攻坚克难、砥砺前行

建设锦屏的人是分三批进去的，第一批是爬进去，第二批是走进去，第三批是开车进去的。"交通基本靠走、通信基本靠吼"是锦屏前期建设过程中的真实写照。锦屏前期相当长一段时间内，建设者们因没有供水喝山谷中的"矿泉水"，因交通不便整月吃方便面和咸菜，即便是锦屏管理局领导，住的也是集装箱，远离城市集镇，生病了也只能紧急往外送。工程前期交通基本靠走，从坝址区走到外面，由于沿线近 80km 都在施工，时常要走三天，路上还基本找不到吃饭的地方。由于崇山峻岭没有对外通信，最早来锦屏的人一两个月没有和家里联系是普遍现象，三四个月没和家里通消息也不奇怪，家里半年没收到音信的大有人在。每月组织建设者们到集镇集体跟家人电话报平安时，现场时常都是呜咽一片。

但即使在如此险难困苦的条件下，锦屏建设者们依旧甘于奉献，用不畏一切困难的决心和坚忍不拔的意志，攻坚克难、砥砺前行，推动着锦屏工程稳步前进。2003 年，锦屏辅助洞接线公路工程正式开工，雅砻江公司主要领导带队在锦屏安营扎寨，启动了锦屏工程建设的筹建工作；2005 年，锦屏一级和二级水电站先后核准并正式开工；2006年，锦屏一级水电站实现大江截流；2007 年，锦屏筹建期工程基本结束，主体工程正式开工；2008 年，锦屏山隧道双洞贯通，为锦屏一级水电站和雅砻江中游开发打通了交通瓶颈，实证了锦屏二级水电站引水隧洞方案的技术可行性；2009 年，锦屏一级大坝混凝土开始浇筑；2011 年，锦屏二级 1 号引水洞贯通；2012 年 12 月 30 日，锦屏二级首批机组发电；2013 年 8 月 30 日，锦屏一级首批机组发电；2014 年 11 月 29 日，锦屏水电站14 台机组全部投产发电。

同时，随着市场化电力改革不断深入和西南水电发展加速，电力消纳和输电通道日趋紧张。雅砻江公司不仅迎难积极推动锦屏水电站建设，更是于 2003 年在电站建设同时超前谋划电力出川"高速路"——锦苏直流输电工程，超前落实电力市场和送出通道。

2012年3月，伴随着锦官电源组首台机组与锦苏±800kV特高压直流输电工程的同步投运，这条横亘在华夏大地的大动脉，将巴蜀山水和江淮平原紧紧相连，源源不竭的雅砻江水电，输往饱受清洁能源之"渴"的华东地区，极大地缓解了华东电网电力紧张的局面，促进华东地区绿色、低碳、高效发展。

二、创改革新路，锦屏勇破难

改革开放以来，中国水电建设开始制度创新，市场机制发挥作用。随着水电建设管理体制及投资体制改革，雅砻江公司率先在二滩水电站建设过程中利用了世界银行贷款，其主体工程建设任务由国外承包商和国内承包商共同组成"国际联军"来承担。锦屏水电站无论从大坝高度、装机规模还是建设难度都远远超过二滩水电站，被国内外水电界公认为建设管理难度最大，施工布置难度最大，工程技术难度最大，施工环境危险最大的巨型水电站。而此时，伴随着改革开放深入推进，业主负责制、招标投标制、建设监理制等水电开发建设管理理念不断成熟，雅砻江公司坚持改革创新管理理念，以改革提供动力，把多家大型国有企业为主的参建单位组成"国企联军"，在锦屏水电站建设过程中不断深化创新，在坚持合同管理、安全管理、质量管理的工程建设理念基础上，以合作共赢的务实态度，将科技进步和生态文明结合起来，攻克一个又一个的技术难题，创造一个又一个的世界奇迹，成功建成了这座拥有世界级规模和技术难度的巨型工程，成为世界电站大坝建设和引水发电隧洞建设的里程碑，并在国家经济发展布局中发挥出重要作用。

（一）发挥业主优势，建设共同的锦屏

由于锦屏工程建设任务异常艰巨，难题一个接着一个，直至2010年，仍有人在质疑项目是否能成立。锦屏工程项目成立后，为各参建单位提供了世界级的舞台，中电建、中能建、中铁建、中铁工、东电、哈电等各大央企和武警水电部队、福伊特、西门子等公司均参与了设计、监理、咨询、施工与设备制造。但同时也因为参建单位多，给雅砻江公司理顺各方生产关系、组织形成建设合力带来了很大困难。为高效团结参建各方，形成合力，国投集团王会生董事长提出"共同的锦屏，共同的责任，共同的荣辱"建设

理念，成为了雅砻江公司和所有参建单位共同信奉的价值，融入锦屏工程建设的始终。也正是雅砻江公司发挥业主优势，在参建各方中统一思想，始终坚持建设共同的锦屏的理念，参建各方在锦屏工程建设中增强了企业核心竞争力，在互利共赢中促进了我国水利水电建设水平的持续提高。

锦屏建设过程中，雅砻江公司勇于担当，充分发挥业主主导作用，重大问题及时决策，充分利用一条江优势，与参建单位建立战略伙伴关系，及时解决现场问题。在合同中设立工程奖励基金，对履约优秀的单位和个人进行奖励，并及时积极解决合同问题，积极营造良好外部环境。在四川省总工会的领导下，以开展劳动竞赛活动的形式，通过在锦屏一级大坝混凝土浇筑中开展一级大坝混凝土、在锦屏二级水电站建设中开展对手赛互帮互助，将所有参建单位凝聚为一股绳，争分夺秒、攻坚克难，创造了高拱坝、深埋隧洞的多项世界级施工纪录。

（二）建立创新体系，建设科技锦屏

习近平总书记强调，创新是引领发展的第一动力。唯改革者进，唯创新者强，唯改革创新者胜。锦屏工程地质条件的复杂性、建设条件的艰巨性以及巨大的工程规模，决定了锦屏建设者要迎接挑战，就必须要勇于创新。雅砻江公司顺应锦屏工程建设及流域开发需要，建立健全了科技创新体系，通过建立雅砻江水电联合研究基金、虚拟研究中心、锦屏水电工程特别咨询团、博士后工作站等平台，解决了许多制约锦屏工程设计、施工、质量、安全等关键环节的技术难题，确保工程建设顺利推进。

在锦屏工程重大技术问题的处理中，为凝聚世界水电顶级专家的智慧，雅砻江公司开展了特别咨询团咨询、专业咨询机构咨询和专家专题咨询三个层次的咨询。其中特别咨询团由雅砻江公司聘请的马洪琪院士、潘家铮院士、谭靖夷院士、王思敬院士、张超然院士、王伯乐设计大师、曹克明设计大师、李文纲勘察大师等一批业内著名专家组成。在专业机构和专家专题咨询方面，聘请美国美华（哈扎）公司开展大坝混凝土质量监督和咨询，并借助中国水利水电建设工程咨询公司平台，聘请全国水电知名专家进行重大专题咨询。

依托雅砻江公司建立的科技创新体系，通过自主攻关，锦屏一级施工规划问题得以

解决，提前两年实现了大江截流目标。通过自主攻关，特高拱坝的温控防裂问题得以解决，并研发了大体积混凝土温度智能控制系统，建立了专业化、科学化、精细化的温控管理新模式，实现了全坝体无危害性裂缝的奇迹。通过自主攻关，创新性地提出了4.5m仓层厚度浇筑技术，有利于大坝均衡上升和应力控制，节约大坝浇筑工期3个月，现已被多个工程借鉴使用。通过自主攻关，锦屏二级水电站在开挖过程中采用的微振监测、超前应力解除爆破等新技术解决了强岩爆问题，有力地保证了施工人员、设备的安全；通过自主攻关，形成了地下洞室开挖过程中"探、排、控、堵"的涌水处理方法，较好地解决了高压、大流量地下涌水问题。

（三）完善共建机制，建设和谐锦屏

锦屏水电站位于凉山彝族自治州少数民族地区，经济十分落后，加快雅砻江流域水电开发，推动锦屏水电站早日建成投产，是双方一致的目标和共同愿望。按照"共生、共建、共享、共赢"的原则，雅砻江公司和凉山州不断巩固联动机制，不断深化互惠共赢的新型合作关系。通过与凉山州政府联合成立锦屏水电站施工区管理委员会，共同管理锦屏水电站对外交通专用公路和施工区，减少了外界因素对工程建设的影响。通过建立雅砻江公司经营班子和凉山州委、州政府主要领导高层联络机制，共同解决锦屏工程建设涉及地方的重大问题，构建了锦屏工程建设和谐稳定的建设环境。电站的建设有力地促进了民族地区经济发展和社会进步。用工需求、物流、信息流等带动了地方建材市场、交通、运输、农产品、旅游、社会服务等行业的快速发展，为地方财政收入的显著增长做出了贡献。

（四）创新管理体制，建设精品锦屏

质量是锦屏工程建设的核心和精髓，锦屏工程质量管理始终坚持贯彻"技术为先、质量为本、管理为轴、预防为主、精细为基"的方针。但锦屏工程作为建设在复杂地质条件下的世界级水电工程，其混凝土量超过1300万 m^3，基础灌浆量超过600万 m，金属结构焊接超过2万 m。面对如此庞大的隐蔽工程量，仅仅依靠监理单位及业主的质量管控力量是无法全面覆盖的。因此，在工程建设期间，锦屏水电工程引进了第三方质量检测单位进行施工质量独立评价。引进专业的物探检测单位、爆破振动监测单位、灌浆

质量检查单位及金属结构焊接检测单位，分别对开挖施工质量及松弛深度、爆破质点振动速度、固结灌浆及帷幕灌浆质量、金属结构焊接质量进行独立检查。同时引进专业的试验检测中心、测量管理中心、安全监测中心和环保水保中心，分别对原材料的试验检测、建筑物放样及体型控制、施工期安全监测及环水保等项目进行专业指导、检查协管，夯实了质量管理的技术基础。

为更好地加强锦屏一级大坝混凝土施工质量控制，通过加大质量管理力度、增强员工质量意识等措施，使锦屏一级大坝混凝土质量及基础处理质量、锦屏二级衬砌混凝土质量和固结灌浆质量均达到优良水平。通过十年的探索和努力，全员质量意识、质量管理水平和实体工程质量不断提升，锦屏工程质量全面受控。2014 年 8 月 24 日，锦屏一级水电站一次性提前蓄水至正常蓄水位，实现了 300m 特高坝一次蓄水成功的突破。优良的工程质量助力电站安全运行，锦屏一级水电站在机组全面投产运行的第一年就超过了设计多年平均发电量；锦屏二级水电站在全面投产的第三年也超过了设计多年平均发电量。

（五）保障资源投入，建设安全锦屏

安全是一切工作的前提和保障，锦屏工程始终坚持以安全促进度、保质量。为实现建设安全锦屏，雅砻江公司充分保障资源投入，建立、完善应急管理体系，严格安全生产费用管理，确保安全生产费用专款专用，全面实施"科技兴安"战略，并在流域开发中率先推行安全生产标准化建设。锦屏水电工程地质条件复杂，为及时、准确掌握工程安全状况，雅砻江公司加强大坝、厂房、引水洞和边坡安全监测并逐步建立自动化系统。2011 年 7 月，该系统成功预报了大奔流料场边坡塌滑险情，下方大型设备和作业人员 30 余人得以及时撤离，避免了重大生命财产损失。锦屏建设期间有效杜绝了重大安全事故的发生，受到国家、四川省专管机构的一致好评。雅砻江公司也连续多年荣获四川省和全国"安全文化建设示范企业"等称号。

（六）践行环保理念，建设生态锦屏

锦屏工程建设始终秉承雅砻江公司"流域统筹，和谐发展"的环保理念，始终坚持"在开发中保护，在保护中开发"，按照环境保护"三同时"要求，坚决落实"绿水青山就是金山银山"的绿色发展理念，打造了绿色锦屏、生态锦屏。锦屏一级、二级水电站

分别荣获了四川省、国家水土保持生态文明工程称号。

锦屏 10 年建设期间，土壤流失控制比为 1.13，做到弃渣不流失，实现了全部水土保持的防治目标。为降低明挖对水土及植被的扰动和破坏，锦屏场内道路很多明线改为洞线，锦屏场内公路总长 112km，其中隧洞 73.2km，所占比例在国内外水电建设中为最高。锦屏一级大坝采取叠梁门分层取水，锦屏二级闸坝下泄生态流量，最大程度地保护了锦屏大河湾鱼类栖息地。同时，雅砻江公司还建成了国内放流规模最大、投资最大、工艺最先进的第一个由业主自主运行的锦屏·官地水电站鱼类增殖放流站，每年人工放流珍稀特有鱼苗 150 万～200 万尾，有效维系了江河渔业资源量和鱼类生物多样性。

三、结改革硕果，锦屏书华章

截至 2018 年，锦屏水电站已经历 5 个汛期考验，为川渝、华东经济社会发展源源不断地提供了超过千亿千瓦时的绿色电力。中央电视台曾以"攻坚破绝境、奇迹变现实"为题对锦屏双子星电站进行了集中报道，以"经过半个多世纪的期待，世界顶尖难度的奇迹变为现实"来描述锦屏的峥嵘十载。

锦屏一级大坝仅耗时 50 个月就高质量建成，在恶劣的施工环境中创造了最高的施工效率，目前工程枢纽建筑物运行正常，大坝最大位移径向变形最大值 45.19mm，各高程变形与水库水位相关性较好，且均在设计控制指标内，工作性态良好。大坝左岸各层坝基渗流量合计 54.9L/s，右岸各层累计渗流量合计 11.33L/s，渗水量均远小于设计值。

锦屏二级水电站引水隧洞 2011 年实现了全部贯通，多掌子面单月开挖进尺最高达 3300m，总计 66.8km 的超大断面引水隧洞工程从开工到全部贯通仅用了 58 个月。3 号引水隧洞 TBM 最高进尺达到每月 683m，刷新了超深埋特大隧洞建设多项世界纪录。四条引水隧洞全部经放空检查，检查和多年运行监测数据表明，隧洞复合承载结构安全可靠，渗压控制系统运行良好，单洞长 16.7km 的 4 条引水隧洞实测渗漏量分别为 0.38m³/s，远低于 6m³/s 的设计允许值。

锦屏水电站的建设成就极大地推动了水电行业科技进步，获得了国家科技发明二等奖 1 项，国家科技进步一等奖 1 项，国家科技进步二等奖 8 项，詹天佑奖 2 项；获得了省部级科技进步奖 28 项，其中特等奖 6 项、一等奖 22 项。锦屏水电站项目在荣获 2016～

2017 年度国家优质投资项目特别奖时，组委会在颁奖词中指出："锦屏一级、二级水电站是挑战诸多世界级难题的划时代工程，是引领中国水电科技进步，实施国家'西电东送'战略的标志性工程。锦屏一级、二级水电站共创造了 20 项世界第一、20 项中国第一、23 次行业首创，对引领世界水电科技进步具有里程碑意义"。

同时，雅砻江公司锦屏项目团队也获得了世界工程组织联合会颁发的杰出工程建设奖。在 2015 年世界工程师大会暨世界工程组织联合会全体会议上，组委会如此介绍锦屏团队："他们经过 10 余年的努力，攻克了特高拱坝和深埋地下洞室群建设中的诸多世界级难题，取得了世界第一高坝、世界规模最大的水工隧洞群等多项世界领先成就，成功建成了两个世界级巨型水电工程，为中国和世界能源建设与发展做出积极贡献"。继项目团队获奖后，2018 年 9 月 10 日，锦屏一级水电站又喜获国际咨询工程师联合会颁发的素有国际工程咨询领域"诺贝尔奖"之称的"菲迪克 2018 年度工程项目杰出奖"，是全球 4 个杰出奖项目之一，并且在全部所有 22 项获奖工程中排名第一。

今年是改革开放 40 周年，锦屏水电站已经投产发电 6 年，工程现场往日的喧嚣繁忙已被静静运转的机组所代替。锦屏工程既是改革的见证者，也是改革的实践者，更是改革的得益者。改革为锦屏工程提供了不竭动力，锦屏在雅砻江上书写着靓丽的若水华章。"心系中国梦，梦圆大锦屏"，锦屏得天独厚的水电资源优势吸引了众多业内专家、水电精英，铭刻着全国几代水电工作者的拼搏，凝聚着全国几代水电工作者的智慧。锦屏水电站设计、施工、制造、安装全部由我国自主完成，它的建成不仅实现了水电开发的历史性超越，而且极大地带动中国乃至世界诸多学科与技术领域的进步与发展，尤其是大大提升了我国大型水电工程的坝工技术、隧洞施工技术、机电设计制造技术。锦屏水电站成为世界水电、清洁能源发展重要的里程碑，更是我国改革开放的一座丰碑，标志着我国水电建设迈入了世界先进水平。如今，锦屏水电站塑造的中国水电核心竞争力，正在我国的清洁能源建设、"一带一路"战略上发挥着重要作用，锦屏双子星将持续地闪耀在祖国西部，坚定支撑着中华民族的复兴。

滔滔江水扶闸攀涌，叠现着"高峡出平湖"的人间奇迹；巍巍大坝挺胸矗立，展示着"当惊世界殊"的盛世辉煌。在改革开放和能源结构优化调整的大潮中，雅砻江人以前所未有的胆识和魄力，融山水大坝为一体，赋予其新的生命和活力，以源源不断的清洁可再生能源助力国家发展。迈入新时代，雅砻江人将继续秉承艰苦奋斗的优良传统，继承和发扬"为国分忧、忠诚奉献、艰苦奋斗、坚韧不拔、科学创新、务实能战"的雅砻江精神，以逢山开路、遇水架桥的坚韧品格，再踏征程，砥砺前行，在持续深入的改革开放浪潮中，以更坚定的勇气和担当为中华民族伟大复兴做出更大贡献。

澜沧江流域水电技术发展概述

华能澜沧江水电股份有限公司　　艾永平　　曹学兴

1　澜沧江流域概况

澜沧江发源于青藏高原唐古拉山，流经西藏进入云南，于西双版纳傣族自治州流出国境后称湄公河，流经缅甸、老挝、泰国、柬埔寨和越南，在越南胡志明市附近注入南海。澜沧江-湄公河干流全长 4880km，总落差 5500m，流域总面积 81.1 万 km²。我国境内的澜沧江长约 2150km，自然落差 4583m，可开发装机容量约 3200 万 kW，采用 23 级开发，流域境内规划电站设计年发电总量约 1460 亿 kWh。澜沧江干流西藏段为"一库八级"开发规划方案，长约 320km，落差 880m，拟开发侧格、约龙、卡贡、班达、如美、邦多、古学、曲孜卡 8 个梯级电站，总装机容量约 638 万 kW，年发电量 310 亿 kWh。澜沧江在云南省境内全长 1250km，落差 1780m，上游江段为"一库七级"开发规划方案，包括古水、乌弄龙、里底、托巴、黄登、大华桥、苗尾 7 个梯级电站，总装机容量 893 万 kW，年发电量 410 亿 kWh，下游江段为"两库八级"开发规划方案，包括功果桥、小湾、漫湾、大朝山、糯扎渡、景洪、橄榄坝、勐松 8 个梯级电站，总装机容量 1651.5 万 kW，年发电量 740 亿 kWh。

华能澜沧江水电股份有限公司主要从事澜沧江流域及周边地区水电资源的开发、运营与整合，拥有大型水电工程建设和大规模水电站集群运营管理丰富经验。公司初建于 2001 年 2 月，于 2017 年 12 月 15 日在上海证券交易所上市。截至 2018 年 8 月，公司水电装机容量达 2073.38 万 kW，已发展成为国内第二大流域水电企业。公司弘扬"能源于水、有容乃大"的企业文化精髓，践行"构建和谐电站、奉献绿色能源"的发展理念，认真履行国有企业责任、政治责任、社会责任和环保责任；始终做到水电开发与带动地方经济社会协同发展、水电开发与社会责任建设和谐发展、水电开发与生态环境协调发展，生动诠释了"建设一座电站、带动一方经济、保护一片环境、造福一方百姓、共建一方和谐"的社会责任理念。

澜沧江公司本着"流域、梯级、滚动、综合"的原则对澜沧江流域水电资源进行开发，将澜沧江流域打造成我国高坝大库的博览库，建设成功的小湾拱坝、糯扎渡心墙堆石坝、黄登碾压混凝土重力坝以及拟建的古水面板堆石坝、如美心墙堆石坝均代表了同类坝型世界最高水平。在景洪水电站研发并成功建成世界首座水力式升船机。通过澜沧江流域相关工程的建设和运行，有效促进了我国在水电工程建设、生态环境保护、生产运行、水资源高效利用等方面的技术进步，为中国水电技术发展做了突出贡献。

2 典型重大水电工程简介

澜沧江流域开发建设的小湾水电站挡水大坝是世界上第一座 300m 级双曲拱坝，糯扎渡水电站心墙堆石坝最大坝高 261.6m，在同类已建坝型中中国第一、世界第三，开敞式溢洪道规模居亚洲第一，黄登水电站碾压混凝土重力坝最大坝高 203m，为已建同类坝型世界第一，拟建的古水电站面板堆石坝坝高 240m，为世界最高面板坝之一，拟建的如美电站心墙堆石坝坝高 315m，为世界最高坝。在景洪水电站建成有世界首创、中国原创，具有我国完全自主知识产权的新型水力式升船机，突破了传统升船机的技术瓶颈，在世界高坝通航领域具有里程碑意义。

2.1 小湾水电站

小湾水电站是国家"十五"重点工程、国家西电东送骨干电源和重点工程、云南省实施西部大开发战略标志性工程，系澜沧江中下游河流规划八个梯级水电站中的第二级，上接功果桥水电站，下接已建漫湾水电站，是澜沧江中下游河段的龙头电站，水库具有多年调节性能，工程以发电为主，兼有防洪、灌溉、拦沙及航运等综合利用效益。水库正常蓄水位 1240m，总库容 150 亿 m³，电站装机容量 4200MW（6 台单机容量 700MW），多年平均发电量 190 亿 kWh。

小湾水电站混凝土双曲拱坝最大坝高 294.5m，为世界第一座 300m 级拱坝及承受水荷载最高的双曲拱坝，规模难度史无前例。坝体混凝土方量、坝身泄洪功率等多项指标均处世界高拱坝前列。此外，坝址区地形地质条件复杂，地震烈度高，工程边坡高达 700m，工程建设难度巨大。当时现行的理论、规范和经验远不能满足工程需求，工程建设面临的主要关键技术都是开创性的。

图 1　小湾水电站

2.2　糯扎渡水电站

糯扎渡水电站是澜沧江中下游河段规划开发的第五个梯级电站，上、下游分别为已建的大朝山水电站和景洪水电站。工程开发任务以发电为主，兼顾景洪市城市和农田防洪任务，并有改善航运、发展旅游业等综合利用效益。水库正常蓄水位 812.00m，总库容 237.03 亿 m³，调节库容 113.35 亿 m³，具有多年调节能力。电站装机容量 5850MW（9 台单机容量 650MW），多年平均发电量 239.12 亿 kWh。

糯扎渡水电站拥有世界第三、中国第一高的土石坝，最大坝高 261.5m，相比当时我国已建最高 160m 的小浪底大坝，跨越了 100m 的台阶，已有的筑坝理论、技术储备、建设经验、现行规范不能满足大坝建设的需求，在工程建设过程中，通过科技攻关，围绕大坝坝体结构与材料分区、大坝变形及渗流控制、坝体计算分析方法、大坝安全评价及预警等关键技术问题开展了系统的研究。

2.3　黄登水电站

黄登水电站是澜沧江上游曲孜卡至苗尾河段水电梯级开发方案的第六级水电站，上

图 2　糯扎渡水电站

游与托巴水电站，下游与大华桥水电站相衔接，工程以发电为主。水库正常蓄水位为 1619.00m，其相应库容为 $15.49×10^8m^3$，调节库容为 $8.28×10^8m^3$，具有季调节性能。装机容量 1900MW（4 台单机容量 475MW）。

黄登碾压混凝土重力坝最大坝高 203m，为世界最高碾压混凝土重力坝。围绕工程建设技术难题从筑坝材料特性与关键技术、碾压混凝土重力坝全过程评价方法与准则、数字监控技术与系统研发及 200m 级高坝抗水力劈裂安全保障措施四个方面开展了系统研究，有效解决了高碾压混凝土重力坝建设与运行关键技术难题，显著提高我国高碾压混凝土重力坝的安全建设与管理水平。

图 3　黄登水电站

2.4　如美水电站

如美水电站是澜沧江上游水电规划推荐"一库七级"开发方案的第五个梯级，处于高海拔高烈度地区。水库正常蓄水位2895m，正常蓄水位库容38.31亿m^3，调节库容22.51亿m^3，属年调节水库。电站装机2100MW（4台单机容量525MW），多年平均发电量105.82亿kWh。

如美心墙堆石坝最大坝高315m，是世界最高坝。除存在高坝工程的一系列技术难题外，还需要面对藏区高原"自然条件恶劣，生态环境脆弱，社会环境复杂"的严峻考验，其设计建设难度之大是前所未有的。因此，该工程中的许多重要技术问题的研究，具有很高的工程应用价值，同时对藏区高原水电开发，具有普遍的借鉴和引领作用，科学价值大。

2.5　古水水电站

古水水电站工程开发任务为发电、改善生态环境，并促进移民脱贫致富和地方经济社会发展，还可以有效减免争岗滑坡体可能带来的次生地质灾害。电站装机容量1800MW，水库正常蓄水位为2267m，相应库容$15.39×10^8m^3$，调节库容$6.72×10^8m^3$，为季调节水库。

古水混凝土面板堆石坝最大坝高240m，建成后将超过目前已建成的世界最高面板堆石坝水布垭（最大坝高233m），是世界最高混凝土面板堆石坝之一。目前高面板堆石坝设计技术经验尚不成熟，国内外已建高坝在施工及运行期或多或少均发生一些不利情况，如垫层料坡面开裂、面板与垫层料间脱空、面板结构性裂缝、面板垂直缝挤压破坏、分期面板间施工缝折断、趾板受面板作用后剪切破坏等现象，因此工程建设需要围绕面板开裂问题开展系列研究工作。

2.6　景洪水电站（水力式升船机）

景洪水电站系澜沧江中下游河段规划八个梯级的第六级，以发电为主，兼有航运等综合效益。景洪水电站工程枢纽建筑物主要由混凝土重力坝、坝后式厂房、右岸通航建筑物等组成。通航建筑物由上下游靠船建筑物，上下游导航建筑物，升船机主体建筑物组成。景洪升船机采用了世界首创具有我国完全自主知识产权的水力式新型升船机，升船机按 500t 级船型过坝标准设计，最大提升高度 66.86m，提升重量 2920t，单次升降运行时间约 17min。

图 4 景洪水电站（水力式升船机）

3 水电建设关键技术

在小湾、糯扎渡、黄登等水电站及景洪水力式升船机建设过程中，澜沧江公司积聚我国水电工程领域的重要科技力量，开展了大量科技攻关工作，掌握了特高拱坝建设关键技术、特高心墙堆石坝建设关键技术、高碾压混凝土坝技术关键技术、水力式升船机建设关键技术等核心技术，简要介绍如下：

3.1 特高拱坝建设关键技术

小湾水电站混凝土双曲拱坝的建设面临一系列世界级技术难题，为此，工程建设单位联合国内水利行业最顶尖的科研单位和高校开展了数十项科技攻关，取得多项重大技术突破：创新了高拱坝结构理论，首次系统提出设置上游防渗体系、坝趾设置贴角锚索等结构措施，创造性地提出拱坝抗力体加固措施，改善了拱坝工作性态，研究提出在地震反应强烈部位提高混凝土强度等级，设置拱、梁双向抗震钢筋，并结合阻尼器等综合全面的特高拱坝抗震措施；首次系统提出并采用倾倒变形岩体及堆积体 700m 级超高工程边坡及坝基开挖卸荷松弛处理原则及施工成套技术，成功解决了坝基卸荷松弛产生的大坝安全问题；研究采用了特高拱坝蓄水工作性态全过程实时安全评价技术，实现了大坝工作性态全过程实时安全评价；创新了高坝基础处理技术，创新性地采用了风水联合冲洗和群孔高低压脉动冲洗的措施，有效地将串通裂缝内的钻孔岩粉、夹渣等清理干净。

小湾水电站建立了 300m 级高拱坝关键技术体系，引领世界高拱坝建设迈上新的台阶，为世界拱坝技术发展做出了重要贡献。

小湾电站从 2008 年底开始蓄水，于 2012 年首次蓄至正常蓄水位，至 2017 年底六次蓄水至正常蓄水位。实测坝基最大径向变形 18.39mm，坝体最大径向变形 132.24mm，坝体变形分布基本对称；拱冠梁坝段坝踵主应力为–5.12MPa，坝趾为–4.49MPa，坝体主应力均处于受压状态；大坝最大渗漏量 2.78L/s，渗压分布合理；大坝时效变形不大，整体处于弹性状态，工作性态良好，荣获国际里程碑工程奖。

3.2 超高心墙堆石坝建设关键技术

针对超高心墙堆石坝安全建设难题，在国家和行业科技攻关支持下，首次提出了人工碎石掺砾防渗土料设计、施工工艺、质量控制成套技术，科学确定掺砾含量为 35%；提出软岩开挖料用于高坝应力、变形小的部位，使工程开挖料得以最充分利用；提出了设置抗震钢筋及扁钢的综合抗震措施，成功解决了高地震烈度区超高心墙堆石坝的抗震难题；首次在心墙堆石坝采用非线性坝坡稳定分析方法，并改进了堆石料静动力本构模型和计算方法，科学优化了坝体结构，突破了 200m 以上心墙堆石坝坝坡缓于 1:2.0 的限制，上游坡采用了 1:1.9，下游坡采用了 1:1.8。针对特高坝施工质量难以控制难题，首次利用 GPS、PDA 信息技术开发了"数字大坝"系统，对坝料调运、筑坝参数、试验成果和监测数据进行实时监控和信息反馈，系统实现了大坝施工全过程的全天候、精细化、在线实时监控，是世界大坝建设质量控制方法的重大创新。

根据上述技术建设的糯扎渡高心墙堆石坝工程经过 5 次洪水期考验，大坝沉降量为坝高的 1.6%，工程渗漏量最大为 15L/s，远小于国内外同类工程，运行状况良好，荣获国际里程碑工程奖。

3.3 高碾压混凝土坝建设关键技术

黄登水电站碾压混凝土重力坝最大坝高 203m，为世界已建最高碾压混凝土重力坝。工程建设过程中首次采用数字化、智能化的碾压混凝土全坝全过程施工管理模式，形成了成套 200m 级高碾压混凝土坝信息化施工管理技术，创新性地采用 3 孔燕尾型挑坎的溢流表孔+2 孔圆柱面斜切挑坎的泄洪放空底孔+坝后预挖护坡不护底形式的水垫塘泄洪消能布置方案，成功解决了我国在 200m 级高碾压混凝土坝建设领域的重大技术问题，成功取得了世界最长完整碾压混凝土芯样，创造了同类型同规模大坝坝体最小渗漏量纪录，推动我国高碾压混凝土坝筑坝技术水平迈上了一个新的台阶。

3.4 水力式升船机建设关键技术

历时近 20 年，针对水力式升船机的设计理论和方法、水力驱动系统同步技术、船厢运行平稳性与抗倾覆技术、高水头工业阀门防空化技术、非恒定变速条件下船厢运行控制技术、微间隙机械同步系统制造安装技术等重大技术难题进行了全面系统研究，成功研发了水力式新型升船机，取得系列原创性成果，并在景洪升船机工程中成功应用，实现了水力式升船机从概念模型到工程应用的跨越。主要技术突破：发明了一种水力式新型升船机，提出了升船机的设计理论和方法，构建了成套技术和系列标准；创建了水力驱动同步技术，研发了流量均衡和液面稳定技术，成功解决了非恒定、大流量、高流速条件下竖井水位同步及承船厢运行平稳性难题；揭示了水力式升船机水-机-厢多重耦合作用下船厢抗倾斜机理，提出了临界失稳判别标准，创立了船厢抗倾斜理论与技术；创建了水力式升船机特有的非恒定流变速运行控制理论和方法，攻克了水力式升船机运行速度控制和船厢与闸首精确对接两大关键技术难题；研发了高地震烈度区塔柱-水耦合作用下升船机塔柱结构，创新了薄壁塔楼大直径钢衬管群一次成型施工技术和微间隙大型封闭环形机械同步系统制造与安装技术。水力式新型升船机为世界首创，中国原创，具有我国完全自主知识产权，使升船机安全性、可靠性和适应性得到大幅提升，是世界通航技术领域的重大创新，极大推进了高坝通航技术的进步和发展。

3.5 水电开发生态环保技术

结合澜沧江流域水电开发环境保护的需要，研发了大型水电站分层取水技术及高坝升鱼机和集运鱼技术；提出了支流生境修复及鱼类恢复效果评估技术，创建了国内首个支流拆坝对鱼类栖息地修复及鱼类资源恢复效应监测基地，为梯级水电开发河流鱼类资源保护提供了新思路；研发了澜沧江下游敏感河段跨境生态安全维护综合调控技术，支撑了澜沧江梯级水电站群向下游跨境应急补水调度，成果表明澜沧江梯级水库对下湄公河枯季径流调控效益明显。

3.6 梯级电站远程集中控制和优化调度技术

针对澜沧江流域梯级电站远程集控的需求，研究解决了梯级调度规则、梯级优化调度方法、梯级优化调度系统、系统设计开发和集成等若干关键技术，开发了澜沧江流域梯级水电站联合优化调度平台。构建了澜沧江流域梯级水电站远程集中控制的巨型分布式监控系统，提出以小湾、糯扎渡水库断面为核心的澜沧江流域中长期径流预报优选方案和梯级电站群多目标联合调度模型，开发了澜沧江流域中长期径流预报系统和水库群多目标联合优化调度决策支持业务应用系统。

4 结语

澜沧江流域水能资源丰富，可开发容量约 3200 万 kW，是我国重要的水电基地之一。华能澜沧江水电股份有限公司在澜沧江水电资源开发过程中，坚持"产、学、研"结合，积聚我国水电工程领域的重要科技力量，针对澜沧江水电开发面临的复杂地理、地质环境和生态环境、高坝大库重大工程建设的技术难题，组织开展了大量科技攻关项目，在此基础上建成了小湾水电站、糯扎渡水电站、黄登水电站等世界级水电工程，建成了世界首座景洪水力式升船机，结合相关工程建设，掌握了特高心墙堆石坝建设关键技术、特高拱坝建设关键技术、高碾压混凝土坝技术关键技术、水力式升船机建设关键技术等核心技术，有效促进了中国水电技术的进步和发展。

20 世纪中国建成的最大水电站——二滩水电站

雅砻江流域水电开发有限公司   吴世勇

改革开放 40 年，也是我国水电建设事业由小到大、由弱到强大发展的 40 年，从改革初期 1977 年的水电装机容量 1576.5 万 kW、发电量 476.5 亿 kWh，增长到 2017 年底的 3.4 亿 kW、11898 亿 kWh，世界第一。2000 年竣工的二滩水电站，是 20 世纪我国建成的最大水电站，也是我国第一个全面对外开放的大型水电工程，在我国水电工程建设史上具有积极影响。

一、工程概况

二滩水电站是雅砻江流域水电开发有限公司（原二滩水电开发有限责任公司）在雅砻江上开发建设的第一座水电站，位于攀枝花市境内。电站主体建筑物主要由最大坝高 240m 的溢流式双曲拱坝和左岸地下厂房洞室群组成，6 台混流式水轮发电机组，单机容量 55 万 kW，总装机容量 330 万 kW，设计多年平均发电量 170 亿 kWh，保证出力 100 万 kW。电站总投资 276.95 亿元人民币，于 1991 年开工建设，1993 年截流，1998 年 8 月首台机组投产发电，2000 年工程全部完工，总库容 58 亿 m^3，水库面积 $101km^2$，是 20 世纪我国建成的最大水电站，也是利用世行贷款并全面采用国际招标建设的大型水电站，在我国水电建设史上具有重要意义。

二、建设进程及主要成就

（一）建设进程

20世纪80年代，伴随我国改革开放不断推进，经济发展对电力的需求越来越大，四川长期缺电。要从根本上改变这种状况，需充分发挥四川水能资源富集的优势，开发水电，实现全省能源资源的优化配置。在四川省和中央部委的共同努力下，国家决定建设二滩水电站。鉴于改革开放的形势和国内资金短缺现象，国家决定利用外资建设二滩水电站。从20世纪50年代开始雅砻江的综合考察和水能资源踏勘，到决定开发二滩水电站，用了30年。

1986年5月20日，方毅副总理在给党中央、国务院的报告中指出，建议尽快建设二滩水电站，随后，电力部西南电业局发文成立二滩水电站工程筹备处，负责有关二滩水电站建设的前期工作。

从1991年正式动工到2000年竣工，建设二滩水电站共用了10年时间。1991年7月25日，国家计委批准二滩水电站正式开工兴建。9月14日，二滩联营体和中德二滩联营体的中外承包商开始陆续进场，二滩水电站正式进入主体工程建设阶段。1991年11月26日，二滩水电站实现河床截流，开创了我国大江大河上平立堵组合截流方案成功的先例。1995年2月23日开始浇筑第一块大坝混凝土，1998年8月31日完成坝体混凝土浇筑，历时42个月，共浇筑混凝土413万m^3。1996年4月1日机电安装工程正式开工，1998年5月1日水库下闸蓄水，1998年8月18日首台机组正式并网发电，1999年12月4日最后一台机组正式并网发电。二滩水电站在1999年创造了一个安装间一年安装4台机组总计容量220万kW的全国最高纪录。2000年11月二滩水电站枢纽工程通过了国家组织的专项竣工验收。

（二）参与各方

二滩水电站是我国改革开放后面向全世界公开招标建设的一个大型水电工程，引来了全世界的水电工程承包商和设备供应商的关注和参与。

1. 业主单位

国家计委在批准的立项文件中，明确组建二滩水电开发公司，承担筹资、建设、运营、还贷、发展五大任务。1995 年二滩水开发公司以实施《公司法》为契机，进行股份制改造，组建了多元投资主体的二滩水电开发有限责任公司，形成了现代股份制公司运作机制，中国著名经济学家吴敬琏评论称："现代企业制度远在天边，近在二滩。"鉴于国家授权公司负责整个雅砻江流域水能资源的开发，2012 年 11 月 8 日，二滩水电开发有限责任公司正式更名为雅砻江流域水电开发有限公司。二滩水电站项目法人责任制的管理体制，克服了计划经济时代基建与生产分离的缺点。

2. 设计单位

中国电建集团成都勘测设计研究院有限公司（简称成都院）的历史可以追溯至 1950 年成立的燃料工业部西南水力发电工程处。成都院在清洁能源、水务环境、基础设施等领域为全球客户提供规划咨询、勘察设计、施工建造、投资运营全产业链一体化综合服务。二滩水电站自 1972 年进行规划选点，1982 年完成可行性研究报告，1985 年完成初步设计报告，前后经历 13 年。限于当时国内的勘测、试验、设计水平和手段，成都院通过对一系列重大（关键）技术问题进行科技攻关、技术创新，解决了二滩水电站工程面临的一系列巨大挑战。

3. 工程师单位

1990 年，能源部正式批准成立二滩水电工程公司（EEC）作为二滩的工程师单位。EEC 按照菲迪克（FIDIC）条款格式与二滩水电开发公司签订了《二滩工程咨询（监理）服务协议书》，全面履行菲迪克条款的工程师职责。

4. 主要工程承包商

二滩主体土建工程分为两个施工标，即第 I 标拱坝工程标和第 II 标地下厂房工程标，主要发电设备安装的施工列为第 III 标，即机电安装工程标。第 I、第 II 标土建工程经过国际竞争性公开招标，以意大利英波吉洛（IMPREGILO）为责任公司的联营体（EJV，由意大利 IMPREGILO、意大利 TORNO、法国 DUMEZ、法国 GIM、水电部第八工程局等公司组成）和以德国菲利普·霍尔兹曼（PHILIPP HOLZMANN）为责任公司的联营体（SGEJV，由德国 PHILIPP HOLZMANN、HOCHTIET、葛洲坝工程局组成）分别中标。通过招标，以葛洲坝工程局为责任方，水电一局、水电八局和东方电气集团为联营体伙伴的二滩机电标联营体（GYBD）成为了主要发电设备安装标的中标方。

5. 主要机电设备制造商

水轮发电机组由加拿大 GE 公司中标，国内设备制造商东方电机和哈尔滨电机获得了部分分包制造份额；计算机监控系统由德国 ABB 公司中标；主变和 500kV GIS 由日本住友/三菱公司中标；500kV 干式电缆由法国 SAT 公司中标；发电机出口断路器、电力系统相关设备由瑞士 ABB 公司中标。

（三）主要成就

从主体工程动工到工程竣工，参建各方经过 10 年的努力，建成了二滩水电站，取得了举世瞩目的建设成就。

1. 建成 20 世纪亚洲第一世界第三的高拱坝

二滩水电站的混凝土双曲拱坝高 240m，是我国 20 世纪建成的最高大坝，建成时亚洲排名第一，世界同类型坝排名第三，其承受的水压荷载和泄洪功率位居当时世界上已建双曲拱坝首位。二滩水电站大坝的修建，为国内小湾、溪洛渡、锦屏一级等其他同类大坝建设积累了经验。

2. 建成当时亚洲最大的地下厂房洞室群

由地下主厂房、主变压器室和尾水调压室三大平行地下洞室为主构成的地下厂房洞室群平均埋深 250～300m，总开挖量达 370 万 m³。建设过程中，解决了在岩石初始高应力条件下开挖大型地下厂房洞室群的许多地下工程难题，为在高地应力区开挖洞室群的围岩稳定分析、围岩应力调整、围岩支护等提供了许多可借鉴的经验。

3. 国内水电机组设计制造能力迈上 60 万 kW 级台阶

二滩水电站水轮发电机组单机容量 55 万 kW，为当时我国最大的水电机组。国内东方电机厂和哈尔滨电机厂通过参与制造分包，其水电机组设计制造能力从 30 万 kW 级跃升到 60 万 kW 级，为后来东方电机、哈尔滨电机成为世界顶尖水电装备制造商打下了基础。

4. 获得多项国内工程荣誉

1999 年 1 月 6 日，经 587 名中国科学院士和中国工程院院士投票评选，二滩水电站工程建成被评为 1998 年中国十大科技进步新闻之一，名列第 6 位。2006 年 6 月 9 日二滩水电站获得"国家环境友好工程"奖，是当时西南地区唯一的获奖项目，也是首个获此殊荣的水电站工程。2007 年 1 月 28 日，二滩水电站荣获第六届"中国土木工程詹天佑奖"。

三、主要特点

二滩水电站通过大量引进外资、面向全世界公开招标、工程建设管理全面与国际接轨、引进技术促进我国水电装备制造能力提升、大量培养水电人才等，对我国的水电工程建设产生了积极影响，在国际上也享有盛誉。

（一）全面引进外资，促成工程成功建设

20 世纪改革开放之初，国家工程建设百废待兴，建设资金非常匮乏。1982 年，李鹏同志在《二滩水电站是解决四川能源的关键一着棋》一文中指出，为解决整体缺电的局面，需尽快开工建设二滩水电站。国家全面改革开放为二滩带来了机遇，在关键时刻，世界银行同意向二滩工程提供贷款，共获得世界银行 9.3 亿美元贷款（含世行担保银团融资），是世界银行在 20 世纪单个项目上最大的一笔贷款。世界银行的贷款分两期实施，一期 3.8 亿美元，二期 4.0 亿美元，与二期贷款同时实施的还有世界银行担保的银团融资 1.5 亿美元。计入开发银行商业贷款 1.5 亿美元，二滩水电站工程共引用外资 10.8 亿美元。这些贷款不仅缓解了国内资金的不足，保证了建设项目按合理的系统进度实施，还推动了水电工程项目管理与国际惯例接轨，为探索建立符合市场经济规律的大型工程建设项目管理制度做出了贡献。

（二）面向全世界公开招标，工程建设全面与国际接轨

由于引入世界银行贷款，二滩水电站主体工程需进行国际公开招标。来自全世界 43 个国家的 600 多名外国工程技术人员参与了二滩水电站建设，二滩水电站建设管理实现了与国际项目管理全面接轨。

1. 主体工程进行国际招标

1988 年 1 月 26 日，《人民日报》刊登二滩招标资格预审通告后，共收到 14 家中外

投标商（包括联营体）递交的资格预审申请文件。1991 年 7 月，世界银行通过二滩项目的贷款，财政部作为借贷方与世界银行签订了二滩项目的《贷款协定》。1991 年 8 月 31 日，二滩第 I、第 II 标的国际承包合同在人民大会堂正式签字，意大利英波吉洛为责任公司的联营体（EJV）和以德国菲利普·霍尔兹曼为责任公司的联营体（SGEJV）正式成为二滩水电站主体工程承包商。

2. 遵照菲迪克条款进行合同管理

二滩水电站以竞争性招投标方式选择承包商，按菲迪克条款实行合同管理和工程监理，较早地把市场手段运用到水电工程建设和管理上，逐步形成了以"三大控制"（工期、质量、造价控制）为目标的"四制"（项目法人责任制、招标投标制、建设监理制和合同管理制）管理体制。这种以业主、工程师（监理工程师）、承包商为规范对象的项目管理模式，成为了国内水电工程管理的先进经验。由于强化了"四制"管理，二滩水电站"三大控制"的目标得以顺利实现，在工程进度上，抢回了开工初期拖后 5 个月的工期，主体工程工期比国家批准的初步设计工期提前 27 个月，最后 1 台机组比合同工期提前 7 个月投产发电，工程质量完全符合合同规定的质量标准，工程造价控制在审定的概算之内并略有节余。

3. 采用争议评审团制度（DRB）

二滩水电站的争议评审团于 1992 年 10 月正式成立，由业主和承包商分别指定的 DRB（Disputes Review Board）成员来自三个不同国家，参与处理业主和承包商之间的索赔和争议，及时有效、公正客观地解决争议，保证了工程顺利推进。在二滩水电站之后，小浪底、万家寨等国际招标工程也相继采用了争议评审团制度。

4. 引入国内外一流专家提供专家咨询

专家咨询贯穿整个建设过程，为工程建设顺利实施发挥了很大作用。美国哈扎国际工程公司（HARZA）和挪威咨询顾问集团（AGN）为二滩工程招标文件编制，以及建设过程中的设计、施工、合同管理和人员培训等方面提供现场咨询服务。二滩特咨团（SBC）由中外知名专家组成，中国水电界的知名专家李鄂鼎担任团长，先后共有 17 位特咨团成员参与咨询活动，对重大的技术问题提供咨询服务，对特别重大的技术疑难问题提出结论性的意见，推动工程顺利进行。应世界银行的要求设立的二滩环保移民特别咨询团,由国内外知名专家组成,主要任务是对环保及移民的各个方面提出咨询,如血吸虫防治、防护林带、生物多样性、移民的生产与生活条件、移民经济发展扶持、少数民族的迁移等问题。在二滩水电站,工程环境保护措施与电站建设同步进行,属国内较早按国际标准开展环保工作的水电工程。

(三)引进先进制造技术,促进中国水电装备制造水平上新台阶

从有利于国内工业的提升和发展出发,首创"斜线切割法",要求外国公司与国内企业组成联营体参加招投标。通过有条件的招标,国内设备制造商得以引进国外先进的制造技术,促进我国水轮发电机组的制造能力提升。二滩水电站的水轮发电机组制造由加拿大 GE 公司中标,国内设备制造商东方电机厂和哈尔滨电机厂作为其制造分包商,参与制造的份额从第一台机开始不断增加,最后两台机完全由国内分包商制造。过程中,国内分包商的设计、制造、管理能力得到提升,目前已成为能制造 100 万 kW 级机组的世界领先供应商。

(四)培养人才,促进中国水电走向国际市场

二滩水电站建设为国内培养了大量的国际水电工程设计、施工等方面的管理和技术人才,为中国水电走向世界打下坚实基础。在咨询专家的帮助下,业主和设计方人员在优化设计、编制标书、开展招标评标、签订合同、履行合同的过程中,掌握了大量的国际工程管理知识;在与西方工程承包商组成联营体参与二滩水电站工程建设过程中,葛洲坝工程局、水电八局等国内水电工程管理局的技术人员和管理人员,以及参与监理工作的二滩水电工程公司的中国工程师,积累了大量的国际工程经验,为此后参与国际水电工程承包打下了基础。目前,中国企业占有国际水电工程市场,特别是"一带一路"沿线国家市场的主要份额,成为了水电工程市场的最大参与者。

四、结语

2018 年是改革开放 40 周年,也恰逢二滩水电站投产发电 20 周年。20 年来,二滩水电站为国家贡献了近 2800 亿 kWh 的绿色清洁电能,在促进经济社会发展、改善人民生

活上发挥了巨大作用。二滩水电站是举全国之力，借助改革开放的东风，在 20 世纪建成的最大水电站，她见证了我国水电工程建设改革开放的许多重要历史，比如大规模利用外资、全面实行国际招标、建立大型独立发电企业等，是我国水电行业改革开放一部经典力作。

解读改革开放以来最具代表性的水电工程

中国葛洲坝集团公司　谭萌　黄曼

随着改革开放的不断深入与发展，中国水电建设也迎来了崭新的光辉时代。一代代水电建设专业人才为中国水电事业贡献着力量，一批批具有代表性的水电工程如雨后春笋纷纷涌现。他们走在了体制改革的最前端，他们站在了创新发展的云巅上，他们或雄伟壮丽如巍峨山脉，或清秀有致如水上明珠。下面让我们走进改革开放以来，这一座座极具代表性的水电工程。

鲁布革：水电体制改革的弄潮儿

改革开放为中国水电建设的发展注入了创新前进的活力。在原来高度计划经济体制下，水电项目建设周期长，投资渠道单一，以施工单位为主导的自营管理模式效率低下、浪费较大的弊端十分明显，国家基本建设资金匮乏，严重制约了我国水电事业的发展。因此，积极寻找建设资金的出路，探索引导建设体制的改革，成为中国水电在新时期加快发展的重要课题。

云南鲁布革水电站应运而生，挺身站在了中国水电建设体制改革的最前端。

坐落在滇黔边界黄泥河上装机容量 60 万 kW 的鲁布革水电站在 1981 年 6 月经国家批准建设，由于资金制约进展缓慢，1983 年底水电部决定在鲁布革工程采用世界银行贷款。几经周旋后，1984 年 3 月 12 日，中国驻美大使章文晋代表中国政府签署了《关于鲁布革水电站利用世界银行 1.54 亿美元贷款的协议》，鲁布革成为我国第一个利用世界银行贷款的水电建设项目。但根据与世界银行的协议，工程引水隧洞必须按照国际惯例进行招标。在与 8 国承包商的竞争中，日本大成公司以 8463 万元最低报价中标。

大成公司派到中国来的仅是一支 30 人的管理队伍，他们从中国水电十四局雇用了 424 名劳务工人并发放原标准 3 倍的工资，采用了先进的施工设备，编制网络进度计划进行管理；隧洞开挖 23 个月，单头月平均进尺 222.5m，相当于我国同类工程的 2～2.5 倍，还创造了单头进尺 373.7m 的国际先进纪录。1986 年 10 月隧洞全线贯通，工程质量优良，工期比合同提前了 5 个月。

1985 年底，在引水隧洞工程示范作用的强烈冲击下，水电十四局开始在鲁布革厂房工程试行国外先进管理办法，在全国首先进行项目法施工的尝试。参照日本大成公司鲁布革事务所的建制，他们建立了精干的指挥机构，使用配套的先进施工机械，优化施工组织设计，改革内部分配办法，产生了我国最早的"项目法施工"雏形。通过试点，提高了劳动生产力和工程质量，加快了施工进度，取得显著效果。随后水电部还在鲁布革试行了国际通行的工程监理制和项目法人负责制等管理办法，取得了投资少、工期短、质量好的经济效果。

鲁布革工程开创了利用外资、项目管理体制改革和建设模式改革的先河，在水电建设管理上乃至全国基础建设领域形成了"鲁布革冲击波"，80 年代中后期开工的广州抽水蓄能电站、广西岩滩、云南漫湾、福建水口、湖北隔河岩五个百万千瓦级水电站均采用了外资贷款和多渠道筹资建设方式，并相继实行了业主负责制、招标承包制、建设监理制，这些项目在工期、质量造价控制等方面也取得了公认的成绩和进步。

于 1991 年 9 月正式开工建设、装机容量 330 万千瓦的四川二滩水电站，是我国首次完全按照国际通行的土木工程 FIDIC 条款进行国际招标、并将大坝和发电厂房两个主体工程标的授予国际承包商联营体的当时国内最大的水电工程。通过国际招标，中国引进了 240m 高拱坝和特大型地下厂房施工技术，单机容量 55 万 kW 的特大型水轮发电机组设计及制造技术，中国施工单位通过参加联营体承包或工程分包，逐步熟悉和掌握了国际土木工程 FIDIC 条款的运作规则和管理经验，培养了大批管理技术人员，为日后中国适应 WTO 环境下水电团队走出国门打下了基础。

党的十四大提出了建立社会主义市场经济体制、继续深化改革的指导意见后，国家水电建设主管部门根据十四大精神和《公司法》要求，充分发挥各省市地方筹资办电的积极性，相继对清江、五凌、乌江、黄河上游等水电公司进行了组建流域梯级开发公司的改制，逐步完成了水电建设公司从以业主负责制到项目法人负责制的根本转变，极大推动了我国水电事业的发展。

在此期间，我国的水电建设勘测计划管理体制也进行了深化改革，由改革初期的"项目管理、预算包干、节约分成"逐步过渡到企业性质的"技术经济责任制"，逐步试行了"院长负责制、勘测设计招标制、设计为主两头延伸"等经营管理方式，特别是为了解决水电项目前期工作经费不足的问题，将水电项目开发的多渠道筹资方式移植到水电项目前期工作领域，对于加快水电项目前期工作进度、加大水电项目储备起到了显著作用。

索风营：绿色水电公园

20 世纪 80 年代末，在创新水电项目管理体制的同时，中国政府掀起了"绿色发展"的高潮，积极将环保纳入法治，提倡在发展经济改进民生的同时以"可持续发展"的模式开发自然环境，更要求中国企业积极引进国内外先进科技及管理方式，真切落实政府推崇的"绿色环保理念"。下面本文将以索风营电站的开发建设为例悉数中国企业走进"水电环保"时代的坚定步伐。

2005 年 2 月 10 日，胡锦涛主席视察了中国华电集团贵州乌江水电开发公司索风营水电站建设工地。驱车进入索风营电站建设工地，干净整洁的进场公路两旁，青草绿树映入眼帘，峡谷碧波秀色怡人。

索风营水电站是乌江干流规划梯级电站的第二级。下游距乌江渡水电站 74.9km，装机容量 60 万 kW，年平均发电量 20.11 亿 kWh。工程以发电为主，兼具养殖、旅游等功能。工程于 2001 年 1 月开始筹建，2002 年 7 月开工，同年 12 月 18 日截流。第一台机组于 2005 年 8 月发电，电站 2006 年 6 月投入商业运行。

"开发乌江、建设绿色水电公园"是乌江水电开发的管理目标之一。按照环保工程"同时设计、同时施工、同时投入使用"的"三同时"原则，索风营在筹建初期便提出了建设绿色水电园和科普教育基地的规划，针对索风营水电站坝址两岸地势陡峭，分布有四块不良地质堆积体特点，建设公司及时采取固化、绿化相结合的措施进行治理，施工区已完成绿化总面积近 20 万 m^2，有效控制了水土流失，美化了库区环境。通过在工程建设同时实施环保措施，"绿色水电公园"如今已经呈现在人们眼前，这里自然生态保护完好，峡谷两岸风光秀丽，库区鸳鸯、白鹭、野鸭等成群，并有珍稀鸟类蓑羽鹤出没其间，索风营水电站已成为乌江七峡中一颗璀璨的水电环保明珠。

事实上，索风营水电站只不过是我国水电建设一直以来十分重视环保工作的一个缩影。早在 20 世纪 50 年代，长江流域规划办公室在编制《长江流域规划要点报告》和《三峡水利枢纽初步设计要点报告》和《三峡水利枢纽初步设计要点报告》时，就对工程可能引起的一些环境影响问题如库尾回水、库岸稳定、地震、泥沙、生物、水库淹没和移民、自然疫源性疾病等，进行了专题调查研究，取得了大量初步成果并编入了报告中。此后，这类环境影响研究工作一直没有间断，直至 1992 年国家环保部门正式批准《三峡工程环境影响报告书》。

除了三峡工程以外，1982 年 7 月在北京召开了"福建水口工程环境影响评价研讨会"；1983 年 3 月，水电规划总院召开全国水电工程环境影响评价专题会议并下发文件，要求各级设计单位和工程管理局，在水电工程项目可行性研究阶段和初步设计阶段，都必须同时编制"工程项目环评报告书"，该文件的下发意味着国内的水电项目从开发初期就被要求将环境评估及环保意识提上议程。

1986 年完成的《河流水电规划编制规范》目录中明确设定了水文泥沙、工程地质、水库淹没、环境影响四个必须章节；因此，至 80 年代中后期，几乎所有的水电工程建设项目和河流流域开发规划的勘测设计研究工作中，环境影响评价分析和环保措施已经成为一项必不可少的内容。

在水电建设环保立法方面，1981 年 5 月国家计委等四部委联合发布《基本建设项目环境管理办法》；1988 年水利部和能源部联合发布《水电工程环境影响评价规范》；1992 年发布《江河流域规划环境评价规范》，比提出和增加"规划环评"内容的国家《环境影响评价法》整整提前了 10 年！

与其他行业相比，中国的水利水电和电力建设系统是最早开展工程项目环境影响评价的行业之一，也是最早开展规划环境影响评价的行业之一。

回首改革开放四十年，中国水电发展历经重重困难，取得了无数辉煌的成就。我们改革水电发展体制，开拓新的融资投资模式，我们注重环境保护、打造绿色工程……雄关漫道真如铁，而今迈步从头越。展望未来，愿中国水电人不忘初心、砥砺前行，再创新的辉煌。

从"鲁布革"崛起

——纪念中国改革开放四十年、鲁布革电站发电三十周年

中国水利水电第十四工程局有限公司　冉路超

> 当代中国改革开放的伟大革命，是从 40 年前的一次重要会议——十一届三中全会启航的。从此，中国人民踏上建设中国特色社会主义新征程，以一往无前的进取精神和波澜壮阔的创新实践，书写了人类发展史上的壮丽史诗。

中国水电行业的改革大潮，是从 36 年前的一个著名电站——鲁布革水电工程开启的。从此，中国水电从计划经济转型市场经济，从而实现了历史性巨变，造就了一批举世瞩目的水电工程，成为世界公认的水电强国。

2018 年，时值中国改革开放 40 周年，鲁布革电站首台机组发电 30 周年。沿着老一辈水电人改革开放的足迹，我们再次探寻了鲁布革电站——这个源自于中国改革开放的伟大实践，曾经在中国水电建设风雨中因摩擦、碰撞、冲击而脱胎换骨的神秘之地……

从"不知道"到闻名遐迩

鲁布革电站，总装机容量 60 万 kW，位于云南省罗平县与贵州省兴义市交界处崇山峻岭中的黄泥河畔，是当时云南建设的最大水电工程。

险峻的山势，造成了黄泥河狭窄起伏的河道、300 多米高的自然落差，具有丰富的水能资源。从 20 世纪 50 年代起，一批批水电勘测人员，跋山涉水对黄泥河进行了一次

次地质勘查。当勘测人员问及这段峡谷的地名时，当地布依族人回答：鲁布革。在当地布依语中，鲁布革意为"不知道"。

1972年，水电十四局在黄泥河上游兴建鲁布革电站的施工电厂——大寨电站。

1976年，水电十四局7000多名职工进场，征地、建房、安家、设医院、办学校，开始鲁布革电站施工准备。由于国家缺乏建设资金，电站拖了6年之久，仍未开工。

1982年，在改革春风的吹拂下，国家决定将鲁布革电站作为水电改革开放试点，工程进行国际招标，资金引进世银贷款，大山深处的鲁布革沸腾了！

1984年7月14日，日本大成公司以低于标价43%的8463万元，中标鲁布革电站三大工程之一的引水系统，成为第一个在中国承建工程的外国企业。改革开放的大门轰然打开，水电十四局却在引水系统竞标中败北。

这是一个历史拐点，新管理、新经验、新技术、新设备一下子涌进黄泥河大峡谷，让人眼花缭乱；中国的与外国的，新的与旧的，在黄泥河畔相互摩擦、碰撞、冲击，一下子将十四局人推到了风口浪尖上。他们第一次真切地感受到改革巨变的极大危机，"到嘴的饭碗被端走了！""我们打场别人唱戏？"痛心疾首、愤愤不平、满腹委屈、困惑不解，如岩浆般喷发……

在自己的家门口，眼睁睁看着外国人表演自己最擅长的地下工程施工，十四局人五味杂陈。这个成立于1954年的工程局，28年来踏遍云南的山山水水，先后在6条江河上"开洞筑室"兴建了13个大中型水电站，安装发电机组46台，装机容量74.84万kW，占当时云南省装机总量的60%多。然而，工程由国家指定，计划由国家下达，资金由国家核发，亏损由国家弥补，其结果是体制不顺、效率低下、队伍庞大、包袱沉重……水电十四局有史以来的第一次投标败北是必然的，他们面对的是并不同等的起跑线呀。十四局人在阵痛中咀嚼着，思考着，探索着……

鲁布革电站，就这样在新旧两种观念的摩擦中开始建设，在两种管理体制的碰撞中稳步推进，成为我国水电建设改革开放的"第一个窗口"。它是一面镜子，照射出计划经济条件下基建行业的种种弊病；它是一个课堂，为广大工程技术和管理人员演示了现代化工程项目施工管理的第一课；它更是一块石头，在中国工程界引起了强烈反响，激起千层巨浪！

国门的轰然打开，如同一座核反应堆，释放出巨大的能量，冲击了封闭状态中狭隘自满的思想观念，唤起了十四局人的竞争意识；冲击了旧的管理体制和自营机制，增强了十四局人的改革意识；引进了国外先进的技术和设备，树立了十四局人的创新意识；锻炼了队伍，培养了人才，激发了十四局人的拼搏精神。他们就这样在摩擦、碰撞、冲击的漩涡中心，经受着前所未有的锤打和考验，从封闭走向开放，奋力拼搏着以缩短历史与现实的差距。

鲁布革电站，就这样从"不知道"走向闻名遐迩。

"日本经验"与"中国经验"

鲁布革电站由三大工程组成：首部枢纽，包括 103.5m 高的土石坝、导流洞、溢洪道、泄洪洞；引水系统，包括长 9.4km 的引水隧洞、两条 450m 的斜井和调压井；厂房枢纽，包括长 125m、宽 18m、高 38.4m 的地下厂房、主变压器室和 4 条尾水洞。

这三大工程如同一个哑铃，两头是首部和厂房，为水电十四局承建；中间是引水系统，为日本大成公司承建。

日本大成公司中标后，仅用 4 个月时间就正式开工。他们派来现场的仅是一支 30 人的管理队伍，从水电十四局按合同制聘用 424 名工人，形成了"管理在日本、施工在中国"的格局。开挖两个月，他们单月平均进尺 222.5m，超过整个鲁布革电站隧洞月进尺最高水平，为我国当时的 2～2.5 倍；全员劳动生产率为 4.57 万元，为我国当时的 4 倍以上。

工资发放，日本大成公司不是论资排辈，而是按照技能高低和效率大小。一位当年被日本大成公司录用的台车工回忆说："在十四局是拿等级工资，月收入大概 50 元。一到大成公司，每月就是 120 元，其他是各种奖金，每个月都有 200 多元。最多的是 1985 年 3 月，那月我的收入高达 930 多元。当时发的大多是 1 元券和角票，没东西装钱，我用安全帽装，装了满满一帽子，相当于我以前一年的总收入。"

1986 年 8 月，日本大成公司在直径 8.8m 的引水隧洞施工中，创下单头开挖进尺 373.7m 的国际先进纪录——就是在日本他们也从未有过如此的辉煌。日本大成公司副总裁专程从东京赶来，感激地向中国工人深深鞠躬。

1986 年 10 月 30 日，引水隧洞全线贯通，工程质量优良，比合同计划提前 5 个月。

相比之下，水电十四局承建的首部枢纽工程，"由于种种原因"，工期整整落后一年，截流告急！同样"由于种种原因"，下游厂房工期落后近百天，厂房告急！世行特别咨询团两次来工地考察，都认为按期完成电站截流的计划难以实现。

同处一条河，同干一个电站，同样是十四局人，两者差距为何那么大？

差距还远不止于此。在电站施工中，挪威、澳大利亚咨询专家提出了 10 多项优化设计方案：地下厂房立柱式吊车梁改为岩壁式吊车梁，大坝防渗心墙的黏土料改为风化料，溢洪道 1:0.3 高边坡开挖改为垂直边坡开挖……这些新技术、新方案，冲击了传统的技术规范、施工手段和管理方法，既缩短了工期又节省了投资 4600 万元。

时任国务院副总理的李鹏，在视察鲁布革水电站工地时指出："同大成的差距，原因不在工人，而在于管理……"

1985 年 11 月，经国务院批准，水电十四局参照日本大成公司经验，组建厂房指挥所。他们精干管理机构，优化劳动组合，改革分配制度，强化技术措施，使用先进设备开挖。试点 13 个月，厂房施工抢回了耽误的 3 个月工期，提前 4 个半月结束了开挖！同试点前相比，人员减少了 35%，月产值提高 50%，劳动生产率大幅度增长，取得了投资省、工期短、质量好的建设效果。我国基建行业最早的"项目法施工管理"雏形，由此诞生。

在工期落后一年的首部枢纽，则又是另一番动人景象。面对巨大压力，十四局人以壮士断腕的坚毅，提出了"为国争光、为局争气""决不在外国人面前丢脸"的口号，凭着一股民族奋斗精神，创下泄洪洞大断面开挖月进尺 245m、大坝填筑年强度 100 多万立方米的新纪录，终于实现鲁布革电站的按期截流，最终取得了第一台机组于 1988 年 12 月提前 95 天发电、整个电站提前 108 天建成的巨大成果。这一次，金牌终于挂在他们的胸前！

时光在流淌，有时平缓，有时激昂，民族精神往往在改革开放的关键时候表现得更加充分。"中国经验"释放出的澎湃活力，令外国专家钦佩万分："中国人真是不可思议！"

1987 年 5 月 30 日，国务院全国施工工作会议提出：在工程建设领域全面推广鲁布革经验，深化施工管理体制改革。

1987年8月6日，《人民日报》头版头条发表长篇通讯——《鲁布革冲击》。

"鲁布革"这个震源，在全国掀起了强烈冲击波，开创了我国基建行业转轨变型的改革开放之路！中国经济学由此诞生了一个新概念——"鲁布革冲击"。

走 向 市 场 大 潮

鲁布革建设，是历史赋予中国水电的一份独特厚礼；鲁布革冲击，是改革开放赋予中国水电的一次重大机遇。带着鲁布革冲击中的酸甜苦辣，十四局人走出峡谷，走向市场大潮，走上了弘扬鲁布革精神、革故鼎新、发奋图强的改革发展之路。

1988年，中国第一座大型抽水蓄能电站——装机容量240万kW的广州抽水蓄能电站，拉开了建设序幕。作为鲁布革工程的建设者、鲁布革经验的先行者，水电十四局经过激烈的市场竞争，中标电站从土建到机电安装的全部主体工程！

在广蓄建设中，他们对项目法施工管理模式进行了深入探索：以项目法施工为总揽，精干管理机构，组织高效施工；以目标管理为主线，优化生产要素，提高施工水平；以成本控制为中心，探索科学管理，注重投入产出；以管理科学为标准，均衡生产，文明施工；以思想政治工作、行政手段和经济杠杆的"三位一体"为保证，激发工作热情，加强队伍建设。

深化项目法施工管理，结出了丰硕成果。120万kW的广蓄一期工程，从主体工程开工到第一台机组投产仅用49个月，至电站竣工仅用58个月，比国家批准工期分别提前11个月和14个月，荣获"鲁班奖""詹天佑奖"。国家建设部、能源部、电力部先后两次召开现场经验交流会，向全国推广……

沐浴着改革开放的春风，40年来水电十四局调整经营结构，实施战略转型，完成了由资源投入向创新驱动、劳动密集向扁平化管理、单一水电施工向工程总承包的多元化经营"三大转型"，犹如"凤凰涅槃"从鲁布革崛起，打造出行业领先的"大型地下洞室群、大断面长隧洞优质快速施工"等企业核心竞争力，被誉为"地下铁军""水电劲旅"。

承建的三峡永久船闸地下输水系统，由4条总长5500m的输水隧洞、36条总高2578m的竖井、24条总长864m的斜井组成，洞洞交叉，洞井相贯，其结构之复杂为世界地下工程所罕见。

承建的溪洛渡电站右岸地下厂房，长 443.8m、宽 31.9m、高 76m，洞室总数达 180 条、近 50km，仅用 30 个月就完成开挖，被中国工程院院士誉为"代表了我国目前水电工程地下开挖最高水平"，不断树立行业新标准的"雕塑品""艺术品"。

参建深圳地铁工程，开挖完成施工难度最大、技术难题最多、风险系数最高的 10 条盾构隧道。在西成客专铁路项目，安全贯通全长 13.12km 中国电建目前最长铁路高风险隧道。投资建设云南晋红、江通、彝昭、贵州凯里环城等高速公路及双龙航空港基础设施项目，持续领跑 PPP 新模式。

在亚洲，承建的斯里兰卡 M 坝与 K 坝，为当地百姓引水、灌溉、发电提供了综合性解决方案；参建的中老铁路项目，实现全线第一个隧道工程开工、第一个正线掘进突破千米大关。在美洲，成功开挖 24.8km 超长输水 TBM 隧洞，高精度贯通两条 600m 级超深引水竖井，历时 6 年建成中国企业目前海外承建的最大水电站——厄瓜多尔辛克雷电站。

控股建设大理风电光伏项目群，率先拉开云南新能源开发序幕，积累了投资、建设和运营管理的成功经验，成为云南新能源投资开发新标杆。投资建设西南最大盾构装备制造基地，成功下线我国自主研制的第一台最大直径敞开式硬岩掘进机"彩云号"……

改革开放 40 年，水电十四局始终坚持鲁布革精神，以改革创新为动力，以市场竞争为先导，以做强企业为目标，积极推进项目施工管理的艰辛探索，如今已发展成为集投融资、设计、施工、管理、运营于一体的中国电建龙头子企业，在市场大潮中书写新的时代答卷……

漫 湾 往 事*

中国华电集团公司云南华电怒江水电开发有限公司　张建新

1980 年代中期，国家经济体制改革紧锣密鼓，全国水电建设市场化改革初露端倪。各水电工程局"断了皇粮"，必须"找米下锅"；我当时所在的葛洲坝工程已接近尾工阶段，因三峡工程反复"论证"迟迟不能"上马"，故从 1985 年开始即不得不涉足全国基本建设市场，以工程投标方式"争夺"水电工程建设项目，并先后中标湖北隔河岩、广西岩滩、湖南株树桥、广西桂平马骝滩、云南漫湾等部分工程建设项目。

这些项目因为都是"分标招标"而不是整体发包，基本上都属于"分部（或单项）工程"，需要投入的总人数和设备相对不多，但所需工种多设备种类多，葛洲坝工程局原有的局——专业化分局两级组织机构已经不能适应，所以在 1987 年 11 月葛洲坝工程局为适应"市场化竞争"需要进行了全局性"公司化改革"，葛洲坝原有的各专业化分局全部"撤并重组"，我所在的起安分局撤销，所属 47 台大型门塔机电吊（这是全局主要固定资产之一部）及其操作运维职工被分配到重新组建的几个综合性土建公司，而我所在的金结队近 400 人连同正在承担的工程任务则被"连锅端"划给了原局属安装分局，并重组为"机电建设公司"；我们原拟承担的云南漫湾 1 万余吨水工金属结构（含各类闸门、门槽、启闭机、门式起重机、压力钢管等）安装任务，在葛洲坝中标漫湾 C4 标（机电设备安装工程标）后也顺理成章地划给了"机电建设公司"。

漫湾水电工程位于云南临沧地区（现为临沧市）云县和景东县交界处的澜沧江中游河段上，距昆明市 430km。大坝为混凝土重力坝，坝高 132m，总库容 9.2 亿 m³，第一

---

* 本文节选自张建新本人回忆录第五集《水电人生》。

期工程装机容量 125 万 kW，装机总容量 150 万 kW，年发电量可达 79 亿 kWh。

云南是全国水能资源大省，水能资源蕴藏量占全国第二位。1979 年漫湾水电站初步设计即已经基本完成。由于当时国家处于计划经济体制，所有大中型水电工程都必须列入国家计划，由国家拨款组织建设；但由于国家资金短缺，"僧多粥少"，位于并非工业大省云南的漫湾工程，迟迟未能立项。

1980 年代初，云南省也和全国一样急于"让国民经济翻两番"，尽快开发占优势的水能和矿产资源是全省共识。1983 年夏，刚任云南省省长的普朝柱就前往北京专门就漫湾"上马"事宜向中央各相关部门"陈情游说"，但是当时国家基建资金缺口很大，项目迟迟排不上队；普朝柱又专程去找水电部部长钱正英请求支持，钱部长知道在滇西峡谷中建大电站，搬迁少、投资少、效益好，技术上也没有太复杂的难题，确实应该"上"！但电站初步概算（1979 年价格）最少要 10 多亿元，国家一时半载也拿不出钱；钱正英提出一个大胆的想法：部里和云南省共同投资，电站修好后按投资额比例分享效益，搞"部省合资"！

钱正英也有顾虑："云南是个穷省，如果要你们投 3 个亿，能不能拿出来？"普朝柱表态说"就是卖掉裤子，我们也要把漫湾电站建起来！明天，我就回去筹钱。"普朝柱生怕钱部长"变卦"，他甚至保证说，"钱部长你放心，这两年部里暂时拿不出钱也不要紧，只要漫湾开工，头两年可以先用省里的钱，以后再用部里的钱。"

接下来在第六届全国人民代表大会第二次会议上，云南省人大代表联名提交提案"请将漫湾水电站列为'七五'国家重点建设计划案"。会上普朝柱正式提出：云南拿出 3 个亿与水电部合建漫湾水电站！地方政府出钱参与国家重点项目建设，从此首开先河；漫湾项目终于在当年 12 月"挤进"国家"七五"重点建设工程名录。

项目获批，由谁"挂帅"？毕竟是云南省人民节衣缩食省下钱来参与投资的、全省第一个百万千瓦级重点电力建设项目，只能成功，不能失败！深思熟虑之后，省电力局决定由年仅 42 岁的"少壮派"、时任省电力局副局长的贺恭出任漫湾水电站工程管理局局长。

此时由世界银行部分贷款、被誉为"改革潮头"的云南鲁布革水电站正在建设中，其试行的全新建设管理方式已显现出诸多优势，漫湾水电站工程管理局自组建之日起，就开始借鉴鲁布革经验，在工程项目建设管理上全面改革传统建设管理体制，全面试行"投资包干制""业主负责制""招标投标制""建设监理制"，还有"征地移民政府负责制"。1986年5月1日，漫湾工程导流隧洞和泄洪隧洞正式开工。漫湾工程成为"八五"计划期间中国水电建设的"五朵金花"之一。

其实，与其他几个"制"相比，真正关注度最高、牵涉面最大、最能体现"改革开放"面貌和姿态的，是"工程项目招标投标制"！过去，某一项工程项目由哪个单位来干，是由上级组织确定的，谁都不用太操心（你操心也基本没用）；但在"招标投标制"下，就必须按照规定程序，先由项目业主组织编制招标文件，公开发布"招标"公告，有参与意向的多个施工公司购买招标文件后，组织编制"投标"文件，在规定时间提交给业主，业主必须公开"开标"，组织"评标"，最后确定"中标"单位。这些在今天的人们耳熟能详的名词，当年可是最新鲜、最时髦、也最为广大干部群众所不解的"东东"。

漫管局成立初期的主要任务，首先就是招标，以便让施工队伍尽快进场；但招标是新鲜事物，过去谁也没干过，只能由贺局长带领一班人"现学现卖"边学边干；最头疼的，莫过于"千百万人的习惯势力"，"云南的工程云南的钱，肥水怎能流外人田？"，就是这种"习惯势力"的写照。

贺局长此前在云南工作18年，施工单位、业主单位都干过，但他硬着头皮、顶着压力，要求"漫湾的各项工作都要坚决按改革的思路办"。在首批非主体工程项目招标中，已经由外省施工队伍水电八局和水电三局分别中标承担"人工砂石骨料系统及生产"和"左右岸开挖及围堰填筑"任务，省内施工队伍水电十四局也中标了"导流洞泄洪洞开挖"项目——不是"平衡"更不是照顾，而是因为水电十四局是全水电行业公认的"洞挖铁军"！

这年底，地处湖北内地的葛洲坝工程局参与漫湾工程主体工程（总量约230万 m^3 的混凝土大坝及1万余吨金属结构安装工程）C2标竞标，葛洲坝此时5万人施工队伍"饥肠辘辘"志在必得，在全局组织精兵强将编标投标，技术方案三大本洋洋洒洒50万字，各种图表令评标专家耳目一新，报价方面对各分项报价一压再压，最后以"施工方案最优、施工设备最多、施工业绩最强、报价最低"的综合优势一举竞标成功，再加上随后的 C4 标（机电设备安装工程）成功中标，葛洲坝工程局"挥师入滇"，成为了"漫湾建设主力军"。

我从广州抽水蓄能电站监理工程师岗位上被"强行召回"后，参加了几周与德国人合作的二滩投标编标。1990 年 10 月首次到漫湾，是以"金结技术专家"身份"出差"去的（后来才知道是公司余经理"蓄谋已久"之为），并没有什么明确的具体任务，也没有时间限制，只是被告知"去看看金结安装准备工作情况、了解一下设计布置、给现场领导提些建议"；于是我先到昆明住了两天，拜访了昆明水电设计院机电处蒋正鸿处长等，并大概浏览了一些漫湾金结方面的设计图纸。

漫湾工程的水工金属结构设计水平较高，有些技术（如充压式止水、上翘式液压启闭机）是全国首次采用，有些设备（如底孔弧门、底孔链轮闸门、500t 门机）技术参数达到当时国内一流水平，总量大，种类也多，考虑到施工现场主要起吊设备是 20t 缆机，安装难度一定很大。

浏览了设计图纸后，我提出了两个问题，一是我"觉得"充压式止水不可靠，虽然原理上没有问题，但实际零部件材料及其配合在 120m 水头条件下的表现不一定能够满足工况要求，故建议在闸门周边及门槽埋件增加一道常规型止水；二是超大型表孔弧门液压启闭机的"双缸同步液压比例阀及其电控系统"也不可靠，希望有现场调试指导人员，并在电控系统设计中预留备用通道。

几个主设人员对我的意见不以为然，认为这些设计在别的工程上都有应用，不会有问题（以后才知道充压式止水是他们照搬苏联一个工程的图纸），但是蒋处长对我的意见很重视，马上决定"止水问题"按我的建议增设一道常规止水；"双缸同步"具体电控设计是天津的一个科研所负责，是由漫管局直接委托的，让我给漫管局提出有关建议。

后来的工程实践证明，我当时提出的两个问题都确实成为了"问题"：充压式止水的橡胶充水袋设计不能满足使用要求，没几次即完全被撕裂，完全靠增设的常规止水起作用闸门才未失效，后来作了重要修改；"双缸同步"事漫管局有关人员没当回事，结果到调试时责任单位来了一个"留洋专家"连续一个多月都搞不定，只得在现场按我们建议进行一些临时性电路修改后凑合使用，后来不得不全部更换电控系统了事。

到工地后，我对工程全貌和当前任务进行了概略了解，得知当前整个工地的工程进度与目标存在较大差距，工地各单位对漫管局提出的"93630"（即 1993 年 6 月 30 日）发电目标均不表乐观，认为不可能实现；漫管局对是否能够实现"93630"也心中没底，既没有具体计划也没有对应措施，只是强调要"竭尽全力"。

我关注的金结安装事宜因尚无安装部位而基本上未提上计划日程，而公路边却到处堆满了两三年以后才有部位安装的表孔弧门门叶和支臂等部件，需尽快投入安装的底孔埋件却"没有到货"；我询问漫管局、葛洲坝施工局关于金结安装的计划进度安排、相关施工组织设计等，处领导们笑着说："都没有，等着你来搞呢！"

水电工程的施工是一个系统工程，各标段各分项各专业工程的施工是交叉的，既相互依赖又相互制约；而永久金结设备及其控制系统的招标、设计、制造、大件设备的运输、技术文件的提供等等从项目开始阶段就应该有一个整体的进度计划，并需充分协调、调节施工要素资源，如果各标段"各管各"，"九龙治水"，则必然误事！轻则延误工期，重则酿成事故，更别提按期发电了。

随后的几天，我接连走访施工局调度部、工程部、机电代表处、技术部，走访漫管局相关部门人员，走访设计代表处、监理处，阐明我的观点意见，希望各有关单位重视、解决此事。在和相关部门和领导达成共识后，我花费了近一周时间，编制了一份《漫湾工程"92630"挡水度汛网络进度计划图》，以比较直观的网络计划形式表达了金结安装工程与其他项目的交叉制约关系和工期安排，详细列出了金结设备到货时间表、金结安装部位交面时间表、大件运输吊装要素表、图纸技术文件提交时间表，以及有关说明等。

我向局、处领导进行了详细汇报，提出了当前和今后一段时间内的工作要点，说明了这个"92630"与漫管局要求的"93630"之间的关系和区别，我告诉领导，如果实现了这个"92630"，那么"93630"发电目标就有了实现的基础，并且基本上只取决于机电安装专业；而实现"92630"，则是整个工程所有有关单位共同努力才能做到。根据这个计划调整好相应施工组织及资源配置，采取一定的激励措施，首先实现"92630"后，"93630"发电目标才是有可能实现的。由于我这个计划是站在工程全局的高度在考虑整体的施工进度安排，所以有朋友戏称我是"甲方代表"。

葛洲坝施工局在有关会议上介绍了这个"92630"，并以文件形式上报至监理处和漫管局，引起了漫管局领导高度重视，遂将此计划作为"抓手"要求工程各方认真落实，特别是调整了"九龙治水"管理模式；我也被有关领导"连哄带劝"调入机电工程处担任副总工程师，直接负责"92630"计划的具体实施。经各方艰苦努力，终于实现了这个"92630"计划；接下来实现"93630"发电目标，就基本上没有什么悬念了。

1993年6月30日，漫湾第一台机组投产发电。漫湾电站装机容量当时占整个云南电网系统容量1/3，极大地缓解了云南电力的紧张局面，对促进云南经济的腾飞和边疆繁荣稳定起到了十分重要的作用，并促进了国家"西部大开发"和"西电东送"能源战略的形成。

忆 龙 羊 会 战

中国电建集团西北勘测设计研究院有限公司　　陈学刚

改革开放已 40 年，我院创建已有 70 个春秋了，过去的历史给我们勘测人员太多的回忆。有些回忆在今天看来依然生辉，仍然那么富有感情，给以自信和力量。这时候，不由自主地回想起过去苦战过的日日夜夜。这些往事用一句话来表达，就是：今天的辉煌确实来之不易！

1986 年龙羊峡水电站将在汛后下闸蓄水，大坝上游六、七号地段库岸滑坡，直接影响着大坝和电厂的安全。为了确保下闸蓄水后水库和电厂的正常运行，就必须采用可靠的监测手段，及时预报可能出现的情况，以采取必要的措施，确保大坝的安全。因此，近坝库岸监测工程，就成为能否按期下闸蓄水的三大控制项目之一。西北院勘测总队（以下简称总队）承担了这项"急、难、新、重"的艰巨任务。

从 1986 年 3 月开始，总队就组织和调动各方力量，陆续进点龙羊峡，总队系统有 6 个队（厂）计 508 人（含民工）参加了会战。

经过全体职工艰苦奋战，截至当年 10 月 20 日完成钻探 2526.27m；开挖观测隧洞 6885m（其中，廊道基础开挖 150m）；七号地段公路土方开挖 16.59 万 m^3，土方回填 1.7 万 m^3；建房 440m^2；大地测量完成 110 个观测标墩 11 座观测亭等工程项目，共完成产值 652.35 万元。

会战的决心，来源于思想认识的统一

龙羊峡近坝库岸滑坡监测工程施工任务非常艰巨。一是工程量大，相当于队当年指令性任务的 72.3%。二是时间要求紧，从正式开工到完成任务只有 5 个月时间。三是施工条件艰苦，除自然条件差之外，交通、供水、供电、器材调运等，都存在不少困难。同时，施工过程中还将遇到难以预料的各种技术问题。四是责任重大，能否按期保质保量完成任务，关系到大坝安全问题。正因为如此，在上级还没有正式下达任务之前究竟是接受还是不接受这项任务，在各级领导层中认识是不一致的。有的同志认为监测工程是施工任务，我们勘测不接受这项任务，也是可以的；有的同志认为，施工难度很大，而且责任重大，若按期完不成任务，无法给上级交代；有的认为，自己队上有任务，何必揽这个苦差事。但多数同志却表示要接受这项任务。

究竟如何决策呢？当时的总队党委及时抓了统一思想认识工作：

一是引导干部职工正确认识总队面临的严峻形势。在改革的形势下，必须面向社会。只要我们勘测总队有拿下这项任务的可能性，就要以坚定的信心拿下它。这样做，既可以锻炼一支敢打硬仗的队伍，又为今后走向社会创造了条件，是一次难得的机遇。

二是广泛宣传今年龙羊峡下闸蓄水的重要性和完成监测工程施工任务的深远意义。使大家认识到作为我们水电勘测队伍，承担这项任务，有着义不容辞的责任。同时，也是上级对我们的信任和考验。

三是进行实地调查、做预测论证工作。总队能否如期完成任务，确实是一个问号。既不能被困难吓倒，也不能盲目蛮干。为了找到科学依据，必须进行现场踏勘和预测论证。

从 1985 年后期到 1986 年一季度，除各队去现场了解情况外，总队组织基层领导和工程技术人员先后两次到施工现场踏勘，并让计划科按工作量、定额、进度、成本、产值等做了预算，甚至一个孔、一个孔地进行了核算，排出了预定完成任务的时间。通过预测论证说明，经过努力，拿下这项任务是有把握的。这对大家鼓舞很大，并坚定了接受这一任务的信心。

上级正式下达任务之后，总队做了周密安排。作为全总队压倒一切的任务，要求各

队（厂）首先要从人力、物力上给予保证，并抽调强壮年轻职工和有生产经验的老职工，参加龙羊峡七号地段会战。号召在会战中要发扬地勘三队创造的"韩城精神"，优质、高产、安全、高效益完成会战任务。

为了加强对施工现场的领导，决定成立龙羊峡七号地段会战指挥部，负责工地的指挥、协调工作。

各队（厂）党政领导，带着总队生产会议精神和龙羊任务，回到单位以后，进行了层层动员和各项准备工作。通过动员在总队范围内出现了党员、团员青年积极踊跃报名到龙羊参加会战的喜人场面。特别是老党员热情高，纷纷表示要在龙羊会战中发挥先锋模范作用，接受党组织对自己的考验。三队党员李希胜同志，老伴从家乡来看他，但他想到龙羊工地任务重、时间紧，顾不上和爱人聊几句家常，带领大家装车，当天下午就上了龙羊峡。地勘三队于 3 月 13 日物资进入了龙羊峡七号地段，4 月 19 日，他们在七号地段第一个开钻，拉开了会战的序幕。

发扬"韩城精神"，开展劳动竞赛

在会战中，用什么方法来调动职工的积极性和创造性，确保龙羊会战的胜利？这是摆在各级领导面前的一个课题。社会主义劳动竞赛，调动了广大职工的劳动积极性和创造性。会战指挥部和总队团委，通过各种方式，把社会主义劳动竞赛在会战工地一浪高过一浪地推向前进。

指挥部在广泛调查研究的基础上，制定了以钻探、平洞、吊运、测量、食堂为主要项目，以优质、高产、安全、低耗、精神文明建设为主要内容的劳动竞赛方案，并提出了打破以往的"老套子"，将竞赛贯穿于整个生产过程。指挥部制定的方案，传达到各单位后，很受职工欢迎。整个工地群情高涨，一场竞赛活动有组织、有计划地展开了。

在会战工地，青年职工占参加会战职工总数的 70%以上，"青年字号"班机组共有 15 个，总队团委根据这一特点，依照总队党委的要求，配合指挥部，大张旗鼓地开发了"龙羊杯"夺杯赛和为"新长征突击手挂奖章"活动。并制定了"优质、低耗、安全、育人"夺杯办法，同时，设立"龙羊杯"新长征突击手奖章分别为集体和个人最高荣誉奖。这一竞赛活动得到工地广大青年的热烈支持和响应，青年们提出了"不怕出力流血汗，誓保任务提前完！""人人争当突击手，个个为四化献青春！""当改革闯将，做江河主人，为四化立功"等口号，互相挑战应战整个工地，单位与单位之间开展竞争，人人不甘落后，个个摩拳擦掌，誓夺"龙羊杯"。

正当竞赛深入开展的时候，老山前线英雄们的事迹在全体职工中尤其在青年中引起了强烈反响。大家表示，决心学习老山前线的英雄主义精神，学习他们"亏了我一个，幸福十亿人"的献身精神，在后方艰苦创业，为四化建设建功立业。工地出现了和老山英雄比献青春、比干劲、比贡献的新气象。

面对恶劣环境，顽强工作

进入龙羊峡工地，职工们首先面临的是恶劣的自然环境。六、七号地段位于黄河右岸，海拔 3160m。青海高原，风沙、温差都比较大。由于海拔高的缘故，不少人在工地口干唇裂，有的老职工头晕、休息不好。在高山施工，不要说把上千公斤重的钻机运到施工现场，就是空手走一趟工地，也是很费劲的。在这里，不要说高楼大厦，就是干打垒的房子也来不及修，大家只能住帐篷和活动房。夏天的中午，由于高原热辐射，帐篷里热得像火盆。这里无水、无电、交通不便，生活困难，吃青菜也成问题，更谈不上文化娱乐了。

没有电，在漆黑的夜晚，大家点着蜡烛卸车，并千方百计把发电设备运到工地。没有水，大家跑几里路，从黄河边拉水到工地。职工们克服了一个又一个困难，坚韧不拔地奋战在工地。

工作上的艰苦更是可想而知的。大家顶着缺氧造成的疲劳，夜以继日地为早日完成任务而辛勤劳动。203 青字号机组从准备开钻到完成全部钻探任务，近两个月时间，没有休息过一个星期天，大合班时工作达十三四个小时。真是一个班下来，"都不知道胳膊长在哪里了"，但一觉醒来又投入紧张的生产，没有人被困难吓倒。

在这里，有的职工带病坚持生产。三队架设工付体华同志，他患有坐骨神经炎，在白天，他忍痛坚持工作，在晚上，就扎针、拔火罐。看到这种情形，领导和老职工激动地说："50 年代艰苦创业的精神又回到了龙羊峡参战的青年身上"。

奋战在六号地段的 11 名地勘六队的职工，承担了廊道施工任务。由于他们的驻地离指挥部远，交通不便，困难更多。他们常常吃不上青菜。喝的水是从远处的山沟里拉来的，水里有小蝌蚪、羊粪，卫生条件极差，有一次竟有 20 多人喝水后拉肚子。他们 11 人分别住在 3 顶矮小的单帐篷里，遇到刮风，里面灌进了沙子和土，遇到日照强烈时，帐篷像蒸笼。风沙、日晒，使不少人的眼睛红肿，脸上脱皮。面对种种困难，他们中间没有一人退缩，提前完成了第一期施工任务。按规定他们可以离开工地归队休息，但因工作的需要，他们又承担了第二期工程。

拼搏进取，科学创新

竞争，乃是进取的精神，时代的要求，但是，靠什么来竞争？只是一味地苦干，显然不行，只有苦干加创新，才有可能创出新纪录。

在会战工地，班与班的竞争、组与组竞争热火朝天。

203 青字号机组齐墩诚班，5 月 16 日首创泥岩层钻进台班进尺 8.10m，17 日又创台班进尺 10.57m。梁利江班不甘落后，以 12.23m 打破了他们的纪录。18 日李文国带班，又创造了 12.43m 台班进尺。接着齐墩诚、杨军又创台班进尺 13.47m 的高产纪录……，他们共用 42 个台班，以赶超的精神，就完成了 284.55m 的优质孔。由于有了经验，该组冒着雨大干十几个小时，搬迁好钻场，又采用大合班的办法，仅一天半又完成了 79.04m 的一个优质孔。

这个机组，曾一度默默无闻，自进点龙羊峡以来，他们憋着一股劲，纷纷表示决心，誓夺"龙羊杯"。他们在生产中，认真操作，精心施工，苦干 40 多天，在 6 月 23 日就胜利完成 3 个全优孔，进尺 538.99m。尤其突出的是，他们发挥集体的智慧，创七号地段泥岩层无泵干钻台班进尺 25.58m 的最高纪录。他们不但苦干，拼命干，而且具有创新的科学态度。在钻进中，齐墩诚同志发现取岩芯比较困难时，就将洗衣粉、废机油加水，注入钻孔，既润滑了孔壁、钻具，又缩短了取岩芯的时间，提高工效 25%。这项小改进，工地上一推广，倍受欢迎。他们并未满足于已取得的成绩，又深入探索，钻研技术，在实践中总结出了泥岩层钻探"长距离扫孔，短距离冲击"的 10 字经验。竞争精神和科学态度，使他们成为被人学习的榜样。会战工地的最高荣誉奖—"龙羊杯"，最终被 203 青字号机组夺得。

地勘六队吊运组的同志，也不甘落后，他们科学地分析了六号地段架设索道的可行性，经过反复实践，终于架设成功一条长 1000m、垂直高度 400m 的吊运索道，创西北院勘探史上最长的索道架设纪录。他们科学地运用索道的运载能力，在人员少、吊运量大的情况下，全天连续吊运 15h，每天吊运 10t 物资，16 趟。安全吊运物资达 60t。

团结协作，一切为了前方

龙羊峡六、七号地段，不仅是会战的工地，竞争的工地，而且是一个自始至终互相配合、团结协作的工地。团结协作的精神在劳动竞赛中发扬光大。

指挥部领导充分认识到，进行社会主义劳动竞赛，搞好团结协作是十分重要的。他们不以领导自居，始终把自己摆在组织后方支援前方，保证前方生产顺利进行的位置上。他们经常注意协调会战各单位的协作关系，使会战单位之间既有竞赛，又有协作，保证了社会主义劳动竞赛沿着正确方向发展。指挥部的老同志多，他们有丰富的生产经验，经常奔赴现场，了解生产情况，协助第一线搞好生产。有一次，副总指挥董定安同志，上钻场后，因有病下不了山，硬是让人用绳子拉着慢慢走下山来。有几次，人们看到他从工地回到指挥部后，躺在床上，连饭也不吃。就劝他："你年纪大，那么高的山就别爬了。"他却说："工人能上去的地方，我就得上去！"他的这种作风，为职工树立了榜样。

会战工地的社会主义劳动竞赛，不仅表现在前方生产的竞争上，而且还体现在后方支援前方，一切为前方提供优质服务，保证生产顺利进行的竞赛上。

三队在积石峡的职工，为了支援生产第一线，把大米和自种的蔬菜节省下来送到会战工地。二队党支部书记刘秉钧同志，经常奔波于拉西瓦和龙羊峡之间，几乎每周都要到七号地段。他在做好职工思想工作的同时，还下食堂，亲自为职工包饺子，使二队职工从心里感到温暖。食堂的工作人员，为了使生产第一线的职工，尽可能吃上热饭菜，他们把食堂办成了"饭馆"，来一个吃一个，随叫随到。为了使职工吃得可口，他们还经常想方设法改变花样。特别是他们不分上下班，为职工服务，有时一天做饭达 13 次。他们在平凡的工作岗位上做出了出色的贡献，受到职工由衷地赞扬。

在生产中，团员青年的团结协作精神发挥得也很突出。休班的同志给工地上班的同志送饭、送水，给下班归来的同志提前打好开水和洗脸水，互助友爱，蔚然成风。

会战工地的社会主义劳动竞赛，不仅是物质文明的竞赛，而且是精神文明的竞赛。在生产上互相支援、互相配合，不仅赛出了高质量、高产值、高效率，而且赛出了好思想、好风格。

就拿二队来说，不计较本队的得失，发扬高风格，将整个会战工地的供水和部分供电任务包了下来。而且还帮三队、六队修理一些器材，帮助买菜等。工地上刘勘队、二队、三队3家食堂，承担了全工地职工和民工的吃饭重任。负责发电的同志，为了配合机组完成任务，星期天照常发电。修配组的同志，不论机组出现什么机械故障，随叫随到，及时处理，保证前方生产。一次吊斗出现故障，半夜他们就从被窝里爬起来赶到了现场。

工地上的职工，不但在生产上团结协作，在技术上同样发扬了协作精神。

团员青年上班时间想钻探，下班后，顾不得劳累，聚在一起，研究提高钻进的措施。吃饭时围成一团，讨论新的钻进方法。在黄河岸边的草坪上，在道路上，在宿舍里、钻场上，都可以看到青年突击队员向老师傅请教技术问题的情景，老师傅也毫不保留地给青年们传授技术，帮他们解决技术难题。

以社会主义劳动竞赛为主要形式的龙羊会战，不但促进了近坝库岸滑坡监测工程的顺利完成，取得了较好的经济效益。更重要的是，在意志上、思想上锻炼了勘测队伍，龙羊会战精神在龙羊峡六、七号地段被广大会战的干部职工创造出来。那么，什么是龙羊会战精神呢？概括地说就是：艰苦奋斗，顽强拼搏的精神；不甘落后，竞争夺魁的精神；实干苦干加科学创新的精神；为了一个目标而奋斗的团结协作精神；放手发挥青年职工生力军作用的理解、信任精神。这种精神是"韩城精神"的继续，是我们勘测队伍在改革的形势下，精神面貌的体现，是我们西北院职工的精神财富。这种精神不是靠金钱刺激出来的，而是社会主义精神文明和全体参战职工理想的体现！

李家峡勘测轶事

中国电建集团西北勘测设计研究院有限公司　赵定成

黄河李家峡勘测工作过程中，轰轰烈烈的事迹不少，当有档案纪之，自有专目作志。于此仅将鲜为人知的一二小事录之，以征地勘队员的工作、生活虽艰苦，但亦富浪漫情趣和逸兴的。

1981年春，开展全峡谷段1/5000地质测绘，我和朱广、滕明君为一小组，负责峡谷左岸地质填图。具体分工，朱绘草图、我记录、滕定点量产状，3人共同观察地质现象，完成测绘任务。谷口左岸乃库首沙柳湾川地东南侧缘，山高坡陡，仅有羊肠小道，甚难通行。五千分之一测绘属大比例尺填图，须实测地质点控制界线；为追踪地质迹象，再险也须攀援而上定点。朱、滕步履矫健，善于爬山，险峻处他俩攀上定点，观察地质素材，报与赵记录。左岸峡口库边，距队部驻地路程有五六公里，为了抢时间赶进度，中午不回队进膳，带上一壶水、一个馒头当中餐，可谓"日出而出，日没而归"了。某日到库边垭口地段测绘，爬上溜下干到晌午，人疲腹饥，就是坐下歇晌，各人拿出干馒头凉开水充饥。时当暮春，早晚犹凉，中午太阳当顶，照得暖烘烘的，颇有风和日丽的氛围。吃罢，朱、滕卧看苍天及远山，低唱《地质队员之歌》，"是那山谷的风吹动我们的红旗……"。我坐观眼前沙柳湾川地景色：平川阡陌纵横，麦苗舒翠绿，菜花泛金黄；牛羊散牧逐嫩草，人勤田垄唱"花儿"；庄院杏桃招蜂蝶，河畔杨柳舞婆娑……正陶醉于眼前胜景，忽见高阶地台面上小型旋风卷起尘土腾空直上，便不禁想起王之涣的《出塞》

诗，脱口吟哦"黄沙直上白云间，一片孤城万仞山；羌笛何须怨杨柳，春风不度玉门关"。朱、滕闻之，便说咏"边塞"诗还有王维的"大漠孤烟直，长河落日圆"的锦句，也只有在塞外才能领会到其意境。我说一千多年前的唐朝诗人咏边塞风光已不符现实了，由于全球气候演变转暖，更加勤劳的人民改造了大自然的结果，试看沙柳湾川地上的半主哇等村庄的景色，岂似古诗中描述的那样荒凉？如今春风已度玉门关了！因之我就眼前景色，赋小诗以赞之："平川村落半主哇，绕屋杏桃正发花；麦绿菜黄翻锦浪，迟来春色李家峡。"

1982 年，我被任命负责坝前 1、Ⅰ号滑坡专题研究，先后与王棠、武建忠、王战旗等同志对两滑坡进行校对和补充平、剖面地质测绘，勘探成果的调查与视察，监测设施的布置安装与观测；对收集到的资料及时整理分析，制表、成图，按要求上报。经两年的调查研究，对两滑坡的地质背景、边界条件、结构特征、成因及形成机理等基本查清了。1984 年，国家要举行李家峡水电站初步设计审查会，须提交 1、Ⅰ号滑坡专题报告；小组决定由武建忠主搞稳定性计算，我执笔撰写专题报告。1983 年冬休假，我决定留守工地，一方面承担滑坡监测工作，另一方面利用假期起草专题报告。1、Ⅰ号滑坡的成因及机理认识不一致，特别是 1 号滑坡的形成机理较复杂，争议大。作为负责及撰稿人要拿出主见，根据现代岩体力学理论及两年来观察到的宏、微观地质现象，确定论证思路，建立力学模型，拿出实据才能下笔撰稿。于是我根据平日观察到的迹象，多次独自冒着严寒，翻山越岭，去素描那些能证实论点的地质迹象，计绘制 10 余幅小型素描图插入报告内。在近 3 个月的冬休假内，我除完成滑坡监测及留守任务外，日夜扑在专题报告的撰写上，终于完成了《李家峡水电站坝前 1、Ⅰ号滑坡专题报告初稿》。初稿近 4 万字，经总队技术领导审核，认为报告较系统地论证了两滑坡的地质特征、边界条件、成因机制、稳定性分析评价，达到现阶段的技术要求，并有一定的新技术理论见解。后又对"报告初稿"进行修订，于 1984 年 6 月同《李家峡水电站初步设计工程地质报告》正式印制上报。至此，初设地质成果全出来了，李家峡水电站前期勘测工作大功告成，即待国家组织审查，批准列入开工项目。我与其他同仁一样，感到如释重负；在李家峡战斗了 7 年，取得了决定性的成果，都非常欣慰。因之回味 7 年来勘测工作的辛酸甜苦，赋首七律以慰之："涉水翻山勘察兵，锤敲石响伴机声，一支铅笔绘图笔，百页雄文科技文。汗血淋流报祖国，才华洋溢献人民；荒山僻野沧桑变，高峡平湖展媚容。"

现在，李家峡水电站已经发电，工程已近尾声，回忆过去勘测岁月，难忘勘测工作中献身殉职的志士。

1980年仲夏，物探队来李家峡进行地震法勘探，6月21日组长曾昭华率领同事到坝址左岸8号平洞工作，因洞内有积水，不便通行；为了便于行走，曾昭华同志用钢钎撬口块石垫路。不料有4块危石同时脱落，砸伤其腿，血管断裂，流血不止；因工地医疗设备简陋，送往西宁市抢救。终因流血过多，时间不济，于途中停止了呼吸！遗体遂送刘家峡队部，办理后事。人皆为之叹惜，刚届中年，死于顽石；但为祖国水电建设事业而损躯，重如泰山，荣哀兼具！

1985年仲冬，地勘六队已放冬休假了，大部职工已回乡探亲，仅有一个机组钻孔任务尚未完成，同留守人员照常工作。12月10日，修配厂钳工班长蒋文成同志到车间上班，约10时许，车间突然一声巨响，人们闻声赶往车间，但见烟雾弥漫，是气焊瓶爆炸了，蒋文成躺在血泊里；经抢救无效，终年29岁！彼时检查事故原因，系在安装乙炔出口胶管时发生意外，乙炔发生器浮筒冲起击中头颅，气瓶爆炸，酿成伤亡。他参加工作刚满9年，为了事业，就丢下黄口雏儿，红颜妻子，为四化建设献出了宝贵的生命！留守工地的职工、领导及家属，沉痛地为其举行了追悼会，深切悼念他的悲壮行为！

朱有信同志长期从事水电工程天然建筑材料勘察工作，是该项工作的行家里手，于1980年从宝珠寺调来李家峡任建材组长。普查、初查、详查阶段勘察任务都顺利完成了，接着进行发包设计复查工作。1987年秋，朱有信同志开始感觉腹部有些不适，由于他身体一贯很好，能吃能睡，就不在意；后虽有点隐痛，贴上活血止痛膏，仍坚持工作。到10月上旬发现眼球发黄，后皮肤也染黄了，以为得了黄疸肝炎，才引起他的注意。10月中旬末，他返兰诊治，开始一般检查，尚查不清确切病源，后经CT检查，才诊断为胰腺癌，于是住入兰州军区总医院。大概11月中旬动手术，打开腹腔，发现癌灶已转移到肝脏，为时已晚，无法切除，只好安装引流管，排出腹内废液，作保守治疗。这无异于宣判了"死刑"，只不过是延缓时日而已；病人不知底细，尚企望治疗康复，尽快回岗位工作哩！家属已知其病入膏肓，在医院挨日子不如回家挨日子方便，病人也心疼妻儿往返医院劳累，愿带些药回家疗养，遂于12月中旬出院回家。时至1988年2月14日病情急剧恶化，腹部胀痛，出现黑便，后昏迷呓语，经输液抢救，已无回天之力，于 2 月 17 日下午 2 时许停止了呼吸，享年 51 岁。朱有信同志毕生辛劳，倾心工作，不暇自顾；有病未及时诊断，延误了治疗时机；从发病到终了没超过 5 个月！呜呼，刚逾天命之年，就抛下孤妻、弱子、稚女；一家嚎啕顿首，痛失柱梁，委实哀伤，况当日是农历 1987 年除夕，倍觉凄惨！春节过罢，于 26 日在华林山火化，并举行了追悼会，由总队党委书记郑合顺主持，陈飞副院长赶来参加，地质大队在兰职工前往悼念。我代表地质同仁撰写挽联致悼："一生勤奋敬业，乃与山石有缘，君竭年华未虚度；五旬壮怀难酬，可恨癌魔无眼，吾侪痛惜早归真"。

水电建设的体制革命

中国长江电力股份有限公司　　李俊瀛

> 改革开放 40 年是中国人民由站起来走向富起来的 40 年。三峡工程就是全国人民在富起来的路上，集全国之力，办成的一件大事。三峡工程既是改革开放的典范，又是改革开放的胜利成果。

1992 年 4 月 3 日 15 时 21 分，七届全国人大五次会议，以绝对多数赞成，通过了《关于兴建长江三峡工程的决议》。从此三峡工程从论证阶段进入实施阶段。这是世界水电史上空前绝后的纪录，是一个水电人永远不会忘记的大事。

三峡工程有许多世界之最，是水电工程的奥林匹克，必须用奥林匹克的精神才能完成，必须发扬和传承顽强拼搏、勇攀高峰、敢于创造奇迹、不断地变不可能为可能的精神才能完成。

当时的中国和中国人民还走在富起来的路上，其实并不富裕，但是为了富起来，我们集全国之力办大事，由全国人民出资，以每度电 1 厘钱的奉献，体现了全国人民的广泛支持，这是历史的奇迹，也是中国人民富起来的一个最具代表性的伟大创举，她的建成给全国人民创造了巨大的物质财富和精神财富！

三峡工程由人国人民代表大会审议通过，又由全国人民集资，这就定格了三峡工程是名副其实的全国人民的工程。每个三峡建设者都要牢记：我们只有搞好每项工作的义务，而没有做错一件事的权力！记得在 1995 年，有人以 1994 年三峡工地发生雷击，造成378集团3名工人遇难的事故为由，建议在三峡全工地建38基消雷塔来防止雷击事故，并进行了可行性研究，在立项审查会上，笔者就是以上述理由，义正辞严地否定了这个项目，为工程节省了700多万元的宝贵资金。事实上，以后三峡工程的施工全过程并未发生雷击事故。（注一：此事只有陆佑眉总经理和时任建设部主任彭启友等领导同志知道。注一完。）

三峡工程是一个需要数十万人参与，动态投资近2000亿元的跨世纪的庞大的系统工程。复杂性、风险性、挑战性前所未有，按原有体制和方法无法完成任务，必须用改革开放的精神和不断创新的思路来谋划。

当时已经竣工的葛洲坝工程是实行的总包干制。由施工单位总揽建设任务，完工后总体验收。水工建筑物全部建成后，交验收委员会按国家有关验收规程进行验收，然后移交运行单位运行、管理、维护。发电机组则逐台进行72小时连续运行无异常后，验收移交运行单位。总之，是只要结果，不问过程。

三峡工程建设，肩负着工程建设与体制改革的双重任务，全面实行业主负责下的招标、投标制和工程监理制。首先，成立"中国长江三峡工程开发总公司"，作为三峡工程的业主，由业主全面负责工程和设备的招投标，按严格程序选定施工单位和制造商，同时聘请资质优良的监理公司，进行工程监理。

业主负责把三峡工程科学的划分为若干系统工程、分部工程、单项工程。划清界面、分清责任，相互配合而不干扰，互相衔接而不冲突。

每个单项工程的业主、施工、设计、监理；甲、乙、丙、丁四方团结合作，形成合力，乙、丙、丁三方同时对甲方负责。由监理单位在安全、质量、工期、投资4个方面进行全方位、全过程、全天候的全面协调管理。业主只需对关键工序和关键节点予以关注，完全可以从具体的事务性工作中解脱出来。

以笔者全面负责监理的三峡工程施工电源中心变电站——220kV陈家冲变电站和220kV葛陈线为例，经过一年多紧张细致的工作，在甲、乙、丙、丁四方共同努力、互相配合下最终以零事故、零返工、质量优良、投资合理、按期完工投运。1994年11月28日竣工验收，为12月14日三峡工程正式开工，创造了第一个不可或缺的必要条件，荣获优质工程奖。

三峡工程的设备采取国际招标的方式，专门设立国际招标公司，集全国专家们的智慧，精心编写招标文件，又充分利用三峡工程的无形资产，吸引全世界最先进的厂商，最终以最合理价格，购买了最好的产品，同时引进了当时最先进的技术。

以三峡外送工程中，升压变电站中 39 个间隔的 500kV GIS 设备的采购结果为例就能充分说明问题：当时在建的二滩水电站，进口 ABB 公司的 500kV GIS 共 12 个间隔，单价约 300 万美元/间隔；三峡工程采购同样的设备，同样是 ABB 公司中标，包含引进其技术在内，成交价约为 250 万美元/间隔。仅此一项就少花大约 1900 万美元。

同时三峡工程还在招标合同中充分利用贸易信贷，合理地解决了三峡工程资金流高度集中的困难。

三峡工程从人大通过到全面建成，历时 18 年，凝注着数以万计的三峡建设者的心血和汗水，充分展示了中国人民的智慧和力量！

现在三峡工程已经全面建成，这是一个功在当代，利及千秋的伟大富民工程，也是我国富起来的标志性工程。现已充分发挥了巨大的综合效益，创造了巨大的物质财富和精神财富。

如今，雄伟的三峡大坝岿然屹立与伟大领袖毛主席的光辉杰作《水调歌头》交相辉映，彪炳千秋！

北盘江上董箐水电站的建设奇迹

贵州黔源电力股份有限公司贵州北盘江董箐发电厂

在山势雄奇、多彩绚丽的云贵高原上，从云南宣威到贵州黔西南，一条蜿蜒442km的美丽玉带，在崇山峻岭中浩浩荡荡、奔流不息，装点着壮丽富饶的山水画卷，哺育着两岸勤劳勇敢的各族人民，这就是著名的北盘江。

在北纬25°31′、东经114°45′的坐标上，一座壮丽宏伟的水电站——董箐水电站就是这条玉带上最美的珍珠，它把北盘江那无穷无尽的力量转化为推进西部腾飞和贵州跨越式发展的助推剂，造福人民、造福贵州。

北盘江古称牂牁（zang ke）江，发源于云南宣威，流经滇东、黔西南，在望谟县境内与南盘江汇合后称红水河，注入西江。北盘江流域面积2.66万km²，天然落差1932m，滩多流急，河床切割深，以峡谷为主，孕育着丰富的水电资源。

北盘江全流域水能储备达320万kW，其中干流蓄能285万kW，但由于资金、技术和交通条件的制约，这条千年大江依然在默默无声的流淌，只是在回转激流之处，才会发出震耳欲聋的呐喊。

明朝刘伯温曾经预言："江南千条水，云贵万重山，五百年后看，云贵赛江南"。为加速西部地区的发展，党中央、国务院做出了"西部大开发"的重大战略部署，其中"西电东送"项目的启动为北盘江水资源利用和贵州地方经济发展，带来了千载难逢的机遇。

广大的水电建设者，抢抓机遇，艰苦努力，用10年时间，在北盘江上相继建成了光照、董箐等一系列大型水电站，将强大的电能源源不断地输送到广东等能源紧缺的发达省份，在助推东部发展的同时，也为贵州地方经济发展、改善库区移民生活环境提供了有力的支持和帮助，是兴黔富民、工业强省的重要举措。

北盘江上的一座座水电站就像一颗颗珍珠，错落有致地点缀在贵州高原上，闪耀着迷人的光芒，在这光芒中，既有成功的喜悦，更有无数的艰辛和付出。其中，位于镇宁县和贞丰县交界处的董箐水电站，从开发建设到运营管理都极具代表性。

董箐水电站项目位于北盘江下游，是贵州省西电东送工程第二批"六水八火"电源点建设项目之一。地处"六盘水、安顺、黔西南"火电基地中心，位于"黔电送粤"能源流向的前沿位置，且送电距离短，对充分发挥贵州电力水火互济优势具有重要作用。

电站是贵州省委、省政府确定的"抢救性"开发工程，建设工期紧、任务重，水电站属于砂岩夹泥岩的沙泥岩地区，软硬相间，抗剪指标低，极易崩解。在组合裂隙切割下，对岩层切脚，岩体就可能沿层面产生剪切滑塌，施工难度极大，在高坝采用砂泥岩作为主堆石料在国内尚无成熟的经验。但是，董箐水电站举全员之力，众志成城，从2005年3月28日正式进场开展电站前期工程施工准备、2006年11月截流，到2009年8月下闸蓄水，历时33个月。2009年，董箐水电站实现了"当年完成移民搬迁、当年下闸蓄水、当年投产发电、当年盈利"的"四个当年"，这在开发周期长，投资见效慢的水电建设领域堪称是一个奇迹。

都说"蜀道难　难于上青天"。其实，对于莽莽群山中的贵州而言，难修的何止是道路，水电站的选择和建设更为艰难。在困难面前，水电开发建设者们齐心协力，迎难而上，铸就梦想，把不可能变为了现实。2013年4月，水电站通过中国电力优质工程现场检查，荣获中国电力优质工程奖；同年6月，荣获国家优质投资项目奖；2015年12月，荣获第十三届中国土木工程詹天佑奖。

在董箐水电站的高速度、高质量、高效益的背后，究竟是怎样一种精神在激励着董箐人的热情和动力，铸就着董箐的成就与辉煌呢？是什么让董箐水电站克服了诸多艰难？"合""巧""实"应该是奇迹发生的根本，是董箐人创造建设奇迹的法宝，更是未来开拓新事业的基石。

"合"即合和、合作、合力。水电建设是一项复杂的系统工程，董箐水电站以进取的科学态度，本着高度的责任感和使命感掌控工程管理的全过程，有效控制工程安全、质量、进度、投资，并树立良好的社会形象。2009年4月，由于地质条件极为复杂，董箐水电站溢洪道边坡岩体不断崩解、崩塌，严重制约了工程的正常推进，且存在极大的安全隐患。要按计划在 6 月完成溢洪道工程，到现场的国内专家认为是不可能的。为确保 8 月下闸目标的实现，各参建单位，举全工地之力支援溢洪道施工，领导与管理人员一线蹲守、一线指挥，对各标段工程实行实时控制。通过 60 多个日夜不眠的鏖战，通过精心科学的组织、以"咬定青山不放松"的信念，终于在 6 月底完成了溢洪道工程，成功处理、解决、克服了诸多技术难题及安全风险，在主汛期 8 月 20 日如期实现了下闸蓄水，变不可能为可能。

在董箐水电站的建设施工中，始终把科学发展观作为建设管理的指导思想。水电站的建设，从某种意义上说是对环境的重塑作用，在电站建设与生态保护之间也注入了"合"字。董箐水电站的管理者们坚持环保"三同时"的生态保护理念，投入大量资金采用分层取水，增殖放流等手段保护流域内珍稀水生物，保持了水生生物的多样性。同时，为了库区内分布的国家重点保护植物和古大树，组织专人负责进行被移栽树木的移植地点考察，科学地选定适宜的移植地，并由专业队伍实施移栽。内部的和谐、外部的和谐、人与环境的和谐形成了强大的动力，造就了"董箐"成为黔源公司盈利能力最强的电站。

"巧"是科学决策之巧，也是巧夺天工之巧。电站建设施工阶段，董箐水电站在科学严谨的论证过程中，采用新技术、新材料、新工艺，用技术创新引领工程管理创新，既节约了投资，又缩短了工期，保证了质量。电站注重设计和施工方案的优化与选择，讲求安全、实用、长效。在新技术、新材料的应用上，将经济性放在首位，不单纯为"创新"而"造新"，在确保安全的前提下勇于创新，把节约投资、追求长远效益的理念融入设计工作，董箐大小设计优化有 20 余项，共节约投资 4.5 亿元。大坝采用高比例（67%）砂泥岩料作为主堆石料，开创了国内高面板堆石坝工程之先河，利用溢洪道开挖砂泥岩料直接上坝相对于采用灰岩料就节约工程投资约 1 亿 8 千万元，为我国面板堆石坝筑坝技术积累了经验。在大坝填筑过程中，通过反复试验，把含泥量低于 10% 以内超标料 100 多万立方米作为主堆石料上坝填筑，各项指标完全达到设计要求，变废为宝，节约投资 3000 余万元，并缩短工期 3 个月。在机电安装施工过程中，成功利用主变压器感应电压对其高压侧 500kV GIS 管母线进行一次耐压试验成功，解决了 500kV GIS 管母线耐压的难题，获得了有关专家的高度评价，该成果获得了第二届全国电力职工技术成果三等奖，具有较好的推广价值。通过精心组织，科学安排，4 号机组从发电机转子吊装到机组首次启动仅用了 14 天时间，创造了同类型机组安装的新纪录！

"实"是实干和落实。在董箐人身上，"实"是一种共同的品格，也是执行力，更是克服一切困难最有利的保证。最难的是在建设期间正值汛期，摆在面前的任务却是"急、难、险、重"。急的是下游围堰渗漏，厂房基坑完全被淹没，基坑开挖施工无法进行；难的是移民工作进展缓慢，曾全面停工待料 108 天，严重制约工程进度；险的是高达 180m 的溢洪道高边坡和厂房后侧的高边坡不断崩塌和滑动；重的是大部分工程工期滞后，缺乏有经验的管理人员，工程建设施工工期紧，工程安全和度汛形势严峻。董箐人坚韧不屈，是一种"实"，开拓务实是一种"实"，追求卓越是一种"实"，诚信敬业也是一种"实"，它是董箐精神的内核。危难之时，凭着坚韧不拔的精神，把影响工程建设进度和施工的问题逐一解决和消化，大坝填筑、溢洪道开挖、厂房施工、引水系统等增加了施工资源，工程建设步入正常轨道。

安全是亘古不变的话题，在安全管理中，董箐将"超前预控"纳入工程安全管控重点，形成了意识到位、超前管控、机制长效，责任落实、手段多样的安全管理机制。由事后的被动经验管理向事前主动预防管理转变，实现了工程建设零事故的优异成绩。《董箐安全管控及安全文化建设》荣获全国电力行业文化与企业文化优秀案例三等奖。

董箐水电站从 2009 年 12 月 1 日发电至 2018 年 6 月 30 日，机组连续长周期安全运行 3134 天，累计完成发电量 225.5 亿 kWh，售电 223.66 亿 kWh，利润总额达到 16.66 亿元，累计上交税费 10.55 亿元。实现了工程建设"即投产、即稳定、即赢利"的目标，取得了良好的经济效益和社会效益。北盘江水川流不息，董箐人"开拓务实、追求卓越"精神灿若晨星！

如今的董箐水电站山清水秀，就像一颗翠绿的琥珀，装点在群山之中！

从水磨坊到水轮机

——我与改革开放共奋进

国投云南大朝山水电有限公司　张良

> 我们总喜欢用一些带有悲情色彩的词语来描绘自己的故乡情，比如"留不住的他乡，回不去的故乡"。

我是一个 80 后，我的故乡位于祖国西南边陲的一个极为偏远的小山村，记忆中的儿时，经常要做的一件事件就是和母亲一起去水磨坊磨面。说起水磨坊，对生活在 20 世纪 70 年代之前的人们更加记忆犹新，因为我的故乡偏远落后，所以作为 80 后的我依旧经历过到水磨坊磨面的事情。

水磨坊的作用是磨面，它的工作原理就是将水的势能转化为动能，利用河渠引水冲击木轮，带动磨盘，水流不断，磨转不停，水磨的劳动成果就是面，就是把一粒粒的粮食变成了面粉。水磨在劳作过程中会产生不小分贝的噪声，可那时候的我全然顾不上水磨坊发出的"嘶吼声"，注意力只集中在对水磨坊的好奇上面，相比较传统的人工石磨，水磨坊不但工作效率高，磨出的面也比较细腻，感觉用水磨坊磨出的玉米面做成的饭都要香一些。

再后来，家乡有了电钢磨，岁月沧桑巨变，水磨坊渐渐淡出了乡亲们的视野，但是在那个艰苦的年代，水磨坊的存在充分展示了劳动人民以水为动力进行磨面的聪明智慧。

水磨坊在我年幼的心里也埋下了一颗希望的种子，随着求学的经历和年龄的增长，我逐渐了解和接触到外面世界的变化和发展，我开始明白，水磨坊虽然带给童年时代的我无穷的快乐和遐想，但是水磨坊也见证了那段落后、无奈、贫穷、彷徨的时代。

也许是源于根植于内心的那颗希望的种子，大学毕业后我选择了一家水电公司工作，这不仅开启了我人生的新征程，也满足了我对水电事业的幻想和好奇。

我工作的水电站名叫国投大朝山水电站，是我国第一座跨行业吸引大型企业投资建设，实行建、管、营合一的电站，是国家西电东送的标志性工程。她坐落于云南省云县与景东县交界的澜沧江中游，是国家的重点工程，同时也是我国实施西部大开发和"西电东送"的骨干工程，是跨入 21 世纪全国第一个建成发电的百万级大型水电项目。大朝山电站自 1992 年 7 月开始工程前期准备，1993 年 12 月 28 日导流洞开工，1994 年列入国家预备开工项目。此时，改革的风潮席卷全国各行业，投融资体制改革刻不容缓，水电建设由国家包揽投资的历史已一去不复返，大朝山水电站要建成百万千瓦级的电站要耗资近百亿元的资金，谈何容易？

图 1　大朝山水电站大坝

"改革"和"思变"是解决大朝山资金困难的突破口，此时，改革开放的东风已经吹遍祖国的大江南北，大朝山水电站得以开工建设也正是改革开放的产物。但是动辄耗资百亿元的大朝山电站项目正处于国家计划经济到市场经济的转变的过渡期，大朝山电站项目只有乘改革之风，借"西部大开发"之势才能在改革的大潮中奋进。

于是，我国第一个按照现代企业制度组建的规范的百万千瓦级大型水电有限责任工作应运而生，除了这个"第一"荣誉，大朝山水电站还是第一个跨行业吸引大型企业集团投资建设的大型水电站，是最早实行厂网分开、建管合一、独立经营、自负盈亏的百万千瓦级水电独立发电厂之一。这几个第一，成为云南当时水电站建设的标杆，屡开中国水电建设史的先河，形成了推动全国水电建设管理体制和投融资改革最令人瞩目的"云南经验"。

图2　大朝山水电站开工暨大江截流庆典

大朝山水电站所取得的辉煌成就与改革密不可分，如果没有改革开放政策以及国家后来的一系列改革措施，或许就没有今天的大朝山水电站，换言之，大朝山水电站就是改革开放取得的成就之一。首先是体制上的改革。大朝山水电站的营运主体大朝山水电有限公司是国家《公司法》出台后，严格按照《公司法》组建的股份制公司，其法人治理结构就是各司其职、协调运转的领导体制和组织制度，由股东会、董事会、经营层组成一个相互协调、相互制约、稳定的管理体制，使公司自主经营、自负盈亏的法人治理结构得以实现。

其次是管理上的改革。大朝山水电站作为大型基础建设实施项目，是国家支持的基础性产业，因此合同管理就成为大朝山水电站项目的管理核心，在工程建设上，通过合同管控方式优化勘察设计方案，在保证施工质量的基础上最大限度地降低成本，提高效率；在物资采购上，用好招投标手段，引入竞争和合同谈判机制，合理地降低了工程造价和成本，保证实现建设一流的工程和精品工程的目标得以实现。

再次是科学的改革取得了明显的成效。2001年12月11日，大朝山水电站首台机组投产发电，2003 年 10 月 16 日，大朝山水电站 6 台机组全部建成投产发电，实现工期提前一年投产，创造这一奇迹的"大朝山制度"被称为中国水电建设史上继"鲁布革冲击波"和"漫湾模式"后的第三个重要里程碑。

图3　大朝山水电站厂房

从水磨坊到水轮机的沧桑巨变，只是中国水电事业发展的一个极小的小孔，通过这个小孔，我们能深切体会到时代的变迁、科技的进步、社会的发展。从 1978 年到 2018 年，国家实行改革开放政策走过了风雨兼程的 40 年，40 年的努力，40 年的成就，这 40 年来，每一个中国人都深切体会并享受着改革开放的果实。

根据最新统计，中国水能资源可开发装机容量约 6.6 亿 kW，根据《水电发展"十三五"规划》（2016～2020 年），2020 年，中国水电总装机容量达到 3.8 亿 kW，年发电量 1.25 万亿 kWh。预计 2025 年，中国水电装机容量达到 4.7 亿 kW，年发电量 1.4 万亿 kWh。进入近现代社会，随着水利水电工程技术的进步，特别是改革开放 40 年来，我国造就了一批举世瞩目的水电工程，成为世界公认的水电强国。

改革没有完成时，也没有回头路！电力行业的改革依旧在继续前行，自 2002 年电力改革实施以来，电力行业破除了独家办电的体制束缚，形成了电力市场主体多元化竞争格局，改革毫无悬念地推动了电力的高速发展，极大促进和提高了电力企业管理科学化水平；2015 年 3 月，新一轮电力改革启动，旨在能够努力化解电力发展的结构性矛盾，进一步完善电力的法规建设，助力国家电力事业健康持续发展。

从水磨坊到大朝山水电站，改革的故事没有讲完，改革的路也没有走完。近年来，大朝山水电站在国投大朝山公司的科学管理下，坚持党的领导，始终沿着正确的改革发展方向前进，紧紧围绕国投集团公司改革发展来谋划部署党建工作，把党的政治优势、组织优势和群众工作优势转化为公司的竞争优势、创新优势和科学发展优势，坚持围绕中心、服务大局，把提高公司效益、增强企业竞争力作为党建工作的出发点和落脚点。

站在新的历史起点上，国投大朝山公司将全面提升管理水平和市场化经营能力，力争在服务国家战略中承担更大责任、发挥更大作用、做出更大贡献，继续绽放"大朝明珠"的光彩。

低水头"丰满"的前世今生

国家电投五凌电力有限公司马迹塘水电厂　　吴一帆　　詹强

湖南四水之一的资江从南岭山麓发源,在广袤的亚热带季风湿润气候地区一路穿行,汇聚沿途支流,声势不断壮大,婉转曲折地穿越雪峰山脉间的陡峭山谷,经邵阳、过安化,来到地处资水中游、桃江县境内的马迹塘。这里河道开阔,河谷由前泥盆系变质岩和泥盆系砂岩等坚硬岩体构成,水量充足,挟着猛虎下山的余威奔腾不息,是开发水电、造福于人的优良选址。1976 年,改革开放春雷炸响的前夜,马迹塘电厂工程在这里破土动工,由此迈开了它融入改革开放历史进程,为中国水电建设发展不断探索,在探索中改革创新、砥砺前行的坚实脚步。

42 年过去,我们满怀对改革开放、创新发展的坚定信念,以沉静的历史视角,去探寻它的历史足迹,把它的前世今生展现于人前。

一、建设:在困境中沐浴改革开放的春风,绽放神州水电第一枝奇葩

马迹塘电厂的建设,最初是由桃江县政府组织上马。在当时条件下,工程施工主要靠人力,地方政府前后共组织动员 1 万余民工自带工具、铺盖和干粮,参与工程建设,高峰期在工地的施工民工达 4000 余人。受"快、省"思想的影响,项目建设边规划、边设计、边施工,规划设计在资金投入、设备匹配选型上有重大偏离。至开工 5 年后的 1981 年,工程建设陷入严重的困境。据原工程指挥长夏新谱同志介绍,一方面是资金严重短缺,最艰难的时候指挥部财务账上仅余 3 分钱,心里急得像热锅上的蚂蚁,四处奔走求援,但杯水车薪无法从根本上解决问题;另一方面是由于规划设计比较粗糙,"草鞋没样,边打边像",原来规划的机组设备与项目实际条件不太匹配,如不作修正,将造成项目资

源的重大浪费。眼看工程难以为继，就要面临烂尾。

情况逐级上报后，得到了湖南省和国家有关部门的高度重视。当此之时，改革开放已然春风殆荡，吹到了马迹塘这一片青山绿水间，吹进了建设者的心田，也吹来了工程建设的重大转机。1981 年，经国家有关部门批准，马迹塘工程由地方建设改由中央直管，具体由湖南省电力工业局负责管理，列入湖南省重点建设项目。国家主管部门接手后，针对项目的优良条件和国内外同类型机组技术的巨大差距，围绕如何把项目建设好进行了深入的分析研究和讨论，最终决定：从国外引进机组设备，利用该项目开展引进国外先进技术和探索利用外资的试点工作。

这一决定，在当时无疑是非常大胆和富有开拓性的，不仅直接解决了马迹塘工程建设的难题，而且迈出了我国水电建设改革开放实质性探索的步伐。据了解当年内情的电力专家和领导说，马迹塘工程建设对我国电力发展的历史性贡献首先体现在两个方面：一是在电力投融资方面发挥了先导作用，探索了利用外资的经验和模式；二是在引进国外先进技术方面发挥了龙头示范作用，开创了电力技术进步的先河。当年亲身参与了研究讨论，并出国考察、与国外厂家面对面谈判的第一任厂长吴永和说，虽然马迹塘工程没有直接利用外资，但是通过这番接触和探索，比较全面地了解了国际市场的行情，积累了与国外厂家打交道的许多经验，为后来大量引进国外机组技术和大规模利用外资、加快推进水电建设发展打开了思路空间，提供了有益的参考。

1983 年，马迹塘电厂顺利建成投产。3 台水轮发电机组和主要辅助设备从奥地利伊林公司和伏伊特公司引进，单机容量 18.5MW，总容量 55.5MW，设计年发电量 2.76 亿 kWh。在当时，这是我国第一、亚洲最大。此后，低水头贯流式电厂如雨后春笋般涌现，以其特有的魅力成为我国电力的亮丽风景和区域性水电的半壁江山。

二、运营：发扬"低水头、高水平"的企业精神，赢得低水头"丰满"的美誉

投产发电以后，马迹塘电厂以"低水头、高水平"作为企业精神，紧盯"创湖南电力企业特色，争全国同类电厂一流"目标，全面消化进口机组技术，积累运行维护检修经验，为我国电力发展特别是低水头贯流式机组技术在我国的推广应用做出了重要的历史性贡献。

发挥人才基地作用，为电力系统培养造就输送了一大批技术、管理人才。据统计，截至 2018 年，以厂级负责人身份从马迹塘电厂直接调到电力系统其他单位的有 16 人；以管理、技术骨干身份调出，现已成长为厂级及以上负责人的有 21 人。这意味着电厂投产以来，平均每年为电力系统输出了一名厂级负责人。20 世纪 90 年代以来，随着同类型机组电厂的大量涌现，应主管部门和兄弟单位的要求，他们面向全国切实承担起低水头贯流式技术培训的任务，成立对外培训中心，组织技术、管理专家和骨干充实师资队伍，先后为国内 10 多家电厂培训了技术、管理人才近 1000 人。还发起召开灯泡贯流式机组技术年会，创办《灯泡贯流式机组技术》刊物，广泛深入开展技术和管理经验的交流研讨，在行业内广受欢迎和好评。

开展技术创新探索，推进设备技术进步和国产化。随着运行时间的推移，电厂机组设备的问题和缺陷相继暴露。从 20 世纪 90 年代开始，他们实施了一系列设备检修改造工作，在实践中消化国外机组技术，改进原设计上的不足，并与国内厂家开展产研合作，推动设备技术国产化。1996～1999 年，检修发现 3 台水轮机轮叶传动机构均存在连臂销轴定位螺钉松动、脱落、剪断，轮叶接力器缸滑块和泄水锥导轨磨损较严重的重大缺陷，且呈现劣化趋势，如不尽快处理，将造成水轮机转轮损坏的重大事故，严重危及安全生产。通过深入分析和验证，原因在于国外厂家当时的技术也存在不成熟之处，设计不合理，采用的材质也存在硬度不够高且韧性较低的问题。其新设计生产的水轮机克服了这些缺陷，无同类问题发生，但马迹塘机组受整体结构的限制，不能按其新标准进行改造，必须另辟蹊径。2001 年，经征得国外厂家同意，在上级部门的支持和施工单位的配合下，我国首次对进口低水头贯流式机组进行改造性大修的工作在这里顺利完成。他们共实施改造项目 15 个，不仅保持了设备原有整体技术优势，而且弥补了原设计上的不足，开创了检修管理的新方法、新技术、新工艺、新标准，为同类机组检修改造提供了成功经验，比如：对重达 65t 的转轮进行翻身时，为确保转轮内部机构及轮叶不被损坏，未采用常规的"落地翻"，创造了"空中翻"的新方法；采用自锁型双连臂传动机构和耐磨复合加长型导轨的新技术，实现了对原设计的突破性优化；探索出止推铜套测量与更换的新工艺，解决了对大型止推铜套无法检查和更换的难题；选用耐空蚀性能最佳和弹性变形最小的不锈钢代替原普通碳素结构钢作为压环新材料，辅以整环点连工艺，解决了不能在压环上进行焊接以消除空蚀影响的技术难题；明确了转轮室间隙调整的允许范围，建立了新的标准。上级专家组的验收结论是："缺陷处理设计新颖，材质选择标准高，拆装调整方法正确，加工处理工艺先进，大修质量优良"。目前，马迹塘电厂除水轮发电机本体等极少数未进行改造的设备外，其他绝大多数设备都完成了改造升级，国产化率超80%。

利用技术和管理经验优势，带动一大批同类型电厂生产运营的发展。 他们先后为湖南凌津滩、贺龙、渔潭、大源渡、木龙滩、修山，湖北王甫洲，四川马回，黑龙江佳木斯，青海直岗拉卡等10多家电厂承担了运维代管、机组设备检修、发电生产运营筹备任务，以技术过硬、安全质量可靠赢得兄弟单位的一致称赞，也获得了国外设备厂家的高度肯定。1991年，同样采用奥利机组的大源渡电厂遇到设备上的难题，特向马迹塘电厂求援。电厂老专家潘清甫到达现场，通过了解情况并与设备厂家现场人员深入交流后，问题顺利解决，洋专家连连竖起大拇指，并主动提出与潘工合影留念。后来照片被带回奥地利，印在了伊林公司1993年的工作日历上。1995年，马回电厂1台机组发生重大故障，国外厂家派员到现场也没有解决好，只好停运。1996年该厂负责人首次参加技术年会，在会上一发言就向马迹塘电厂发出求援邀请。当年9月，马迹塘电厂检修队远赴巴山蜀水，用40多天的时间让这台已停运一年的机组起死回生，重新投入正常运行。检修队离开时，该厂特意制作了一面锦旗相赠，上书"妙手回春"4个金灿灿的大字。

到21世纪初，马迹塘电厂凭借其为我国电力发展做出的历史性贡献，树立了在行业同类型电厂中的"老大哥"地位，被誉为我国低水头贯流式领域的"丰满"，先后荣获全国文明单位、全国设备管理优秀企业、全国模范职工之家等荣誉。

三、发展：在改革创新中再获新生，"一厂变三厂"

从20世纪90年代至21世纪初，随着电力技术的发展和电力建设与生产营运管理改革创新的风生水起，我国电力一路高歌、突飞猛进，大机组、大容量、定员少、效益高的电厂一个接一个涌现。这一发展的历史洪流，把脱胎于计划经济体制的马迹塘这个老厂推到了行业竞争的边缘。

一方面，机组容量小、发电量少而人员多、包袱重的问题非常突出。至2001年底，电厂有在职员工近400人，而同时期同等规模的先进电厂只有50人左右。曾有电厂老领导为职工算过一次明白账：如政策规定人均可发奖金 1 万元，人家只需 50 万就够了，而我们要 400 万；奖金从哪里来呢？只能从企业创造的效益中来；同样的装机容量，我们能比人家多挣 7 倍的效益吗？包袱与困难不言自喻。另一方面，经过近 20 年的运行，设备老化引起的问题缺陷逐渐暴露，加上自动化技术在电力系统的广泛应用，对老旧设备进行修理和更新改造、技术升级的任务要求日益迫切。这都需要大量的资金投入，无疑将加重电厂的负担。同时"小社会"的历史包袱也重，子校、医院、幼儿园、澡堂、商店、职工俱乐部等服务机构一应俱全，机构撤销容易，相关职能社会化也不难，但几十名富余职工的转岗安置对本就机构臃肿、人浮于事的老厂来说，无异于雪上加霜。

在此情势下，这个曾经无比辉煌的老厂，一度陷入了人心涣散、效率效益低下的生存发展困境。从 20 世纪 90 年代中期一直到 2002 年，即使在没有大规模检修技改投入的情况下，也是名副其实的"零利润"企业。

穷则思变。在改革开放中获得新生的马迹塘电厂再度把思路聚焦于改革，把目光投向了市场。从 1994 年起，他们引入市场机制，变革多种经营集体经济体制，大力发展多种经营集体经济，在利用自身技术、管理经验优势，广泛开展对外培训、机组设备检修、运维代管等技术管理服务业务的同时，通过股份制方式成功开拓了电力安全用具、新型墙材生产销售两项新的拳头业务，使多经集体经济成为电厂生产经营的半壁江山，不仅解决了富余人员转岗安置的大难题，而且实现了由安置型、服务型向经营型、效益型的转变。2003 年，电厂从"零利润"一举实现赢利 83 万元，此后持续攀升，2004 年 532 万元，2005 年 960 万元，2006 年 2093 万元。

缓解了眼前之痛的马迹塘电厂并未就此止步，他们强烈地意识到：要从根本上解决电厂和职工生存发展的出路问题，必须开发新的电源项目，让大批人员成建制地分流，这才是长远之策和根本出路。为此，他们把目光投向了资水，并根据电力改革的形势，从 2001 年起就悄然开始提前谋划，包括项目选址探察、可行性调研、与地方政府进行意向性的沟通争取等工作，静待东风吹起。2002 年，东风徐来，在厂网分离改革中，马迹塘电厂归入中电投集团旗下，成为其内部核算电厂；2003 年，中电投集团董事长王炳华到此考察调研，老厂容量小、人员多、包袱重的困难引起了他的高度关注，在听取关于开展电源开发建设的意见后，当场表态给予支持。马迹塘电厂迎来了二次创业的重大机遇。2004 年，以马迹塘电厂的资产和人员为依托，成立湖南资江电力开发有限责任公司；同年，东坪电厂开工建设；次年，株溪口电厂破土动工。2007 年，东坪首台机组投产发电，资江公司完成整体并入五凌的体制改革，分别成立马迹塘、东坪、株溪口电厂，一厂变三厂，另单独成立一个检修项目部，归属五凌工程公司。至此，278 名在岗员工按"一分为四"妥善分流到位。

改革后的马迹塘电厂按五凌"大公司、小电厂"管理模式运转，"精干、高效"成为突出特色。机构由 9 个变成 2 个，中层干部由 25 名减至 4 名，在岗员工由 278 人精简至 87 人。企业卸下了沉重的包袱，效益大幅提升，员工的待遇也得到了相应的提高，工作热情和积极性倍增。近几年来，他们集中精力开展了大规模的设备环境综合治理改造，电厂设备健康水平、自动化水平和环境场地的安全文明水平显著提升，满足了五凌水电远程集控、发电运行"无人值班、少人值守"的管理要求。2013 年电厂投产发电 30 周年座谈时，五凌主要领导和电厂历届老领导都充分肯定：队伍精神面貌和设备场地焕然一新，与五凌新厂处于同一起跑线。截至目前，马迹塘电厂有在岗员工 51 人，已连续 18 年实现安全生产零事故。

沧海横流，唯变不变。马迹塘电厂建设运营发展的历史充分证明：发展是硬道理，只有通过发展才能解决困难，大发展小困难、小发展大困难、不发展最困难；改革是发展的动力，只有通过改革才能找到发展的出路。

开路先锋与无名英雄

水利部小浪底水利枢纽管理中心　张庆来

黄河小浪底水利枢纽工程（以下简称小浪底工程），是国家"八五"重点建设项目，是新中国成立以来黄河治理开发里程碑式的特大型综合利用水利枢纽工程，是我国具有较高社会知名度和影响力的大型土木工程。工程主要建筑物由拦河大坝、泄洪排沙系统、引水发电系统组成；大坝高程281m，坝顶长1667m，坝高160m，水库正常运用水位275m，总库容126.5亿m^3，电站装机容量1800MW，概算总投资352.34亿元人民币。小浪底主体工程于1994年9月12日开工，2001年12月底基本完工并投入运行，与工程配套建设的附属工程、生产生活设施、水土保持设施和环境保护设施等均已完成并投入使用。2009年4月通过了由国家发展改革委和水利部组织的竣工验收。

小浪底工程的建成，是改革开放的丰硕成果。自2001年小浪底工程建成投入运行后，取得了巨大的社会效益、生态效益和经济效益。黄河下游连续10年安全度汛，基本解除了下游凌汛威胁，将黄河下游防洪标准由不足60年一遇提高到1000年一遇。10年来，工程充分发挥了水库的拦蓄调节作用，化洪水为资源，累计向下游供水2079亿m^3，实现了黄河连续10年不断流，改善了小浪底库区和下游河口地区的生态环境。10次调水调沙，6.5亿多吨泥沙被冲入大海，使下游主河槽最小平摊流量从不足1800m^3/s增大到目前的4000m^3/s。截至2009年底，累计发电424亿kWh，为地方经济发展做出了贡献。

回忆当年小浪底工程建设轰轰烈烈的场面，看一看现在小浪底工程的巨大社会效益，想一想当年我们小浪底人为小浪底建设的付出，我们感到值得！在这激动的时刻，不禁让我回忆起在小浪底建设期间，我们小浪底资源环境处的全体同志们，当时负责建设施工用地的划拨，为了保证工程顺利施工，用尽了我们对事业的执着，用尽了我们对移民的诚意，用尽了我们处理事情的智慧，克服了征地移民工作中的重重困难，保证了小浪底工程能够顺利施工，我们感到骄傲和自豪。

1991 年小浪底工程前期工程开工，1994 年主体工程开工，由于当时征地移民赔偿标准低，施工区是边移民边施工，赔偿资金不能够及时到位，加上当地移民从未碰到如此大规模的移民搬迁，故土难离，这些都给当时的征地移民搬迁和施工用地划拨工作，造成了重重困难。有时我们请黄委会移民办、省移民局、市移民局、县移民局、乡移民局的领导共同划拨了一块施工用地，丈量了土地、清点了附属物，定好了第二天开挖施工。可是，第二天施工单位开着施工机械到现场施工，却遭到不搬迁阻碍施工的情况。我们只好重新去请黄委会移民办、省移民局、市移民局、县移民局、乡移民局的领导到现场再次共同协调，如果协调好了可以施工，如果协调不好就无法施工，就将影响工程施工进度。有时已经开展的正常施工，不一定因为什么原因，也会遭到阻碍施工的情况。但是，我们有黄委会和河南省各级政府的支持和密切配合，加之我们的真诚和智慧，我们每一次都能够成功。我们每一次的协调成功都包含着黄委会、河南省、洛阳市、济源市、孟津县及下属乡镇各级领导的支持，是地方政府各级领导反复向移民群众宣传小浪底工程是国家重点工程，要求移民群众要支持国家建设，要积极配合小浪底征地移民工作，并且有时安排电视台到小浪底工程现场采访工程建设和征地移民情况，要求移民群众支持国家工程建设，支持小浪底征地移民工作。

我们心里非常清楚，只有黄委会和河南省各级政府支持，并且密切配合我们小浪底的征地移民工作，我们才能够到现场协调时，如鱼得水，马到成功。下面就回忆几段我亲身经历的小浪底工程建设期间征地移民协调成功的小故事。

第一个小故事："人命关天，调虎离山"

那是 1996 年的 7 月，河南的天气正处于盛夏最炎热的季节，小浪底大坝填筑施工也正处于轰轰烈烈高峰时期，我当时负责小浪底施工区征地移民工作，突然接到监理工程师报告，说当地农民不让施工放炮，一标意大利英波吉洛公司大坝采石被迫停工。

我接到监理工程师的通知后，立即打电话通知河南省移民局住小浪底工地办的段绪超、王国栋二位领导，我们同监理工程师许全福、宫航生一起赶到（黄河南岸洛阳市孟津县境内）石门沟采石场，看到身穿工作服、头戴安全帽的施工人员拿着导爆索、雷管小心地躲在一边，地面岩石上一排排钻好的炮孔，有的已经装好了炮药，一根根白色透明的导爆管从炮孔里延伸出来，有十几个农民模样的人看见我们到来，还没等我们开口，就大声喊道："赔我们的房子！赔我们的庄稼！"我问："怎么回事，为什么不让放炮施工？"他们一拥而上，七嘴八舌地回答说："小浪底采石放炮，震坏列了我们的房屋！""震碎了门窗玻璃！""飞石砸坏了我们的房屋！""飞石砸坏了我们的庄稼，还差一点砸死我们的人，不能再放炮了！"我一看这阵式，农民们现在正在火头上，必须先来个"缓兵之计"，我和气友善地对他们说："有事慢慢说，别着急，我们就是专门来给大家解决问题的。"紧接着又用了一计"声东击西"，非常同情地问他们："受损失的地在哪一片，房屋在哪一片？"他们争先恐后地给我们指点，紧张的气氛已经明显缓和下来，我心里暗想这第一步"声东击西"转移注意力的"缓兵之计"已经奏效。

我一边按照他们指点的方向认真地看，一边在心里仔细地想，小浪底石门沟采石放炮影响安全问题设计上是肯定考虑过的，放炮设计是采用预裂爆破和松动爆破，不应当有大的震动和飞石等安全影响。同时，我心里想，如果阻挡施工放炮不能尽快解决，一方面会影响小浪底工程施工进度，还会引起外国承包商索赔；另一方面，如果放炮震动和飞石真的威胁当地农民的房屋、庄稼甚至威胁人身安全，更是人命关天的大事。处理这件事情，必须既要保证农民的安全和利益，又要尽量避免发生外国承包商索赔。并且，当务之急是，采石放炮施工现场人多手杂，万一哪个人不小心碰撞引爆了雷管，就会发生群死群伤的严重后果。必须首先迅速把非施工人员带出爆破施工现场，一方面保证大家的安全，另一方面也能够达到暂时恢复施工。然后再考虑其他进一步协调问题。

"人命关天，调虎离山"，先把阻挡爆破的人员调离爆破施工现场再说。于是我说："这里是施工现场，天上是火热的太阳，地上是呲牙裂嘴的岩石，我们找个凉爽悠闲自在地方，保证把事情办明白，如果经过调查核实，确实因小浪底采石放炮，震坏了我们的房屋，震碎了门窗玻璃，飞石砸坏了我们的房屋，砸坏了我们的庄稼，我保证让老外赔偿。"与我们同去的移民局领导和监理工程师也附和我说："他是专门搞征地移民协调的业主代表，保证给大家解决问题。"于是我把大家带出了爆破施工区。到了公路边，我说："请大家和我一齐到你们官庄村委会（采石爆破影响区所在村），或者到我们建管局，如果大家忙，你们可以推选代表坐我们的车去官庄村委会或者到我们建管局，尽快研究一个解决方案。"

其实，我心里这时已经有了解决问题的方案，那就是实际调查，以事实和科学说明和解决问题。因为农民最讲究实际，也最相信科学，并且要求办事效率最好是立竿见影。因此，和他们办事来不得半点虚假，并且，办事效率要像打排球扣杀球一样：短、平、快。

所以，我心里想的解决问题的方案和步骤就是，今天就把地方政府领导、外国承包商、监理工程师召集在一起，现场观察和观测放炮影响，现场调查统计放炮震坏和飞石砸坏的损失情况，研究出解决问题的办法。于是我把地方政府领导、外国承包商、监理工程师等召集在一起，共同研究解决问题有效措施和步骤如下：

（1）对农民由于小浪底采石放炮震坏和飞石砸坏的损失情况现场进行了调查统计，并且认真做了记录。稳定农民情绪。

（2）在放炮时，利用震动仪（隧洞爆破开挖监测使用的）在农民房屋附近对采石放炮震动进行监测，利用科学数据说明震动影响程度。

（3）与地方政府领导、外国承包商、监理工程师和当地农民，共同到受放炮震动和飞石影响的农民房屋处，现场体验和观察放炮震动和飞石情况，依据事实解决问题。

（4）对施工放炮设计加强审查，严格按照预裂爆破和松动爆破设计控制装药量，根据现场地形、地貌、地质情况，对施工放炮设计采取一炮一审查，从源头控制解决问题。

当天我们就冒着炎热酷暑与地方政府领导、外国承包商、监理工程师等，共同翻山越岭徒步走到受放炮震动和飞石影响的农民房屋附近，不惧危险，现场体验和观察放炮震动和飞石情况，由于措施得当，经过认真深入实际体验和观察，然后依据事实，一方面通过现场观察到的飞石事实情况教育了外国承包商，确实需要认真对待爆破设计控制装药量问题。另一方面，由于我们为保护农民安全，不怕炎热、不惧危险，不顾玉米叶割伤脸和胳膊火辣辣的痛，翻山越岭，穿行玉米地，徒步走到受爆破震动和飞石影响的农民住宅区，现场体验和观察放炮震动和飞石情况，认真解决问题的行动和精神，感动了农民兄弟，他们真诚地说："既然解决了放炮震动和飞石的安全威胁，也就不要什么赔偿了，支援国家建设嘛！"农民兄弟们的回答令我从心里感谢他们。

经过我们的认真努力工作，彻底解决了小浪底工程大坝填筑石门沟料场采石爆破震动和飞石影响问题，既解决了爆破震动和飞石威胁当地农民的房屋、庄稼甚至威胁人身安全人命关天的大事，同时也解决了防止阻挡施工放炮影响小浪底工程施工进度，避免了外国承包商索赔问题，小浪底大坝填筑工程能够提前 13 个月完成，与能够及时成功协调大坝填筑采石场爆破震动和飞石影响有着直接的关系。

我们每一次的协调成功都包含着黄委会各级领导、河南省、洛阳市、济源市、孟津县及下属乡镇各级领导的支持，是地方政府各级领导反复向移民群众宣传小浪底工程是国家重点工程，要求移民群众要支持国家建设，要积极配合小浪底征地移民工作，并且多次安排电视台到小浪底工程现场采访，且在电视台播放关于小浪底工程建设和征地移民情况，要求移民群众支持国家工程建设，支持小浪底征地移民工作。

我们心里非常清楚，只有黄委会各级领导和河南省各级政府支持并且密切配合我们小浪底的征地移民工作，我们才能够到现场协调时，如鱼得水，马到成功。

第二个小故事："我们也要为小浪底工程建设做贡献"

1995 年，当时我在资源环境处负责小浪底施工区征地移民工作。那是 1995 年 5 月的一天，我突然接到监理工程师电话，说一标外商营区有一群人不让卸车，我立即叫上肖金凤、柯明星急忙赶到桥沟西区一标外商营区（黄河北岸济源市坡头乡境内），远远就看见有几辆满载货物的大卡车和一辆汽车吊停在一标外商营区，有一群农民模样的人，有的坐在地上，有的站在车旁，我们再走近看，现场停有几台大型运输车辆，有的车上装着集装箱，有的车上装着变压器，有的车上装着成捆的钢筋。

"我们也要为小浪底工程建设做贡献！""我们要卸车！"看见我们到来，还没等我们开口，那些阻拦吊车卸车的人们就大声喊道。我问他们："你们没有吊车，那些大集装箱、变压器怎么卸车。"他们回答说："我们可以卸钢筋！"我们说："即使钢筋你们可以拆开捆绑卸车，那人家的吊车不用，为什么偏要用你们人工卸车。"他们说："反正我们要卸车！""我们也要为小浪底工程建设做贡献！"

小浪底工程是国际招投标，外国承包商进场施工，严格按照合同管理的工程，如果因为当地村民影响了工程进度，将给外国承包商造成索赔机会。我们心里非常清楚，我们是中国人，办一切事情要为中国人考虑，我们是国家干部，办一切事情要为国家利益考虑，要全心全意为人民服务，要遵照国家政策法律办事，因此，在协调工作中，我们的原则是：既要保证国家重点工程能够顺利施工，又要保护人们群众的根本利益，还要避免外商索赔。

当时情况是，小浪底工程桥沟西区的一标意大利英波吉洛公司外商营区正在盖房子，这些卡车运来的都是建设营区的建筑材料和设备。只有盖好房子才能够大批进人开展施工。现在仅仅是开始，如果我们在这个问题上协调不好，桥沟西区二标德国旭普林公司外商营区和三标法国杜美兹公司外商营区盖房子、运材料、运设备的协调问题就可能引起连锁反应。于是我和肖金凤、柯明星现场就地开了个小会，当即研究制订了一个协调方案。

由肖金凤负责首先把阻拦卸车的人们召集在一起，着重宣传了国际招投标工程如果因为当地村民影响了工程进度，将给外国承包商造成索赔机会的严重性，同时向他们讲明，外国承包商来中国施工，劳动力来源主要靠当地，他们现在盖房子就必须有劳动力，我们可以和外国承包商协商，让大家帮助他们盖房子，希望大家不要做那些阻拦卸车等不讲政策、不遵守法律的事。先稳定了阻拦卸车的人们。

然后由柯明星找到外国承包商的现场负责人，与他们协商并且告诉他们，这里占用的土地就是这些人们的土地，他们没有了土地但是他们有技术、有能力，他们会盖房子，你们可以很方便地招聘他们盖房子或者承包给他们盖房子，这样一方面可以解决你们盖房子用工等大问题，另一方面也可以帮助失去土地的人们能够有一些经济收入，保证生活问题，当然也解决了阻拦卸车问题，这是双赢，何乐而不为呢。

经过肖金凤和柯明星分别协调后，我们把双方代表叫到一起，经过共同讨论协商，双方一拍即合。就这样，我们不但解决了阻拦卸车问题，同时解决了外国承包商盖房子的用工问题，还帮助被征土地人们解决了增加经济收入的问题。当我们告诉移民群众协调成功时，他们高兴地说："这下，我们也要为小浪底工程建设做贡献了！"

第三个小故事："大忽悠"又来了！

"'大忽悠'又来了！今天谁来也不行！谁也骗不了我们！""我们的征地移民赔偿款为什么还不给！""什么时候给征地移民款，什么时候再倒渣！"一股紧张的气氛，令人生畏。

事情是这样的，那是 1995 年 7 月的一天，我带领肖金凤、柯明星一起乘北京吉普车到黄河北岸留庄转运站办理征地协调有关事情，办完事已经快到 11 时，我们登上吉普车准备赶回小浪底工地吃午饭。这一天，天气特别炎热，火辣辣的太阳把吉普车体晒得滚烫，由于吉普车内没有空调，一进吉普车就仿佛进了蒸笼里，我们三人立即满身冒汗，我们只好打开车窗靠车速制造风凉，其实风也是热风，但是总比闷着热好受。河南的 7 月中旬是一年中最热的季节，高温可达到 40℃，在小浪底工程建设前期，现场使用的吉普车是没有空调的，我们的条件就是这样。

在回小浪底工地路上，当我们走到黄河北岸槐树庄渣场时，远远看到几十辆装满土石的大型自卸卡车在公路上整齐地排成一串，当我们的车开到跟前时，立刻从运输车队里走上来一位领导模样的人和几位司机拦住了我们的车，我们一下车他们就上前握住我们的手说："你们来得太好了，你们看那些村民，不让我们往渣场运渣。"我们顺着他们所指方向一看，在通往渣场的路口处，路面上摆放了许多大块石挡住了通往渣场的路，有中年、有老年、有妇女约 30 多人，有的坐在块石上扇扇子，有的蹲在块石上擦湿毛巾，有的站在路中间把衣服披在头上用手臂支起衣服遮阴凉。当我们向他们走去，想问明原因时，还没有等我们开口，就七嘴八舌地大声喊道："'大忽悠'又来了！""今天谁来也不行！谁也忽悠不了我们！""我们的征地移民赔偿款为什么还不给！""槐树庄渣场占地是我们最好的一块土地！""什么时候给征地移民款什么时候再倒渣！"一股紧张的气氛，令人生畏。看到这种情况，我心里想：麻烦了，如果我们协调不好，还要找市政府移民局、乡政府移民办来协调，因为这涉及外商索赔问题，协调工作越快越好，什么时候吃午饭就先别想了。

对于这种严重影响施工的事件，如果处理不好，就会小事变大，很容易造成重大影响，并且造成外商索赔事件。面对这样的紧张局势，我一方面告诉肖金凤和柯明星，要保持镇静，不要恼怒、不要慌忙。同时，我立即把阻碍施工的移民们在现场召集在一起，开始和他们平心静气地交谈。我一方面耐心地给移民群众宣传党和国家的移民政策，告诉大家让大家放心，一定尽快兑现征地移民赔偿款，另一方面给移民群众宣传国际承包工程的特点，影响施工就可能造成就可能造成外商经济索赔，并且当场给移民群众简单通俗地算了一笔账，如果拦截外国承包商的运输车辆，每台装运设备台班按照 1000 元计算，一天直接损失就是几万元，间接损失可能更大，所以拦截施工车辆，就是等于给外国承包商送钱。从另一方面说，如果影响了外商进场和工程施工，就可能造成中国的商业诚信不良影响，就可能造成外商经济索赔，对移民群众和每一个中国人都是非常不利的。我们又从小浪底工程建成后防洪、防凌、减淤、灌溉、供水等显著的社会效益方面对移民群众进行了宣传，告诉大家小浪底工程建成后将使黄河中下游人民的生命财产得到安全保障的伟大意义。还从对移民群众更吸引力的方面，那就是，小浪底水库建成后可以发展网箱养鱼、网箱养虾、发展航运、发展旅游等，可以给移民群众带来巨大的经济效益。由于我们讲得有声有色，使移民群众听得津津有味、深信不疑，最后，我们告诉移民群众，征地移民赔偿款正在从省市开始逐级往下分解兑现，很快就会发放兑现到移民群众手里。

在我们与移民群众谈话过程中，移民群众的说话语气逐步从激动转为了缓和，进而转为了友善。通过我们耐心细致的说服工作，很快就做通了移民群众的思想工作，移民群众自动闪开疏通了施工运渣道路，使二标承包商的施工车辆能够正常行驶运输。

"真没有想到，这么快就解决了！"二标承包商（泄洪系统德国旭普林公司）的一位现场负责人黄绍友感叹地说，接着又说："我们以为必须要找省、市移民局，找乡移民办来人协调才能够解决，并且还需要停工一两天时间，还需要与监理工程师研究解决避免外商索赔的事宜，现在这些都可以不用去麻烦了，你们真行！"

但是，由于小浪底征地移民赔偿款没有兑现之前，移民群众阻拦施工的现象时常出现，移民群众对小浪底建管局资源环境处的同志都已经非常熟悉，当时征地移民赔偿款不在我们手里，我们只能够出面口头协调。因此，有的个别人认为我们的协调工作"只演说不出钱"，就说我们是"大忽悠"，尽管如此，我们的协调工作总是能够马到成功。因为我们说的是真心话、说的是硬道理，并且所描绘的美好前景也一定能够实现。

小浪底工程 1991 年 9 月前期工程开工，1994 年主体工程开工，施工区共占地 23.6km^2（约 3.55 万亩），涉及河南省洛阳市郊区、洛阳市吉利区、孟津县以及济源市的 10 个乡 40 个行政村，10574 人移民。这一万多移民习惯这里的生活、熟悉这里的山山水水，热爱这里的一草一木，突然让他们离开这片土地，他们一时很难想通、很难接受，还有一条不利情况，就是由于当时征地移民资金不到位、又不能够确定兑现征地移民赔偿款的时间，都给征地移民协调工作带来了很多麻烦。

自1991年开始，我们资源环境处的全体同志就肩负起小浪底征地移民协调这项伟大的历史使命开始了辛勤工作。我们按照小浪底工程开工占地的先后顺序制订出年计划、月计划和日计划，夏季冒着河南酷暑的炎热，冬季冒着天寒地冻，与地方政府和黄委会移民办领导，共同与当地乡村干部和移民群众丈量土地、丈量房屋、清点树木，经常赶不上吃饭时间，这些对我们资源环境处的同志们都已经是平常事了。

虽然每次到现场协调当地移民群众见到我们都喊"大忽悠"又来了，但是往往最后他们还是又受了"忽悠"。因为通过我们资源环境处同志们的宣传，使移民群众心理已经清楚，小浪底工程占了移民群众的地，国家不会亏待移民群众，他们也清楚，影响了征地移民就可能影响外商进场和工程施工，就可能造成中国的商业诚信不良影响，就可能造成外商经济索赔，对移民群众和每一个中国人都不利，他们也明白了，小浪底工程建成后具有防洪、防凌、减淤、灌溉、供水等显著的社会效益和发电经济效益，对国家对人民包括对移民都有好处，他们还清楚小浪底水库建成后，移民们可以优先发展网箱养鱼、网箱养虾、发展航运、发展旅游等，可以给移民群众带来巨大的经济效益。这些都是真的，我们资源环境处的同志并非"忽悠"移民群众，只不过是由于移民群众"故土难离"，才出现我们每次到现场协调时，当地移民说我们"大忽悠"又来了。

小浪底工程1999年首台机组并网发电，2000年工程完工。通过几十年来的运行，小浪底工程防洪、防凌、减淤、灌溉、供水等显著的社会效益和发电经济效益人们有目共睹，但是谁也不知道，在这辉煌背后，还隐藏着这样一些无名英雄，他们用自己的真心、耐心、信心和智慧努力工作，为工程建设开路，没有他们的努力工作，工程将无法施工，他们是小浪底工程建设的开路先锋，他们就是小浪底建管局资源环境处的全体同志们！

第四个小故事："酒精"考验

小浪底施工区共占地23.6km^2（约3.55万亩），涉及河南省洛阳市郊区、洛阳市吉利区、孟津县以及济源市的10个乡40个行政村，10574人移民。

自 1991 年开始，我们资源环境处的肖金凤、柯明星等同志们就肩负起小浪底施工区征地移民的伟大历史使命，开始了征地移民工作。他们按照小浪底工程开工占地的先后顺序，认真地制订出小浪底施工区征地移民工作的年计划、月计划，并且每月都根据工程进度需要制订出日计划，夏季冒着河南酷暑的炎热，冬季冒着冰天雪地，与地方政府和黄委会移民办领导，共同与当地移民群众丈量土地、丈量房屋、清点树木等，进行地面附属物的清查工作，详细记录并且共同签字确认，经常因工作赶不回去吃饭，为保证征地移民地面附属物清查工作的连续性，只好与地方政府省、市、县、乡、村、组等各级领导共进工作餐。这对我们资源环境处的同志们都已经是习以为常的事了。与地方政府各级领导共同工作，我们资源环境处的同志们再辛苦、再劳累也在所不辞，但是与地方政府领导们共进工作餐，我们非常害怕，因为一起吃饭就必须经得住"酒精"考验，由于大家都是为了完成小浪底工程征地移民这个共同的革命目标，走到一起，经常一起工作，密切配合，由于当时正是全国吃喝成风的年代，也是热情所致，地方政府各级领导为了加强友谊合作关系，一起吃饭时也表现得非常热情诚意，往往提出"无酒不成宴"，并且随之而来的是一系列的酒文化。一提起酒文化，内容就太丰富了，敬酒要"先饮为敬"，喝酒要"感情深一口闷，感情浅舔一舔，感情薄喝一勺"，上鱼要喝"鱼头酒"，要由鱼头朝向那位人进行剪彩，并且剪彩人借鱼为由履行一套分配喝酒的方案，如："头三尾四"（即上菜时鱼头朝向那位就必须首先喝 3 杯酒，鱼尾朝向那位必须喝 4 杯酒）；"腹五背六"（即上菜时鱼腹朝向那几位必须共同喝 5 杯酒，鱼背朝向那几位必须共同喝 6 杯酒）；喝过"头三尾四""腹五备六"后，剪彩人可送一只鱼眼给他认为重要的人物，并且礼貌谦恭地说"高看一眼，请喝一杯。"剪彩人再送一只鱼鳃给另一位自己认为重要的人物，并且礼貌谦恭地说"给个面子，请喝一杯"。然后，轮流送圈敬酒，敬酒时为了想让对方多喝酒，可提议"好事成双"（即双方共同喝两杯，后面依次类推）"四喜发财""六六大顺""八方平安""八面来财"等吉言劝酒，如果不喝则被认为不礼貌、不友好、不合作，也就办不成事情。最后还可自由结合互相猜拳喝酒，如此一席酒宴下来，中途就会有人招架不住而喝醉。因此，对肩负着小浪底施工区征地移民工作的资源环境处的同志们，每次进餐喝酒，是否能够坚持到最后并且保持头脑清醒，继续完成丈量土地、丈量房屋、清点树木，进行地面附属物的清查工作，并且详细记录和共同签字确认等征地移民工作任务，就必须经得住"酒精"考验。

然而，这对我们资源环境处的同志没有喝酒嗜好的人来说，要经得住这样的"酒精"考验，还要保证完成我们的征地移民计划任务，该是多么难。也许会有人说，天天大吃二喝，多么好的事呀，只有被"酒精"考验的人心里最清楚，喝酒过量是多么的难受，多么的痛苦。有一个相声中曾经说喝酒过量可以把胃喝成筛子网，实际生活中有人喝酒喝成了胃出血，有人喝酒喝成了脑中风，还有人喝酒喝丢了命。从心里说，我们真的不想那样喝酒，但是我们为了工作就必须经得住"酒精"考验，我们为了国家重点工程小浪底工程的征地移民工作，经受住了自 1991 年到 1994 年几年的"酒精"考验，胜利地完成了党和国家交给我们的小浪底施工区 3 万余亩征地、1 万多人移民的光荣任务。

第五个小故事："开路先锋与无名英雄"

小浪底工程 1991 年 9 月前期工程开工，1994 年主体工程开工，1999 年首台机组并网发电，2000 年工程完工。在庆功会上，有人记了功，有人受了奖。但是谁也不知道，在这辉煌背后，还隐藏着这样一些"开路先锋与无名英雄"，他们用自己默默无闻的努力工作为工程建设开路，没有他们的努力工作，工程无法开工无法进行，他们就是小浪底建管局资源环境处搞征地移民协调工作的肖金凤、柯明星等同志。

小浪底施工区共占地 23.6km²（约 3.55 万亩），涉及河南省洛阳市郊区、洛阳市吉利区、孟津县以及济源市的 10 个乡 40 个行政村，10574 人移民。这 1 万多移民习惯这里的生活、熟悉这里的山山水水，热爱这里的一草一木，突然让他们离开这片土地，他们一时很难想通、很难接受，还有一条特殊的情况，就是由于当时征地移民资金不到位、不能够确定兑现征地移民赔偿款的时间。但是，小浪底工程 1991 年 9 月前期工程开工，1994 年外商进场主体工程开工的大局已定，困难再大也要按时完成这 3 万多亩征地和 1 万多移民的重大任务。

自 1991 年开始，我们资源环境处的肖金凤、柯明星等同志们就肩负着这伟大的历史使命开始了我们的辛勤工作。我们按照小浪底工程开工占地的先后顺序制订出年计划、月计划和日计划，夏季冒着河南酷暑的炎热，冬季冒着冰天雪地，邀请地方政府领导、邀请黄委会移民办领导，共同与当地移民群众丈量土地、丈量房屋、清点树木，经常赶不上吃饭时间，这些对我们资源环境处的同志们都属于习以为常的事了，最令我们感到头痛的是，往往出现前一天征了地（当时只是划拨），第二天移民群众又反悔占据土地不准施工的现象，每次遇到这种情况，我们就必须耐心细致地对移民群众做思想说服工作，我们一方面向移民群众宣传国家的征地移民政策，保证能够兑现征地移民赔偿款。另一方面向移民群众宣传国际承包工程的特点，影响征地移民就可能影响外商进场，就可能造成中国的商业诚信不良影响，就可能造成外商经济索赔。一方面向移民群众讲小浪底工程建成后防洪、防凌、减淤、灌溉、供水等显著的社会效益和发电经济效益，另一方面向移民群众宣传小浪底水库建成后可以发展网箱养鱼、网箱养虾、发展航运、发展旅游等，可以给移民群众带来巨大的经济效益。在协调工作中，由于肖金凤、柯明星等同志表达能力好，讲得有声有色、头头是道，使移民群众听得津津有味，深信不疑，因此，只要我们一到，征地协调工作就一举拿下，如果发生移民群众阻挡施工的现象，只要我们一到，立即通过协调得到疏通解决。

在小浪底前期工程征地移民的几年中，我们资源环境处肖金凤、柯明星等同志就是这样做着为工程建设"开路先锋"的艰苦工作，就是这样做着默默无闻的"幕后英雄"。

同时，我们非常清楚，我们每一次的协调成功都包含着黄委会各级领导、河南省、洛阳市、济源市、孟津县及下属乡镇各级领导的支持，是地方政府各级领导反复向移民群众宣传小浪底工程是国家重点工程，要求移民群众要支持国家建设，要积极配合小浪底征地移民工作，并且多次安排电视台到小浪底工程现场采访，且在电视台播放关于小浪底工程建设和征地移民情况，要求移民群众支持国家工程建设，支持小浪底征地移民工作。

我们心里非常清楚，只有黄委会和河南省各级政府支持并且密切配合我们小浪底的征地移民工作，我们才能够到现场协调时，如鱼得水，马到成功。在此，我向黄委会各级领导、向河南省政府各级领导，表示衷心的感谢！

自强不息　勇于超越　砥砺前行四十年

——纪念改革开放四十周年水电十局谱华章

中国水利水电第十工程局有限公司　高超锋

改革开放 40 年，时光如白驹过隙，转瞬即逝。那时还是弱冠之年的水电十局，乘着改革开放的春风，跨越大山大河，转战南北，带着十局人的强局梦，自强奋进，经过 40 年的风雨洗礼，如今的十局，不仅在国内获得了各种重要建筑资质，承建了施工难度大、种类多元化的各大项目，综合实力强盛，而且在国际上也承建了众多国家的重大基础设施工程，施工能力受国际赞誉，声名远扬。

可是，十局所获得的辉煌成就，并不像表面那样简单。

一

在水电十局历史的浩瀚长河中，我只是一名普通的晚辈，十局历史是那些白发苍苍的老前辈用汗水甚至鲜血书写而成的，他们最有说话的权利。

——水电十局党委书记、董事长何其刚

1985 年，四川都江堰民兴水电站。

那一年的夏天，雨水淅淅沥沥。

他们走在泥泞的乡间小路上，雨水打在雨衣上，发出滴滴答答的声音。有的人步履看似稳当，走着走着，冷不丁地突然一滑，却没有倒，好像杂技演员一样滑稽。

可是没有人发出笑声，因为他们早已习以为常了。

"我们每天去上班，走的可是水景大道哇！"他们如是说。

路再泥泞，也挡不住他们的脚步。

闸首所在河谷，由于山谷地形，空气流通不畅，气温常常保持在零下。狭谷的风也凛冽，吹在人的脸上生疼，仿佛与山那边的城市处于不同的世界。在这样的环境下，他们仍然要在冰冷的钢筋笼中穿梭，驾驶着机器在湿滑的河床上行驶。

住？峡谷河滩上，比较平坦的地方才能搭建起油毡工棚，条件最好的也就仅仅是红砖房。

吃？只要求吃饱，不要求吃好。

再想其他的，就是奢望了。

1996 年，西藏拉萨市羊卓雍湖电站。

海拔 4400m。有山有水，但不是青山绿水；有风有云，但只是寒风淡云。

能够迅速适应高原生活的人是极少数的。不仅仅是昼夜温差大、紫外线强烈，缺氧会造成头疼，恶心乏力，心慌心悸等问题，长时间待在高原上甚至对人的器官有着相当的损耗，对人的身体和意志都是极大的考验。许多人好不容易适应了高原生活，回到内地又开始水土不服了。

有时候，在路上走着走着就会感觉疲惫困顿，还没到家就想倒在路旁睡一觉。每个人都会这么想，但没有人敢这么做。

1997 年，老挝南累克水电站。

他们离开了故土，来到了异国他乡。

热带原始丛林凶险异常，奇虫异豸肆虐。刚从内地过来的他们，见识到了各种各样的毒虫，一不小心被咬就要肿起一块来，甚至会发烧呕吐。不敢生火，又没有办法防护，让人既生气又无可奈何。

最难受的还是雨季。漫天的暴雨无休无止，工地上开不了工，严重耽误了进度；积水甚至没过了大腿，被困在丛林中被饿得饥肠辘辘；有时候还会受到疾病威胁……

疾病，思乡，恐惧，折磨着他们。

但是——

1986 年 9 月 2 日，水电十局承建的四川都江堰市民兴水电站建成投产。

1996 年 12 月 22 日，水电十局负责的西藏拉萨市羊卓雍湖电站钢衬制安主体任务顺利完成。

1999 年 12 月 22 日，水电十局承建的老挝南累克水电站项目完工，于 2001 年 3 月 20 日完成检测，全面完成了合同任务。

没有人因此退缩，也没有人抱怨。只有想办法克服困难，以坚强的毅力代替恐惧，顶烈日，迎风雪，坚忍不拔，百折不挠。为了完成工程建设，每一个十局人都用尽了全力。

这只是十局征程中的点滴。施工场地在天南海北，施工环境也是变化多端，大多比较恶劣。无论什么时候，这都是他们要度过的重大难关。有时候，狂风暴雨不但会摧毁日以继夜建造起来的工程，甚至会有人受伤，乃至献出生命，可他们无悔。

每一次施工圆满完成，每一次获得业主表彰，都有一些默默无闻、无私奉献的十局工人，都有一个殚精竭虑、克服万难的领导班子。他们中有些人很平凡，没有获得大家的掌声，也没有受到人们的表扬，只是当十局面临困境和考验时挺身而上，以血汗铸就了十局的辉煌，没有任何的苛求。

至今，水电十局的那些英雄们都老了，已经在人们的视野中渐渐淡去。但十局已经铸就的辉煌历史，是他们铺下的路。水电十局能走到今天，首先就要归功于他们。是他们传承了自强不息的十局精神，是他们超越了自己，超越了技术枷锁，以自强不息，勇于超越的精神作为前进的动力。

二

宝剑锋从磨砺出，梅花香自苦寒来

从改革开放 40 年征程中走过的水电十局，其历史是艰苦卓绝的。

1985 年，水电十局承建都江堰灌县民兴水电站，是水电十局摆脱计划经济的束缚，迈向市场经济的第一步，这一步极其艰难。在长期计划经济体制下，国有企业都是靠指令来行动的，有着固定的思想观念和行为模式。一旦进入社会竞争，这些东西都会发生根本的改变，尤其是对于"体型大"的国有企业来说。

但水电十局不仅克服了自然环境带来的困难，而且敢于走出去，"找米下锅"，迎难而上，在改革开放的初期，担负起了一个央企的责任。打开了计划经济转向市场经济的缺口，也就等于找到了生存的希望。紧随其后的金堂九龙滩水电站、峨边西河水电站、汶川太平驿水电站等等，这些水电十局刚刚跨入市场经济的大门所承建的工程，建立了水电十局实力强、质量好、能创新的美名。

水电十局自强不息的创业精神，使十局赶上了改革开放的好时代。

乘着改革开放的春风，水电十局始终坚持走在水利水电建设的最前沿，坚持水利水电建设技术创新，坚持企业体制改革，坚持开拓国内市场，发展海外市场，与国际接轨。水电十局获得了国内重要的多种建筑资质，施工领域广泛，业务综合，承建了国内各大中小型水电站和国家重大基础设施建设工程，海外市场也不断拓展。

大概是时乖命蹇吧。

2008年，汶川大地震。转眼间山崩地裂，房屋塌陷。地震灾区人民的生命财产遭受巨大损失。水电十局的发展方兴未艾，突遭横祸。不仅使得十局的厂房倒塌，路断桥垮，电站损毁严重，而且也使十局的百余名职工受伤遇难。

十局人都陷入了悲伤之中。

古之立大事者，亦必有坚忍不拔之志。

紧急的救灾行动已经不允许十局人萎靡不振了。责任重大，水电十局需要振作！就在这个时候，十局人向世人展现了他们的强大：他们遭受了亲人逝去的极大悲痛，依然全身心地投入抗震救灾行动中；他们为了灾区救援，日夜兼程，不眠不休；他们为从废墟下救出兄弟姐妹，全然不顾手挖破、脚扭伤；为了水库危坝排险除患，他们丝毫不顾生命危险，坚守岗位，视死如归……

他们自强不息！他们超越了自己！十局人的事迹在传颂，十局人的精神在发光！

时至今日，那段难忘的岁月依然让十局人记忆犹新，历历在目。那是十局涅槃的历练，让十局变得更强大、更团结。先自强，后超越，水电十局不曾向任何困难低头妥协。"宝剑锋从磨砺出，梅花香自苦寒来"，千锤百炼造就了团结的水电施工团队，成就了业内外公认的"十局品牌"，更是熔铸了"自强不息，勇于超越"的十局精神。

三

在新时代，中国人民将继续自强不息、自我革新，坚定不移全面深化改革，逢山开路，遇水架桥，敢于向顽瘴痼疾开刀，勇于突破利益固化藩篱，将改革进行到底。

——习近平总书记

今天，我们能够看到水电十局改革开放以来，在海内外都遍布了十局的脚步：

我们承建了一座座水利水电工程、矿业开采、市政工程和国家重大基础设施建设工程；自1996年老挝南累克水电站建设成功，十局先后承建了东南亚、中东、南美以及非洲、大洋洲等地区十几个国家的国际工程，国际业务成熟并且日渐卓越；我们不仅做好、做强了我们的老本行，而且产业涉及了设计投资、房地产等多领域业务，成为了一个多元化综合性的大型施工企业，获得了国家政府的认可和业内的至高殊荣。水电十局，正以自强不息、勇于超越的企业精神向国内外市场展现她的独特魅力。

随着改革开放程度日益加深，水电十局也进入了改革开放的攻坚期。转型期间，水电十局面临良好发展机遇，困难挑战也横亘在我们前进的道路上。我们将抱着"将改革进行到底"的决心，学习和全面贯彻落实党的十九大精神，以习近平新时代中国特色社会主义思想为指引，在集团公司的战略部署下，坚定百亿企业发展战略不动摇，全面推进公司"十三五"发展规划实施，强化公司"履约为先、管理为重、创效为本"的12字核心管理方针，进一步树立"人无我有，人有我优"的特色发展理念，大力提升公司发展质量和效益，深入开展公司体制机制建设和商业模式创新，稳步推动公司质量效益型国际化百亿企业发展战略顺利实施。

在改革开放的浪潮中，公司发展是主流。水电十局全体职工必将齐心协力，继续发扬自强不息、勇于超越的企业精神，不忘初心，牢记使命，努力在改革开放的大环境下实现公司的可持续跨越发展。

圆百年梦想　筑世纪辉煌

三峡水力发电厂　熊燕娇　朱玲

40 年前，这里奇峰耸立，树木葱茏，江水汹涌奔腾，惊涛拍岸。如今，这里依然雄奇挺拔，清幽秀丽，却见高峡出平湖，潮平江阔，碧波荡漾。只因在这长江天堑上巍然耸立着一座世界第一大坝——三峡大坝。32 台 70 万 kW 级巨型水轮发电机组一字排开，矗立在左右两岸，浑厚的低鸣声似在诉说着改革开放 40 年来中国水电取得的伟大成就。

2018 年是改革开放 40 周年，是孙中山先生提出兴建三峡工程设想 100 周年，是毛泽东主席考察三峡工程坝址 60 周年，也是习近平总书记亲临视察三峡工程的重要一年。改革开放铸就三峡工程这一"国之重器"，使中华民族治理长江和利用长江水力资源的百年梦想成为现实，而三峡工程也从未辜负国家和人民的重望，以 100 多项"世界水利工程之最"的卓越成绩，带动了中国水电事业的发展。

改革开放，照亮中国水电创新之路

习近平总书记在视察三峡工程时指出"核心技术、关键技术，化缘是化不来的，要通过自力更生，倒逼自主创新能力的提升。"初建三峡时，我国水轮发电机组单机容量最大当属二滩的 55 万 kW，对于三峡设计的单机容量 70 万 kW 的巨型机组，中国当时既无安装技术也无制造能力，三峡左岸电站机组实行国际采购。但三峡工程建设者并没有完全依赖国外，牢牢记住引进技术、消化吸收、再创新的指导思想，不断提升核心能力，实现我国水电设备制造业从无到有、规模从小到大，水电技术从"追随者"到"领跑者"的巨大转变。

从三峡到金沙江，从 30 万 kW 到 70 万 kW，再到 100 万 kW，中国水电装备的设计制造实现了两次大的跨越。依托三峡工程建设，三峡电厂的技术、经验为我国制造百万千瓦世界最大单机容量水轮发电机组提供了强大的技术支撑。在践行金沙江流域向家坝、溪洛渡、乌东德、白鹤滩巨型电站滚动开发战略中，500kV 高压电缆系统和大容量国产化发电机组出口断路器等国产化水电设备的成功应用，打破了国外垄断，白鹤滩水电站开发实现了完全自主创新。中国自主研发、设计、制造和安装的巨型水轮发电机组运行稳定可靠。

改革开放，开辟管理新思路

习总书记说："三峡工程的成功建成和运转，使多少代中国人开发和利用三峡资源的梦想变为现实，成为改革开放以来我国发展的重要标志"。作为世界上投资规模最大、装机容量最大的水利枢纽工程，汇集了世界一流的设备和技术，只有一流的管理，才能充分发挥其综合效益。

三峡电厂为迎接运行管理巨型水轮机组的严峻挑战，主动与巴西伊泰普、美国大古力、加拿大拉格朗德等具有国际影响力的水电站进行交流，引进国外水电厂先进管理理念，结合国情和实际情况搭建先进的管理平台，对水电厂生产运行的传统管理理念、管理制度、管理方式进行全面改革，并对管理实践进行反复总结和再创新，提出并成功实施了全面卓越管理体系。筹建伊始，推行"建管结合，无缝交接"管理模式，组织 1500 余人次深入到设计、施工、安装、调试各个环节，有效推进我国水电设备制造能力 30 年的大跨越；2012 年提前一年全部投产，且全部机组实现"首稳百日"目标；全电站运行阶段，通过建设精益生产的信息平台，首次实现了将设备技术信息、安全信息、维修物资和维修人力等信息纳入一个软件管理；在水电行业率先推行以"诊断运行"为重点的精益运行策略，累计安装了 8 类共 109 套用于监测机组运行状态的在线监测系统，基本上实现了对所有主辅设备特征量的实时监测与运行趋势分析，实现水电站运行管理从

"事后处理"到"事前预控"的转变；推行"精益维修"策略，科学拟定设备检修周期和主要检修项目，优化资源配置，保证检修质量，控制设备维修的成本；建设具有巨型水电站管理特色和独立知识产权的智能化绩效考核平台，运用科技手段将软性考核硬性落地、柔性管理刚性执行，达到了"精准考核、价值创造"目的；践行"三峡无小事"理念，开展以"安全管理责任到岗，设备管理责任到人"为核心的责任体系，打造"以设备治理为主线、以科学管理为基础、以本质安全为标准"的安全生产管理体制，连续安全生产超 4400 天。

依托全面卓越管理体系，三峡电厂完全掌握了 70 万 kW 级巨型水电机组群和关键设备的运行管理核心技术，形成了发电运行联合控制、梯级电站联合调度、设备运行诊断分析、机组状态评估检修等核心能力，等效可利用系数等关键指标始终处于国际领先水平。

综合效益，彰显改革开放伟大成就

三峡工程自建成以来，始终坚持国家和人民的利益至上，充分发挥防洪、航运、发电、补水等巨大综合效益，守护长江安澜，为长江经济带的快速发展注入强劲动力，为综合国力的显著增强做出积极贡献。

拦洪错峰，守护长江安澜。自有载以来，长江多次发生洪水肆虐。1931、1954、1998 年的几次洪水致使荆江大堤决堤，洪水过境之处满目疮痍，军民万众一心、众志成城的抗洪画面仍历历在目；而 2010、2012 年，长江两次形成超 70000m³/s 的洪峰时，三峡电厂沉着应对，充分发挥枢纽综合效益，将下泄流量严格控制在 40000m³/s，成功削减了 40%左右的洪峰，为长江中下游人民群众生产生活提供了坚强的安全屏障。

2016 年，长江中下游持续性暴雨，武汉等城市内涝严重，长江发生"98+大洪水"，三峡电厂连续降低下泄流量为长江中下游防洪实施错峰调度，最大削峰率达 38%，成功避免了长江上游"1 号洪峰"与中下游"2 号洪峰"叠加遭遇，有效缓解长江中下游干流紧张的防洪压力；2017 年，三峡电厂 40h 内陆续停机 19 台次，将出库流量削减至 8000m³/s，连续削减出库流量达 71%，为缓解湖南境内的长江"一号洪水"发挥了不可替代的作用；自 2003 年蓄水运行以来，三峡工程累计拦洪 44 次，总蓄洪量达到 1322 亿 m³，相当于

5 个多洞庭湖的水量。一系列数据与事例，验证了"三峡工程助力实现了长江安澜、人民幸福的"的美好目标，凸显了"防洪是三峡工程第一要务"职能，履行了"防洪是最大的环保"的承诺。

蓄水通航，天堑变通途。三峡工程修建前，川江航道狭窄，水流汹涌、礁石密布，自古就有川江不夜航之说。三峡工程自 2003 年成功蓄水后，宜昌到重庆 660km 自然航道得到根本改善，江面明显变宽，水深大幅增加，大型船舶可由上海直达重庆港，"脚蹲石头手爬沙，弯腰驼背把船拉"已成为历史。

优良的航道条件，使得航行船舶吨位从 1000t 级提高到 5000t 级，航行时间大大缩短，航运成本显著降低，川江天堑险途自此成为了黄金水道，极大促进了长江经济带战略的实施。截至 2017 年底，三峡船闸安全运行 14 周年，过闸货运量 11.12 亿 t。

绿色能源，点亮万家灯火。三峡电站 2003 年首批机组投产，实现发电量 86.2 亿 kW；2006 年，三峡左岸电站 14 台机组首次 980 万 kW 满负荷运行；2008 年，三峡左右岸 26 台机组全部投产发电；2012 年，三峡地下电站最后一台机组投入运行，三峡电厂装机容量达 2250 万 kW 并实现满发；2014、2017 年两度超过伊泰普水电站，取得全球单座水电站发电量之冠；2017 年 3 月 1 日，三峡电站累计发电突破 1 万亿 kWh……

截至 2018 年 9 月 10 日，三峡电厂累计发出 11614 亿 kWh 的清洁电能，相当于替代标准煤约 3.54 亿 t，减少二氧化碳排放量约 9.16 亿 t，相当于上海市全部居民过去 8 年的用电量。这些清洁电能送往华中、华东和南方等 10 省市地区，缓解了这些地区的"电荒"，推动了"西电东送"和"南北互供"能源战略的快速实施，为我国改革开放的纵向推进提供了强有力的能源支持。

调水补水，履行社会责任。与伊泰普电站以发电为主不同，三峡电站始终牢记防洪第一要务，坚持发电服从防洪的要求，且需进行拦蓄错峰、调水补水，运行条件更为复杂。三峡水库调节库容大、调节能力强，是我国重要的淡水资源库。每年枯水期（1～4 月）向下游平均补水 1500m³/s 左右，极大改善了枯水期长江中下游沿江灌溉、航运、供水等生产生活生态用水条件，满足抗旱、压咸潮、船舶救援等应急调度需求。

2014 年 4 月，上海长江口水源地遭遇历史上持续时间最长的咸潮入侵，三峡电厂按照长江防总调令，启动三峡水库建成以来的首个"压咸潮"调度，持续为下游补水近 13

亿 m^3，有效改善了长江入海口咸潮入侵情势；2015 年 6 月，为支持"东方之星"救援工作，三峡水库持续减少下泄，将出库流量由 17200m^3/s 逐步减至 7000m^3/s，成功使得监利站水位降低了 3m，为救援"东方之星"沉船创造了有利条件；2016 年 12 月，中下游部分浅水道淤积程度较往年略严重，三峡水库增加下泄流量至 7000m^3/s，48h 内比计划多补水 2 亿 m^3，极大缓解浅水河道航道维护、疏浚施工的困难，成功协助疏散下游积压的 600 艘船舶。

世界水电看中国，中国水电看三峡。三峡集团以习近平新时代中国特色社会主义思想为指引，进一步优化和完善集团公司改革发展战略，提出要充分发挥"六个作用"，即在促进长江经济带发展中发挥基础保障作用，在共抓长江大保护中发挥骨干主力作用，在带领中国水电"走出去"中发挥引领作用，在促进清洁能源产业升级中发挥带动作用，在深化国有企业改革中发挥示范作用，在履行企业社会责任方面发挥表率作用。作为其中关键的一员，三峡电厂将在两级公司的带领下，牢记"改革开放只有进行时没有完成时"，紧跟时代发展潮流，争做创新发展先行者，为"做世界水电运行管理的引领者"不懈奋斗，谱写中国水电事业的新辉煌！

四十载砥砺奋进　乌东德再立新功

长江三峡勘测研究院有限公司（武汉）　周炳强　王团乐　刘冲平

今年是改革开放 40 周年。这 40 年是党和国家历史上不同寻常的 40 年，党领导的改革开放和社会主义现代化建设取得了举世瞩目的成就。伴随着改革开放的不断深入和现代化建设的飞速发展，我国的水利改革和发展同步推进，水利投入大幅提高，水利建设取得辉煌成就，水利保障经济社会发展的能力和水平跨越式提升。以水力发电为例，遥想 1978 年，中国水电装机容量仅约 1867 万 kW，年发电量 496 亿 kWh，这就是改革开放之初中国的水电家底。40 年过去了，至 2017 年，我国水力发电总装机容量约 3.41 亿 kW，发电量 1.1945 万亿 kWh，分别占到全球水电总装机容量、发电量的 26.9% 和 28.5%，水电装机规模是美国的 3 倍多，而且超过了世界排名第二到第五的总和。不仅如此，通过以三峡工程为代表的一批巨型水电站建设，从早期引进国外先进技术和管理经验，到逐步消化吸收，再到创新升级，可以说，中国已成为名副其实的水电大国，水电技术整体跻身世界前列。目前，中国水电已形成了规划、设计、施工、制造、运行管理等全产业链，具有强大的生产力；水电工程技术和运行管理水平居世界先进水平，我们已与全球 90 多个国家建立了多种形式的水电开发合作，中国水电已成为继高铁、核电后的"第三张国家名片"。

根据《水电发展"十三五"规划》（2016～2020 年），至 2020 年，中国水电总装机容量将达到 3.8 亿 kW，年发电量 1.25 万亿 kWh，预计至 2025 年，水电装机容量达到 4.7 亿 kW，年发电量 1.4 万亿 kWh。在水电富集世界之最的我国西南金沙江流域，4 个世界级巨型梯级电站中，溪洛渡和向家坝水电站已投产发电，乌东德和白鹤滩水电站主体工程已先后全面开工。40 年砥砺前行，中国水电 40 年辉煌从何说起？剥茧不易，抽丝更难，笔者有幸作为乌东德水电站设计单位长江设计院的一员，参建这一世界工程，参与和见证我国水电历史上的又一巨大成就，就以乌东德水电站工程为例，向您展现中国水电建设成就的一角。

"金沙水拍云崖暖，大渡桥横铁索寒。"伟人遥想艰难革命岁月，回忆当年巧渡金沙江，感慨人间正道沧桑，写下传世诗篇。70 年过去了，金沙江水犹激荡，却已旧貌换新颜，就在当年中央红军渡江渡口的下游 30km，一群水电建设者正日夜奋战，又一座世界级水电站——乌东德水电站即将拔地而起。乌东德水电站是金沙江下游河段 4 个水电梯级中的最上游梯级，坝址左岸为四川省会东县，右岸为云南省禄劝县，以发电为主，兼顾防洪、航运、拦沙等综合利用效益，是西电东送骨干电源点之一，为一等大（I）型工程，装机容量为 10200MW，国内排名第四，世界排名第七。

图 1　张漾兮油画《巧渡金沙江》（现藏于国家博物馆）

在 21 世纪初，曾经圆满完成三峡工程、水布垭工程、隔河岩工程等一系列经典水利工程勘测、设计任务的长江设计院人，扎根大西南的崇山峻岭，发挥专业优势，发扬优良传统，经过艰苦勘察和科学研究比选，最终选址乌东德。回首往昔，不胜感慨。地质勘测队伍是工程设计、建设的先遣队，那时的乌东德还默默无闻、人迹罕至，群山环绕之中，隐逸世外之态，江水湍急，高山峡谷，岸坡陡立，临崖视水眩晕欲坠，河谷干热，无水、无电、无交通。面对如此艰苦恶劣的自然环境，地勘人员不辱使命，虽言苦而不言退，虽言难而不言畏，真可谓攻坚克难：陡崖直立无法通行，就开凿勘探路；运输困难，就人力背、牲口驮；河流湍急，就因地制宜，用油桶架设浮船……终于在陡崖上修成总长 30 多公里、多层勘探路，山体内 267 条、约 26000 余米勘探平洞，加上 450 余个、约 46000 余米钻孔，配合各类实验测试，在艰苦勘探的基础上，地质工程师们综合分析，科学论证，查明了坝址区工程地质条件。

图 2　高山峡谷，岸坡陡立　　　　图 3　勘探小路

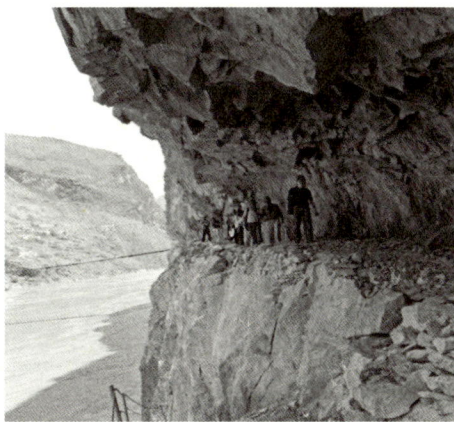

　　乌东德坝址地层年代古老，构造运动历史极其复杂，经历激烈大地构造后，水平海相沉积碳酸盐岩直立起来，构造作用无数，内部改造频发，褶皱与断层出现；地层由于浅变质作用而岩性多变，又经历后期盖层沉积、河谷下切、岩体卸荷、崩塌滑坡等等。不仅地质条件相当复杂，重大工程地质问题也是西南地区水电工程中比较突出和多样的。由于岸坡高陡，千米级陡峻高位自然边坡问题突出，拳头大的石块掉下来也会产生破坏性后果，专家形象的称为"鸡蛋变炸弹"；超深厚河床覆盖层厚度最高达 80m，深基坑、高围堰问题属国内同类问题之最；金坪子滑坡规模达 6.2 亿 m^3，距坝址仅 0.9km，其稳定性论证将直接影响整个金沙江 4 个梯级规划建设；还有近坝基大溶洞问题等等。针对这些工程地质问题，地质工作者们勘探先行，分析同步，又大胆创新，应用新技术，践行新思路，取得了良好的成效。针对高位自然边坡问题，从勘察设计之初，就采用三维数码照相、三维地质激光扫描等技术，把每一座山体、每一块岩石的情况牢牢锁定在手中，在施工阶段，除了用三维扫描技术实时监控地质变化外，还不间断采用无人机勘察和"蜘蛛人"治理，确保了峡谷中人员和工程的安全。针对金坪子滑坡问题，通过钻孔、平洞传统勘探，结合变形监测、遥感解译等，综合研判分析，查明了金坪子滑坡为主体嵌落于古河床的古滑坡，采取分区针对性治理，以最小投入保障了工程稳步推进。河床

深厚覆盖层问题，首要困难也是湍急江上覆盖层勘探，地勘工作者集思广益，因地制宜地改进创新钻探、取样、钻孔彩电、物探等多种手段，荣获多项国家专利，查明河床覆盖层各类型分布特征、物理力学参数，为围堰防渗几乎滴水不漏和深基坑稳定坚如磐石打下坚实基础。在施工期大坝基坑与地下电站开挖完成后，开挖展露的关键地质情况与前期高度吻合：大坝坝基优劣岩体分界线位置、河床覆盖层基岩顶面高程、调压室附近工程地质性状差的岩体分布空间等与前期勘察成果仅相差不到1m！如此精准勘察，为枢纽布置科学合理布置奠定了坚实基础，突显了长江院人追求卓越的精神。地勘团队的优质工作成绩也得到了业主和专家的一致好评，张超然院士在大坝坝基验收会上曾说："长江院地勘工作非常出色，现在揭露的地质现象与原来前期工作……非常吻合"。每每想到此，长江院人莫不欣慰而又感慨良多。

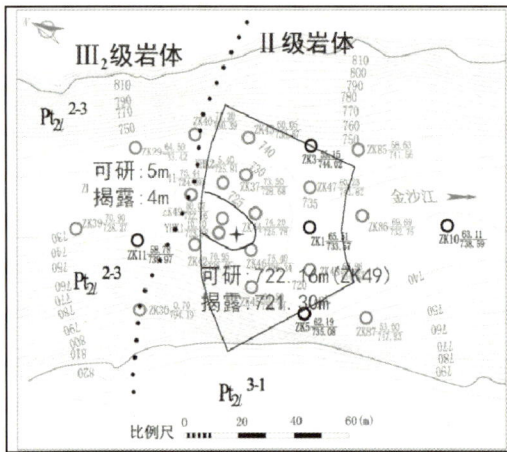

图4　基岩顶高程、优劣岩体界线精准勘察

图5　金坪子滑坡

　　地质工作朴素而又神秘，说它朴素是因为地勘工作仍然很依赖传统的地质测绘、钻探、平洞勘探等手段；说它神秘是因为确实是"上天容易入地难"，只能由点到面、由局部到宏观、由当今现象到古时成因的分析判断，而且地质体受结构面切割作用，又有其完全不同于人工材料的不均匀性。改革开放40年来，地质工作的手段和方法也有许多创新和进步。面对如此艰巨的地勘任务，所谓"工欲善其事，必先利其器。"地勘工作者们利用乌东德水电站这个广阔舞台，进行了一次新技术新方法及集中展示，为地勘任务出色完成提供了技术保障。

图6　无人机调查

图7　平板电脑地质编录

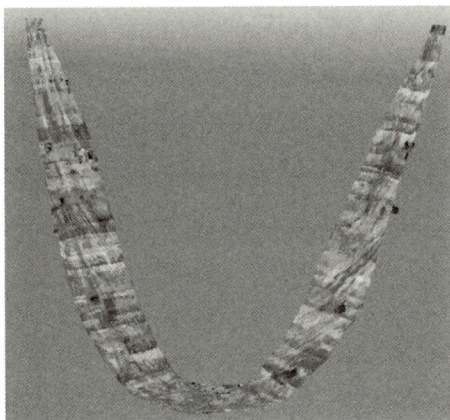

图8　数万张原始照片构建三维影像

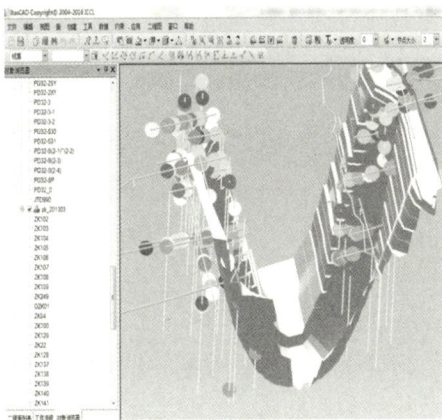

图9　三维模型科学分析

"以一流设计促一流工程，为我国的经济社会可持续发展做出划时代的贡献。"这是潘家铮院士在为《水工设计手册》（第二版）写序时对水电设计人的寄语，也成为长江设计院人的不懈追求。理论与实践相结合，因地制宜，优化创新，追求卓越，在乌东德体现得淋漓尽致。受地形地质条件限制，可利用空间狭小，设计工作者因地制宜，优化调整乌东德水电站枢纽工程集约紧凑布置，保证了大坝和地下电厂最大程度利用优良岩体。首次提出"静力设计，动力调整"的拱坝体形设计新方法，以增加 3% 混凝土的投入，取得拉应力降低 32%，大坝建成后将成为同高度级别中最薄拱坝，厚高比仅为 0.171。创新设计导流洞高低布置，大坝坝身不设导流底孔，降低了施工难度，提升了浇筑效率。研发了新型兼具圆筒型、长廊型技术优势的半圆筒型调压室，提高了洞室围岩稳定性，并荣获国家专利。充分利用水垫塘岩体优良的特点，结合科学水力学分析论证，创新采取"护坡不护底""上部封闭自排、下部透水"的水垫塘设计。类似追求完美的设计不仅体现在宏观水工建筑设计方面，在施工期也有很多经典案例。比如，首次全坝采用无仓面固结灌浆，避免了与混凝土浇筑干扰，大大降低了基础约束区开裂风险，为大坝混凝土连续浇筑创造了条件。首次研究全坝采用3～5m特高浇筑层，有效保证大坝施工质量和浇筑效率。类似的设计优化还有很多，熟悉工程建设的都知道，要想把工程设计的安全算不上困难，最大的困难在于以安全为前提、以适用为目的、以经济为升级，将三者完美融合。乌东德水电站枢纽工程设计丰富了工程设计实践，推动了理论研究发展。为国家节省了大量投资，创造了可观经济效益。工程设计是严谨的科学，长江设计人充分发挥专业才智，在科学设计的基础上，仿佛注入了艺术的气息。

工程是技术的体现和延续，它推动者人类文明的发展（潘家铮院士语）。中国改革开放40年，谁最直观体现40年的发展变化？是工程建设！是以一个个工程为代表的基础设施全面升级、跨越式发展！青年人的命运和国家的命运是紧紧联系在一起的，乌东德的命运和国家改革开放40年的命运是紧紧联系在一起的。大型水电工程的勘测、设计到建成，是以10年计的，多少毛头小伙儿在乌东德岗位上已到中年，曾经的中年也已两鬓染霜，也有不少老前辈从乌东德的岗位上退休后还在默默关注着乌东德，这个西南大山的角落写入了毛头小伙儿、中年人、老前辈的生命里。习近平总书记说："幸福美好的生活是奋斗出来的。"这里的工程建设者从事着平凡而伟大的工作，挥洒汗水，为美好幸福的生活而奋斗，这奋斗创造着伟大的工程，创造着伟大国家的伟大时代、伟大历史。改革开放40年，是在党的正确领导下，伟大人民凝聚意志，奋发进取的40年，我们歌颂改革开放，歌颂伟大的党，也歌颂这勤劳、勇敢、智慧的伟大人民。如果金沙江能说话，它一定会为勤劳勇敢的中华儿女而骄傲，会为自己汇入中华民族伟大复兴的洪流之中而自豪！

匠心铸精品　创新启新程

——水电五局改革开放促高质量发展综述

中国水利水电第五工程局有限公司　李鑫

重庆江津，富硒富氧，被称为"长寿之乡"。目光自北向南，重庆江习高速公路正越过一个个土地贫瘠、沟壑纵横的山丘，赋予这片古老土地新的生机与活力。这条由水电五局总承包建设的高速公路全长 70.458km，工程起于重庆江津，止于渝黔交界，与贵州段对接。该工程建成不仅能促进渝、川、黔三地经济社会交流，加快黔煤资源顺利入江，拉动渝、川、黔旅游事业发展，还能带动江津南部地区经济社会发展，实现全面脱贫致富。

重庆江习高速公路是水电五局首个高速公路施工总承包项目和公司转型发展的标志性项目。作为新中国历史上成立最早、规模最大的部属水利水电施工劲旅之一，水电五局从水利水电建设"一枝独秀"实现"华丽转身"，形成了国际、国内两大市场，持续拓展水利电力、基础设施、水资源与环境治理、相关多元四大领域，并由单一的建筑施工企业发展成为集"投资—建设—运营"为一体，具有全产业链整合能力和一体化优势的大型综合性建造企业。

立足水电，以实干创造奇迹

水，维系生命的源泉；电，社会发展的血脉。生命不能缺水，生活不能缺电。化水患为水利，变水流为电流，这是全球经济可持续发展的重要课题，是实现资源优化配置的必由之路，也是科学发展的必然选择，更是水电五局人一代又一代的历史使命。

从科特迪瓦经济首都阿比让出发，行驶 400 余千米抵达萨桑德拉河流域，在这里一座钢筋水泥建成的宏伟建筑拔地而起。5 月 12 日，由水电五局承建的苏布雷水电站提前 8 个月实现投产发电目标，造就了又一个"中国奇迹"。

水利水电建设是水电五局传统优势产业，在同行业中拥有较强的科技优势和施工生产能力。1978 改革开放年以来，水电五局以主力军的身份活跃在长江流域、大渡河流域、雅砻江流域、黄河流域、金沙江流域等水利水电工程建设主战场，国内重特大水电站工程，如宝珠寺、长河坝、白鹤滩、两河口、南水北调等大型水利水电工程建设，都留下了水电五局人的足迹。水电明珠，丰碑叠起，形成了以土石坝、地下工程、抽水蓄能、机组安装为标志的水利水电优势品牌。

建局以来，水电五局承建或参建了水利水电工程 200 余项，安装了 200 余台各类机组，参与了全国近 1/3 的抽水蓄能电站建设。作为国内较早实现"走出去"的企业之一，水电五局在亚、非、欧 10 余个国家完成 50 余项水电工程及公路、铁路、风电等工程。

一座座水利水电工程，如一座座丰碑，记录着水电五局的辉煌业绩；也如同一本厚厚的史册，记录着水电五局人的不朽传奇。

转型升级，以创新驱动发展

深入推进转型升级，持续做强、做优、做大企业，是水电五局人与生俱来的精神和品质。水电五局一直在为自己的"发展梦"奋斗：在"十三五"末，实现市场营销和营业收入双双跨过 200 亿元，并把公司建设成为具有较强综合竞争力的质量效益型综合性建造企业。

近年来，水电五局将培育战略新兴产业作为发展的新引擎，聚焦城际综合立体交通、清洁低碳能源产业和以城市基础设施改造升级为核心的城市综合建设、地下管廊、水资源与环境综合治理市场。

2012 年，水电五局以成都天府新区兴隆湖生态水环境综合治理项目一标段工程为契机，拉开了水环境综合治理的序幕。6 年来，水电五局举棋落子于祖国的青山绿水之间，水资源综合开发利用和水环境综合治理工程从无到有，从小到大。通过武汉"海绵城市"试点项目——东湖港综合整治工程、全国单体工程量最大的南湖水环境综合整治一期工程、深圳茅洲河水环境、阜阳市城区水系综合整治、武夷山市"水美城市"工程、杭州大江东地下综合管廊多项水资源与环境综合整治及城市综合地下管廊工程建设，水电五局已形成区域滚动、专业联动的新兴业务开发格局。

一折青山、一湾碧水，水电五局坚持把生态文明理念融入工程建设，紧紧抓住基础设施建设的重要战略机遇期，聚焦高质量发展，坚持新发展理念，建设具有全球影响力的创新企业，对标找差、创新实干，推动企业高质量发展，为建设"美丽中国"贡献水电五局的力量。

创新驱动转型升级，增强企业发展活力。60 余载"科技强企"，水电五局以创新驱动发展，连续多年被评为"中国施工企业管理协会科技创新先进企业"。共取得全国科学大会奖 8 项，国家科技进步奖 1 项，省部级科技进步奖 141 项，拥有国家授权的发明和实用专利、外观专利 479 项，软件著作权 37 部；国家级、省部级工法 257 项；主编和参编国家及行业规程规范 9 部，创造了多项"国内第一、世界罕见"璀璨业绩，多项工程获"鲁班奖""大禹奖""詹天佑奖"、全国优秀工程奖，突显了强大的行业影响力。

跨越发展，以党建凝聚合力

企业要发展，关键在党的指引。全面从严治党，将党建优势转化为推动企业发展的凝聚力。水电五局通过持续开展党建和文化建设，加快推动企业转型升级，实现跨越式发展。通过全面深入推进从严治党，坚持一线工作，注重顶层设计，坚持以点带面，创新方式方法，水电五局制定了《项目党建指导意见》《海外项目党建指导意见》《党支部日常工作手册》，全面推动党建向基层一线纵深延伸。

近年来，水电五局将党建工作纳入项目前期策划内容。实现了将党建工作与生产经营和项目履约同策划、同部署。2017 年，新成立基层党支部 29 个，党建工作的"肌体"持续完善、健全和强化，党建工作的"触角"持续向基层延伸，党建工作的"航船"全面加速，开足马力带领水电五局在市场竞争的大潮中行稳致远！

"国有企业是我们党执政兴国的重要支柱和依靠力量，是党领导的国家治理体系的重要组成部分。党的十九大提出了新时代党的建设总要求，为做好新时期国企党建工作指明了方向。"水电五局党委书记、董事长贺鹏程表示，"水电五局这支有着'红色基因'的钢铁团队始终坚持以习近平新时代中国特色社会主义思想举旗定向，牢牢把握党中央加强深化改革中的国企党建工作总要求，努力将党的领导这一国有企业独特的政治优势转化为企业的核心竞争力。"

高山低头，河水让路；砥砺奋进，跨越发展。回首往昔，战果丰硕；展望未来，任重道远。水电五局以"治水献电"为己任，努力适应国家经济发展新常态，紧跟国家"一带一路"倡议，积极践行五大发展理念，持之以恒改革开放，坚定不移地朝着打造世界级"百年企业"的目标逐浪奋进。

燃点万家灯　共筑中国梦

——天生桥水力发电总厂三十年改革发展纪事

天生桥二级水力发电有限公司　邓峰

天生桥二级电站系南方电网应急调峰调频电厂，其运行管理主体天生桥水力发电总厂（2018 年 5 月起对外主体变更为天生桥二级水力发电有限公司）位于贵州省兴义市，成立于 1988 年 3 月。天生桥二级电站是西电东送发源地，也是改革开放最前沿——广东省的动力源泉，电站至广东、贵州和广西的 4 回 500kV、8 回 220kV 输电出线，构成了南方电网交流输电主网架的重要枢纽。

时至 2018 年，天生桥水力发电总厂走过了整整三十年。"千淘万漉虽辛苦，吹尽狂沙始到金"，在 30 年风雨无阻、披荆斩棘的奋斗历程中，天电人不忘初心，坚定信念，紧随改革浪潮，紧跟时代步伐，跨过一道又一道沟坎，取得一个又一个胜利，完成一个又一个超越，为水电事业发展做出了积极贡献。

这个积极贡献，就是天电人闯溶洞、过暗河、战塌方、治涌水，在 800m 地层深处开凿出中国最长的引水隧洞（天生桥二级电站引水隧洞长近 10000m，直径 10m），成功治理了被称为世界上最高的边坡，在地质条件极为复杂的喀斯特岩溶地区建成了百万级的天生桥二级电站，擎起了西电东送第一面大旗，实现了我国西部丰富水电资源输送到东部沿海地区的伟大战略构想。

这个积极贡献，就是天电人抓安全、消缺陷、搞技改、强基础，紧跟电力科技发展步伐，陆续完成监控系统、励磁系统、保护装置及技术供水等一轮轮改造，不断提高电站科技水平、健康水平及设备可靠性，实现了南方电网互联互通枢纽、西电东送大通道的安全稳定运行。

这个积极贡献，就是天电人稳生产、降成本、增收入、保收益，规范企业生产经营，不断提高经营效益，确保了国有资产保值增值，有力支撑了地方经济发展，实现了企业、员工和社会的共同发展。

创 业 艰 难 百 战 多

改革开放初期，万事万物都散发出蓬勃而生涩的活力，各行各业的建设正如火如荼地进行，随着广东省、广西壮族自治区经济的迅速发展，带来了巨大的电力需求和压力，为解决广东、广西的严重缺电问题，天生桥二级电站作为国家重点工程，于 20 世纪 80 年代初期正式拉开建设大幕。

那是一个除却精神充裕、物质极度匮乏的年代。彼时的施工装备，除了有限的工程车辆，仅限于"铁锨镢头架子车，手挖脚走肩膀扛"。天生桥二级电站当年在全国堪称一项宏大工程，没有大型装备，只能靠人力，施工的难度和强度，令人难以想象。当年建设高峰期，数万人前赴后继，聚集在红水河畔，挥洒激情和热血，奉献青春与生命，艰苦奋战不舍昼夜，谱写了一部气吞山河的壮丽篇章。

那是一个劳动不分贵贱、集体苦中作乐的年代。厂长、大校、工程师、水利专家、武警战士和民工，白天在尘土漫天的工地上艰辛劳作，晚上在蛇鼠成群的工棚里酣然入睡，被落石砸伤、蛇鼠咬伤是常事。宿舍离工地有一段距离，人们早出晚归，在工地上一待就是十几个小时。逢着下大雨，泥巴路不好走，中午送饭的车子进不来，只能饿着肚子干活。有时山顶坠石堵塞道路，晚上连要命的"蛇窝鼠窝"都回不去，只能就地铺几张报纸熬过一宿。那时的天电人，端着搪瓷盆，喝着红河水，吃住荒野里，汗水浇尘土，夏天蚊子咬，冬天冷风吹，但仿佛每个人身上都有使不完的劲，苦中作乐亦甘之如饴。那还是一个技术条件落后、摸着石头过河的年代，天生桥二级电站作为大型水利工程，建设前后牺牲了数十位水电建设者，天生桥二级电站纪念碑下，为水电事业付出生命的英魂永垂不朽。

牺牲，没有吓退勇敢的建设者。数万民兵轮番上阵，闯溶洞、过暗河、战塌方、治涌水，建边坡、打隧洞、筑厂房、建电站……在施工装备极为简陋的条件下，历经日日夜夜的艰苦奋战，硬是在"地质博物馆"上创造了人类水电史上的一个又一个奇迹。继1992年底首部机组并网发电8年后，天生桥二级电站于2000年全面建成，强大的电力源源不断地输入广东、贵州、广西三省区，由此奠定了天生桥二级电站西电东送发源地和南方电网互联"桥头堡"的历史地位。

蜡 烛 精 神 永 相 传

1993年1月23日，时值农历大年初一，由贵州电网盘县至兴义的高压线路因冰凌破坏，整个天生桥二级电站工地的生产生活用电中断。运行分厂迅速行动，中控室、单机室、厂用电、500kV开关站、辅机值班点等5个值班地点，工作人员点着蜡烛监盘，打着手电操作，坚守工作岗位，保证了首台机组春节期间向贵州、广东电网安全供电。当时，因缺电导致饮用水抽水泵无法运行，吃水只能用挑，吃饭只能摸黑烧煤。几天后，供电才恢复正常。随着电站工程的进展，点着蜡烛发电的场景也被铭记入电厂历史。

时代沉积厚重，影响广而深刻。今时今日的天电工作者，工作、生活环境不再像改革开放初期那样艰苦，但"蜡烛精神"始终激励着一代又一代天电人。30年来，似乎总有一种力量指引着他们，让他们从五湖四海奔赴而来，无怨无悔地在贵州幽静的山谷里安家落户，面朝山河，迎难而上，争相付出，欢欣鼓舞。

老谢，全名谢孟军，是一名退伍军人，非科班出身，却从"电脑盲"变身"电脑高手"，从机械检修"外行人"变身"技术行家"。老谢值得称道的事迹太多，仅举一例：2005年10月，天生桥二级电站2号主变压器发生事故亟待检修。主变压器检修由日本三菱公司提供技术支持，但需制作大量专用工器具及设备。由于国际制图标准和国内不一样，难倒了电厂领导。老谢主动请缨，将所需制作的专用工器具及设备绘制成国标图纸，分别赴贵阳变压器厂、昆明变压器厂和云南通海变压器厂抓质量、赶工期，严格把关加工的每一个环节。得益于他的监造，加工的设备运抵现场后直接投入使用，确保了主变压器及时恢复投入运行。

在电厂工作，技术人员必须对工厂设备有着全方位的了解。然而，在设备不检修的情况下，很难做到对设备结构、原理充分了解和熟悉。针对这一难题，电厂开展了"3D建模与课件开发制作"项目研究。项目骨干之一欧泽波充分发挥"蜡烛精神"，利用休息时间完整收集、校核电站设备图纸，现实测量设备数据。功夫不负有心人，在他的带领下，历时四年，电厂终于实现了电站水轮发电机组 1:1 精准尺寸三维建模，并形成机组分步检修工序展示系列课件 434 个，广泛应用于电厂技术员工培训学习之中。

"技改尖兵"姚明亮在电厂发展改革中，主要负责天电维基系统流程制作及运行。他策划建立了天电维基系统，这是一种半开放式的全厂生产班组规范化管理的空间框架和信息、资料共享平台。依托该系统可以对全厂生产班组空间的一、二级目录进行固化，三级目录以下由班组根据专业性质及班组实际业务进行定义，实现了规范班组作业行为，指导班组日常工作，提高作业水平和工作效率的目标。同时，该平台可以轻松实现全厂信息和资料共享，解决了资料零散、容易遗失和信息孤岛难题。系统目前已被上级公司及兄弟单位广泛推广应用。

除此之外，"五星班领头羊"杨虎、"培训能手"黄光宏、"青年带头人"马加顺、"最美摄影师"叶宗权、"最美女职工"黄果芳等……一代又一代天电人，秉承先辈创业精神，在各自的领域里不遗余力地燃烧着自我，微弱的亮光汇聚成灯的海洋，让蜡烛精神在电厂代代相传，永远熠熠生辉。

改革创新勇攀高

面对新一轮电力体制改革所带来的影响，在创建国际一流水电企业、推动企业更高质量发展的道路上，天生桥电厂认为应该"练好内功"，可以从"人、设备、文化"这 3 个层面入手，全面提升核心竞争力。为此，电厂做了大量有益的尝试，精益管理就是其中之一。

首先从人的意识入手，2015 年以来企业大力开展"走出去"，到国内先进电厂学习调研；"请进来"，举办领导干部、青年人才精益管理培训班，广大干部员工逐渐转变观念、认识差距、提高工作标准。2017 年，企业开始引入精益管理工具，实行看板管理、7S 管理、推行精益项目，出台了"全员参与，上下齐动"微小改善行动，专以善小而为之，每月评选出优秀改善案例、每季度评选改善之星，并给予奖励。为了培育驱动干部员工"在位、谋事、尽责"的登高意识，在 2015 年建立了行政领域的责任追究机制，并不断完善。建立员工月度考评机制，尝试推进直线经理制，打破平衡、拉开差距，让想干事、干成事的人得到更多的奖励，精益管理激励机制作用成效凸显。同时将精益管理中好的经验和做法，通过门户网站、楼宇电视、微信公众号等载体广为宣传、树立典型。当前，精益意识已深入人心，"精益求精、不断超越"为核心内涵的精益文化正日渐形成。

老旧设备整治是关键。天生桥电站自 1992 年首台机组投入运行至今已 20 余年，部分设备已达到或接近轮换年限，进入到设备生命曲线后端，老化现象日趋严重，缺陷逐年增加。2016 年，为系统全面地开展老旧设备整治，企业对全厂生产设备（设施）运行状态进行评估，全面梳理设备管理盲点，系统制定设备管控策略和老旧设备整治总体规划，为设备管理、整治提供科学依据。将精益理念融入设备运维检修，从单一的追求运维检修质量到设备检修质量与观感效果提升的双重要求，在完成设备检修质量要求的同时，实现了设备本身和周围附属观感效果的同步提升。近年来，电厂成功消除了调压井闸门卡阻、500kV GIS 系列重大历史遗留缺陷和隐患。截至 2018 年 8 月 9 日，电厂连续安全生产天数达到 1872 天，正持续刷新纪录。机组启动成功率连续 3 年保持 100%。2017 年，电站安全风险管理体系达到四钻二星水平，安全生产管控水平持续提升。

近年来，电厂完成了厂房区域及设备设施安健环整治规划、非生产区域环境整治规划、电厂总体规划（生产区域小型基建）、大坝防洪区整治规划等多项规划，为厂区整体环境整治绘制了蓝图。同时完成了电站厂房部分区域综合整治、调压井区域设备设施综合整治、大坝坝面整治等环境治理项目，老厂旧貌换新颜。

生产模式变革是出路。在 2008 年实现"无人值班，少人值守"后，天生桥电厂 2015 年顺利实现远控单人值班和生产现场典型 On-call 值班方式，2016 年实现运行、水调合署值班；2015 年以来，电厂在南方电网公司系统率先探索推进"运维合一"生产管理模式，并于 2018 年 7 月 1 日顺利实施了运维合一。通过推进"运维合一"生产管理模式的转变，促使员工逐步达到"专一能二"的要求，进一步盘活人力资源，解决技能人员结构性缺员问题，从而达到人员精简高效、人尽其用的目的。

多年来，企业在开展技术创新、科技创新、职工创新的道路上不遗余力。依托技术革新，电站从一开始烦琐的手动现地控制到中央控制再到如今的一键远程控制，实现了质的飞跃；在全国水电系统首开先河，完成了水电站三维精确建模及可视化仿真系统开发，极大提高了培训的直观性和有效性，破解了长期困扰的培训难题，该项技术创新也获得了 2013 年全国电力职工技术成果二等奖等多个奖项；率先建立了天电维基系统，搭建了团队协作平台，实现了企业资源共享，为上级公司系统推广提供了借鉴。

2018 年，是我国改革开放 40 周年，恰逢天生桥电厂建厂 30 周年。30 年来，电厂精神文明建设硕果累累，连续 5 届获评全国文明单位，先后荣获中央企业先进集体、全国五一劳动奖状、贵州省职工文体活动先进单位、贵州省职工绿色环保工作先进单位等荣誉称号。30 年来，天电人沐浴着改革开放的春风，不畏艰险、励精图治，创造了波澜壮阔、浓墨重彩的历史，为国家的西电东送事业、当地经济的发展做出了不可磨灭的贡献。截至 2018 年 7 月 31 日，电厂安全生产天数达 1863 天，并将不断刷新纪录；累计发电量超过 1413 亿 kWh，累计上缴利税逾 52 亿元。自 2009 年天生桥二级水力发电有限公司正式运作以来，累计实现利润总额 33.5 亿元，2017 年利润总额更是首次突破 10 亿元大关，创历史最好数据！

"器大者声必闳，志高者意必远"。天电人知道，唯有继续发扬"燃烧自己，照亮他人"的风险精神，深植和践行"精益求精、不断超越"的文化追求，勇于担当、敢为人先，方能建成一个机构精简、人员精干、管理精益、本质安全、指标优异，跻身于一流行列的水电厂，并推动企业不断向更高质量发展。新时代，新征程，天电人不忘初心，一路向前，矢志不渝守护东南地区的万家灯火，齐心合力共筑属于水电人的中国梦！

唱响新时代铁军之歌

中国水利水电第八工程局有限公司　　鲍亚欢

> 四十年磨一剑，剑锋穿云破空；
>
> 四十年铸一梦，梦回时代匠心。
>
> 中国水利水电第八工程局有限公司（以下简称水电八局）从硝烟战场转为水电市场，八局人华丽身份的转变，唯一不变的是"铁的纪律、铁的责任、铁的担当"。

水电八局于 2011 年中标国家电网仙居抽水蓄能上水库工程。

冬去春来，寒来暑往，四季更替，花谢花开，仙居施工局团队即将渡过在浙江的第六个年头。一路耕耘，一分收获，仙居施工局团队用"自强不息　勇于超越"的企业精神，扛着中国电建的大旗，在浙江这片陌生的土地上收获果实。

工匠精神，筑坝先锋

提起工匠精神，很多人会第一反应德国的汽车、瑞士的表，然而，无需那么远，就在仙居施工局，无论是一根锚杆或是一仓混凝土，每一名员工，对每一道工序，都精益求精，都能够折射出工匠精神。

在仙居抽水蓄能电站工程建设中，施工局积极推行"效益最大化、质量标准化、安全人性化"管理理念，结合项目的实际情况，从工艺标准、技术方案、现场管控、安全文明施工等方面做到统一部署，从始至终，专注于工程施工质量从优、技术从先。

施工局承建的面板堆石坝混凝土接缝处需采用铜止水防渗处理，但现有铜止水加工仪器采用 1.5m 的铜止水现场人工焊接，施工耗时长，且存在焊接缺陷问题，为后期坝体及面板的防渗问题埋下隐患工作，由此可见，这个问题不能忽视，引起了施工局技术及物资人员高度重视。

施工局参照以往工程建设单位工作经验，现市场中有铜止水挤压成型设备装置，因考虑到浙江是模具之乡的因素，于是物资部门很快联系到闸门生产厂家，因压制闸门工作原理与铜止水制作相似，对压制闸门设备进行改进是否可以压制铜止水，这一方案等到了验证，完全可以。与厂家联系，进行改装，施工局购置此设备，实现铜止水加工一次成型，并获得国家专利，以后在类似面板堆石坝工程中可以得到广泛推广应用。

就是凭借着这种工匠精神，相继获得"一种拖式碾压机的远程操作装置"国家专利，同时也被中国电力建设股份有限公司评为"中国电建优质工程奖"等一项项殊荣，攻克一个又一个技术难点，迎难而上，从未退缩，取得了一个又一个骄人的成绩。

攻 坚 克 难 推 进 度

仙居抽水蓄能上水库由一座主坝和一座副坝、两座面板堆石坝作为挡水建筑物，其中副坝坝顶长 222m，最大坝高 59.7m，坝顶宽 7m，坝顶高程 679.2m，整个坝体分三期填筑：Ⅰ期为预填筑期，主要分布在下游；Ⅱ期为全面填筑期，从上游坝基开始填筑，最终与Ⅰ期坝面平齐；Ⅲ期为路床填筑。

主、副坝总填筑量 137 万 m^3，要在不到两个月的时间里面完成近 40 万 m^3 的填筑，又由于副坝坝体宽度与填料之间的矛盾，这个目标完成起来有相当大的难度。在填筑过程中，负责主攻的一工区，上下齐心，精心组织，每一个生产环节都有专人落实，每一道施工工序都安排专人控制，每一项工艺均有现场指导；特别是进入七月以来，面对高温酷暑，我们的作业人员没有被困难吓倒，在做好劳动保护的条件下，合理安排生产作息时间，避过高温时段作业，准备好防暑降温用品，抓紧一切时间进行生产作业，施工局的生产、质检、安全、技术、试验等部门的管理人员全力以赴，从不计较个人的休息时间，主动为生产一线服务。

2013 年 7 月 11 日，是一个特别难以忘记的日子，过渡料源告急！在指定的料场开采出来的过渡料与设计时的地质明显不符——不合格！在这个关键的时刻，不解决过渡料源的问题，无疑等于所有希望将成泡影！而业主明确要求过渡料必须采用爆破的新鲜石料，不得降低过渡料的标准进行填筑施工，在副坝填筑攻坚阶段，这对施工局无疑是一个沉重的考验。面对这种棘手的难题，施工局连夜召开紧急会议，讨论如何解决过渡料源的问题，经过讨论，为了不影响坝面填筑料的施工进度和工期目标，仙居施工局做出了一个很重大的决定，组织十辆后八轮装卸汽车配合副坝填筑，从中平洞处取料，同时决定主坝每天向副坝送 200 车填筑料，采取了重点突出，各个击破的战术，从而加快副坝填筑步伐。

于 2013 年 7 月 25 日，仙居抽水蓄能电站上水库主体工程副坝Ⅰ、Ⅱ期填筑全面完工，如期完成一个个节点目标，并于 2015 年 6 月顺利通过蓄水验收工作。

过程管控，实现低渗透

副坝填筑采用分区填筑，填筑部位有垫层料、特殊垫层料、主堆石、下游堆石、上游过渡料、坝体过渡料、主坝过渡料 7 种界面料之多。每种填筑料指标各异，尤其以垫层料和上游过渡料最为严格，按照技术条款堆石级配的规定，垫层料采用层铺法掺配的加工料，最大粒径为 8cm，压实后层厚 40cm，20t 振动碾碾压密实，设计干容重 21.8kN/m³；上游过渡层料采用新鲜开挖石料，最大粒径 30cm，压实后层厚 40cm，20t 振动碾碾压密实，设计干容重 21.0kN/m³。不仅如此，填筑还得满足国网新源控股有限公司《施工工艺示范手册》的要求。

坝体填筑工作历时一年载，主、副坝满足了一次又一次填筑料压实度试验和颗分试验，成功地通过了试验检验的各项指标。坝体沉降量和渗流量两项重要指标的监测成果表明：上水库主、副面板堆石坝沉降量、渗流量小，处于国内同类型坝领先地位，质量控制成果显著。

不忘初心，追求建设精品

初心就是梦想，几代电建八局人，南征北战，甘于吃苦，勇攀高峰的精神，精益求精的科学态度，团结协作的意识，这就是仙居抽水蓄能项目这个团队血脉中强大的基因，指引着他们不忘初心，继续前行。

仙居施工局自成立以来，积极投身到仙居抽水蓄能电站的建设中去，积极响应业主单位国网新源控股有限公司提出的"争创国家优质工程"的工程建设目标，致力于打造中国电建企业名片，用自己的辛勤劳作，创造了一个又一个行业建设纪录，树立了行业的标杆，得到业内同行单位及国家电网有限公司的高度评价，同时，也为开拓浙江市场，奠定了坚实的基础。

忆往昔，峥嵘岁月四十载；看今朝，励精图治创辉煌。

搏击江河　铸梦水电

——"葛洲坝机电"品牌发展纪实

中国葛洲坝集团机电建设有限公司　莫文华　崔慧丽　刘创农

引　言

改革开放四十年来，我国水电建设取得了长足进步，不仅表现在水电工程规模和装机容量的增长上，而且大型机电装备的自主制造、安装调试、运维管理技术质量水平也得到大力提升。从兴建万里长江第一坝的葛洲坝水利枢纽工程，到开发西部的漫湾、二滩水电站，再到举世瞩目的三峡溪洛渡、乌东德白鹤滩工程，中国葛洲坝集团机电建设有限公司（以下简称葛洲坝机电公司）在四十余载的品牌建设中孜孜以求，在坚守中创新求变，在改革中不忘初心，在拓展中不断巩固，走出了一条独具特色的品牌之路。

开　篇

驯服长江洪水、开发利用水能，是中华民族千百年来的一个梦想。20世纪70年代初，在宜昌西陵峡口举行了万里长江第一坝——葛洲坝水利枢纽工程的开工典礼，万炮齐鸣声中，拉开了开发长江水能资源的大幕，葛洲坝集团的前身也由此而来。葛洲坝作为一项综合利用长江水利资源的工程，具有发电、航运、泄洪、灌溉等卓越效益。

常听父辈们讲述那机车轰鸣、人声鼎沸的壮观场面，到1988年底整个工程建成，葛洲坝机电公司累计完成水电机组安装271.5万kW，在当时的设备、技术条件下，首次创造了一家企业年安装机组6台、装机容量75万kW、单机安装工期33天的三个全国纪录，水轮发电机组优质快速装机技术荣获国家科学技术进步奖。对于许许多多的参建者来讲，这不仅是一座水利工程，巍巍葛洲坝，融入了他们的青春和汗水，也铸就了他们的梦想与荣耀！葛洲坝大江电厂厂房工程如图1所示。

图1　葛洲坝大江电厂厂房工程

受益于葛洲坝工程的建设成果，葛洲坝机电公司培养造就了一批水电工程建设、管理的高水平人才，大型机组优质安装技术的开发成功，也对加快水电建设步伐产生了深远影响。20世纪80年代，葛洲坝集团率先响应国家经济体制改革的号召，积极参与市场投标，当时全国水电建设有五座百万千瓦级的大型水电站被誉为"五朵金花"，葛洲坝人同时承担了其中清江隔河岩、澜沧江漫湾、南盘江天生桥三座大型水电站的机组安装任务。其中，1993年装机总容量达154万kW，1994年，又实现了9台总容量133.32万kW机组投产发电目标。在20世纪中国已投产发电的最大水电站——四川二滩（如图2所示），葛洲坝人牵头安装了当时最大的55万kW水电机组，解决了多项重大机电设备安装调试技术难题。

图2　四川二滩水电站

发　展

世纪之交，国家提出了西部大开发和"西电东送"发展战略，推动了多条大江大河的水电开发建设，葛洲坝机电公司也顺应形势、抢抓机遇，迎来了水电安装大发展的契机。

在广西龙滩水电站，葛洲坝机电公司顺利完成了 6 台 70 万 kW 全空冷机组的安装调试任务；在黄河拉西瓦水电站，首次在水电站内应用的 750kV 输变电设备顺利投入运行，该工程也荣获"全国新技术应用示范工程"荣誉称号。正是因为三峡、龙滩、水布垭等特大型、大型水电站的集中投产，2008 年，公司年装机总量一举突破 800 万 kW，创世界行业纪录。

2012 年，葛洲坝机电公司参建的三峡电站左岸、右岸、地下电站历时 12 年圆满收官，累计完成进口和国产两种机型四个厂家，水冷、空冷和蒸发冷却三种方式，共 18 台巨型机组的安装调试任务，成为国内首家掌握全部冷却方式巨型水轮发电机组安装调试关键技术的企业。700MW 蒸发冷却机组安装如图 3 所示。

图 3　700MW 蒸发冷却机组安装

三峡及溪洛渡左岸机组安装荣获国家级工法 1 项、省级工法 4 项，发明与实用新型专利 12 项，国家及行业标准 2 项，技术创新保证了工程技术先进、质量优良、安全经济，也创新了巨型水电机组安装技术和工艺，构建了具有自主知识产权的安装核心技术体系。

投产发电的溪洛渡左岸机电安装调试工程如图 4 所示。

图 4　投产发电的溪洛渡左岸机电安装调试工程

与常规水轮发电机组相比，可逆式（抽水蓄能）机组其内部结构和运行方式均有所不同，工况多，工艺复杂。葛洲坝机电公司先后承担了江苏宜兴、湖北白莲河、内蒙古呼和浩特、江西洪屏以及广东深圳等抽水蓄能电站机组的安装任务，掌握了这类机组安装的核心技术。其中白莲河抽水蓄能电站工程荣获中国电力优质工程奖、国家优质工程奖，宜兴抽水蓄能电站工程荣获鲁班奖、改革开放三十周年百项经典暨精品工程。公司首次突破技术壁垒，自主调试的呼和浩特抽水蓄能电站，仅用 33 天就完成了首台机组从发电工况首次启动到考核试运行前的全部调试，创造了国内同类机组调试时间和质量最好水平。

葛洲坝机电公司金属结构制造安装、通航工程设备安装、起重设备安装技术实力也得到长足发展。2016 年，参建的世界最大的垂直升船机——三峡升船机和世界首座具有自主知识产权的水力式升船机——景洪升船机相继通航。其中三峡升船机是世界上规模最大、技术和施工难度系数最高的升船机。至此，三峡工程建设者憧憬多年的"大船爬楼梯、小船坐电梯"壮观景象成为现实。三峡升船机试通航如图 5 所示。

景洪升船机则以水能提升动力，通过输水管道对竖井充泄水，驱动浮筒的升降，带动承船厢升降运行，经济高效，节能环保，填补了国际升船机领域的空白。从此，从澜沧江到湄公河一路畅通无阻，促进了我国与东盟国家的经贸往来。

图 5　三峡升船机试通航

近年来，葛洲坝机电公司相继安装了亚洲跨距最大，高度最高的向家坝三台移动缆机，国内跨距最大的坝顶门机——向家坝水电站坝顶门机；制造并安装了国内最大的偏心铰弧形工作门——水布垭放空洞弧形工作门以及目前国内水电站体积最大、吨位最重的平面滑动闸门——溪洛渡水电站导流洞进口封堵门，成为大型和特大型能源建设项目的重要技术支撑力量和相关设备制造安装的龙头企业。

腾　飞

葛洲坝机电公司品牌创新的脚步一直没有停歇，在保持机电安装技术行业地位的同时，也积极响应"一带一路"发展战略，努力开拓国际国内市场、提升发展空间。

积极实施国际优先战略，市场范围遍及亚洲、拉美、中东、非洲的十多个国家和地区，业务范围也由原来单一的机电工程，拓展到 EPC 总承包、设备成套、运维检修及培训。

承担的首个国际机电成套项目——老挝会兰庞雅水电站已于 2015 年下半年投产，荣获"老挝国家电力特殊贡献奖"，老挝的第二个机电成套和安装项目——南涧水电站，也已全面投产。

2016 年，公司受命于危难之际，承担安装调试的厄瓜多尔保特－索普拉多拉水电站 3 台机组，经过 7.5 级强震的考验，全面投产发电。其中首台机组在强震的前一天投产，持续承担保电责任，为抗震救灾做出突出贡献，彰显了央企的社会责任。厄瓜多尔总统科雷亚高度评价该工程是该国"水利工程上的一座里程碑"。

首个 EPC 总承包水电项目——伊朗鲁德巴水电站成功投产运行。鲁德巴工程建设中所体现的高标准和高质量，得到了伊朗政要的高度评价。伊朗能源部长契特契安表示，葛洲坝集团在鲁德巴工程建设中体现了高标准和高质量，期待在以后的项目中继续合作。首个国际 EPC 项目——伊朗鲁德巴水电站转子吊装如图 6 所示。

图 6　首个国际 EPC 项目——伊朗鲁德巴水电站转子吊装

2018 年，习总书记在视察湖北时指出，"三峡工程是大国重器。核心技术、关键技术，化缘是化不来的，要靠自己拼搏。"2018 年，葛洲坝机电公司也荣幸中标白鹤滩、乌东德两大水电站共 14 台机组的安装合同。如今的中国葛洲坝集团机电建设有限公司，正信心满满，奋进新时代，跨越新征程，努力为攀登水电建设行业的"珠穆朗玛峰"，为铸造"大国重器"、实现水电可持续发展再立新功！

结　语

从葛洲坝到三峡，再到溪洛渡、乌东德、白鹤滩……一部葛洲坝机电品牌的成长史，像一滴水折射了我国水电建设的改革发展史，也记录了我们民族追寻梦想、实现梦想的艰辛历程，谨以此文，献给披荆斩棘、励精图治、搏击江河的中国水电建设者们！

三代人水电情　四十年改革路

中国水利水电第一工程局有限公司　丛熙航

> 四十年，在历史的长河中，只是弹指一挥间。但我相信，时间也是有重量的，这四十年，对我们国家的发展，对中华民族的崛起，承载着不可替代的分量，镌刻着奋斗不息的烙印。

都说"国是最大家，家是最小国"，作为九零后的我，一个水电人的第三代，刚走上工作岗位一年有余，还无法从宏观的高度深刻感受改革开放这四十年的发展历程，但见微知著，从我的家庭过往，爷爷的水电一代人，到爸爸的水电二代人，再到自己的水电三代人，却能深深感受到时代日新月异的变迁。

那些曾经听到的故事，既模糊地浮现在儿时的记忆里，又鲜活地发生在身边的现实中，犹如一个个传奇，让我明白，那是每一个水电人、每一个水电家庭的共同经历。万涓成水，汇流成河，正是这一代代水电人，凝成了水电一局跨时代的铿锵步伐，展现了新中国改革开放四十年的宏伟篇章。

水电一代人：守家建业，献了青春献终身

听爷爷讲，1974 年随着桓仁和回龙山水电站主体工程的结束，一局人启程开拔，前往白山黑水间的白山水电站，爷爷也跟随着大部队来到了这个风景如画的地方。他说，那时的交通条件，这段路程相当远，拖家带口，大包小包，坐完汽车倒火车，"咣当、咣

当"好几天才到。

那时的一局是一个独立的"小王国"，学校、医院、消防队、公安局一应俱全。家随单位走，爷爷把家安在了白山水电站下游——影壁峰（也叫批洲）。爷爷说，那时的住房是单位公房分配的，最开始住的是"土"房子，木丝板外面抹的黄泥，屋子里的墙面要用旧报纸糊上。后来，条件改善了，就换了砖混结构的"砖"房。

爷爷那时几十块钱的工资要养活一家人，"吃"和"穿"是一家人首要解决好的大事。计划分配的定量制，使每个家庭都具有天生的节俭意识，粮票、布票、肉票……万事凭票，成为那个时代特殊的景象。"那个时候，每次出差前必须先去把地方粮票换成全国粮票，要不然，到了地方就没饭吃。"爷爷讲道。每月按计划定量领取大米、白面、豆油等这些金贵的"细粮"，可不敢敞开了吃，都要精打细算，留出余量，为过年的"大餐"做准备。平时吃的是玉米面或者混合面做的"大饼子"，漫长的冬天就是白菜、土豆、萝卜"老三样"。后来好了，每年春节前，各单位派车去集中采购大棚青菜，回来后要按量福利购买，每户不能多买，但就是这样，也已经让人羡慕不已了。穿衣也要精打细算，家家户户都是"新三年，旧三年，缝缝补补又三年"，一件衣服老大穿了老二穿，老二穿了老三穿，再正常不过了。

生活条件尚且如此，工作就更加艰苦。"那时的施工条件和现在没法比。"爷爷说。虽然当时爷爷是在机械厂做物资管理，但经常往来施工现场，对当时的施工场景记忆犹新。当时大型机械设备有限，土建施工很多时候都要靠人抬肩扛，条件艰苦，环境恶劣。三伏天里干到热火朝天的时候，大家脱了上衣，只披着一块搭肩布，不论多沉的东西背上就走，几趟下来汗水淌得就好像是水里刚捞上来的一样，大汗淋漓之下稍有不慎，粗糙的袋子就可能划破皮肤。冬季的施工就更困难了，穿着劳保棉袄和棉鞋，白天黑夜，连续干上十几个小时是常有的事。白天有阳光还好坚持，就怕晚上夜班，干上活就不敢停，否则冻得在雪地上不停地跺脚。

记得小时候，爷爷带我去山上，走到一个山坡时说："这片坟地埋的都是咱水电局的人。"

如今，爷爷已不在多年了，他一辈子经历了两座电站的建设。我想，老一辈人青春的奉献，甚至生命的付出，诠释的不仅仅是个体的价值，他们是改革路上的脚印，折射出的是时代的声音。

水电二代人：走出家门，舍了小家成大家

时间走到 20 世纪 80 年代，遵循"老子"在哪儿"儿子"去哪儿的毕业分配原则，我父亲也成为了一名水电人，也就是水电二代。

他参加工作的单位就在白山水电站和爷爷家之间，那个地方叫长哨。家里又多了一个人挣钱，生活条件自然是好了很多。父亲说，那时的市场也逐渐丰富起来了，各种"票"也慢慢地退出了人们的视野，似乎一夜之间就不在为吃穿而愁了。几年之后，跨入 90 年代，爸爸娶妻生子，有了我。在我出生的头一年，爷爷家从影壁峰搬到了我出生的地方——白山镇，这个地处龙岗山脉北侧，吉林省东南部的小镇，是我人生的起点。

儿时的记忆就是从白山镇开始的，三居室的楼房，还有一个阳台，水冲厕所，干净卫生，自制安装了淋浴器，可以随时洗个热水澡，与之前排着长队、定期开放的公共浴池洗澡相比，既方便又卫生，幸福感满满。

当孩提时代的我，在尽情享受两代人宠爱有加的时候，正是计划经济向市场经济转型碰撞激烈的时期，工程项目不再是计划安排，市场需要自己去开拓。走出家门，去"外包点"是当时的口头语，也是当时的潮流，父亲就是这潮流中的一员。松江河、天荒坪、琅琊山一个个外包项目留下了父亲的足迹。

作为水电三代的我，那时候应该是最早的水电"留守儿童"了。为了能和远在千里之外的父亲经常联系，爷爷花了两千多块钱安装了电话。一个白色的电话，深深地印在我脑海里，因为电话里能传出父亲的声音。当时，这也算是家里的高科技电子产品了。后来，父亲又买了他的第一部手机，和家里的联系就更方便了。

路途遥远，工期所限，父亲回家的次数屈指可数，由此，水电人的家属、孩子就自发地开始了"反探亲"。每当学生寒暑假，水电人的亲属们就组团奔向一个个项目所在地，只为与家人团聚。

记得 2003 年的春节，身在琅琊山抽水蓄能项目的父亲不能回家，已上小学的我和妈妈"反探亲"去到项目上，这是我第一次"深入"水电工程项目，第一次亲身感受现代工程建设场面。一切都感到新鲜，办公室、员工宿舍、生活区按功能划分，整齐排列，

井然有序；施工现场各种叫不上名字的大型设备、车辆操作繁忙；还有加工制造厂区宽敞明亮、整洁划一。所有的场景和爷爷曾经讲过的那个年代，已不能等同。

但那时，最让我不能忘怀的，是父亲下班后，和同是"反探亲"的几家人凑到一起，共进晚餐，大人们一起做菜，一起包饺子，我们一群三代的孩子们一起疯一起玩，天然形成的亲情，感觉快乐无比。

在一次次相聚、一次次离别中，我们长大了。

父一辈的水电人，用他们对家庭的舍，构建了一个个项目。在那些项目的背后，是科技水平的飞速发展，是施工技术的快步提升，一辈子只干一个工程的时代一去不复返了。

水电三代人：走出国门，重整行装再出发

荏苒的时光，如梭的岁月，21 世纪就这样势不可挡的到来。作为新时代改革开放的"原住民"，我享受着这个时代带来的便捷，足不出户，知晓世界，为吃穿而难的年代似乎离我们那么遥远，遥远的只能凭想象去勾勒，飞机、高铁、网络通信、移动支付忽如一夜来，走入每个家庭，驱使着每个人快步前行。

四年的大学生活，党中央"一带一路"的号角已经吹响。毕业后的我，有幸回到了爷爷和父亲出发的地方，我不仅仅是山河故人，更是一名光荣的水电人、一局人，沿着爷爷和父亲走过的路，乘着一局发力前行的航船，去探索他们没走过的路和他们没看过的风景。

在新时代改革开放的巨浪中，水电一局迈出了"走出去"的步伐，在"一带一路"前行的道路上，我们是践行者。刚参加工作的第一年，我就有幸加入到了"一带一路"的队伍中，来到非洲的埃塞俄比亚。

遥远广袤的非洲大地，利用现代的交通和通信工具，时间和空间仿佛被压缩，和当初父亲到琅琊山抽水蓄能电站几天的车程相比，航班十个小时的飞行，距离都不是问题。到了埃塞俄比亚之后我才知道，这里的通信网络也是中国建设的，国产手机尤为好用，人在非洲，方便快捷的网络通信让我随时能见家人一面，不再有爷爷那时的"家书抵万金"，也没有父亲那时的"只闻其声，不见其人"，视频、语音，冲淡了我的思乡之情。

工作中，创新的技术，先进的管理，更让我体会到走在行业领先，站在时代前沿的自豪。

我很荣幸，出生在这样一个时代里，感受着改革开放带来翻天覆地的变革。作为中华民族的一分子，有幸参与到祖国伟大复兴的宏伟大业中，作为水电一局的一员，有幸参与到六十年峥嵘岁月后，重整行装再出发的壮举中。这一次我不再是一个旁观者！

有人说改革开放像浩荡的浪潮，让华夏神州在"历史的一瞬"翻天覆地、沧海桑田。而我觉得改革开放更像是春雨细微，浸润着每个中国人，改变着我们的生活。一代代水电人，就是在这春雨中演化的浪花，凝成波涛，汇成洪流，冲击着水轮机，一往无前地迸发出无限的能量与活力！

我的十局　我的梦

中国水利水电第十工程局有限公司　廖永谦

　　我是水电二代，愿用亲身经历的故事，折射出十局发展的影像。

　　老水电人说：为水电事业，献了青春献儿孙，悲情；我愿说：过程中，我们经历了，得到了，也看到了。经历十局艰苦卓绝的奋斗，挣扎，终于迎来了行业的春天。

　　四十年，弹指一挥间，好些记忆，就像昨天，仿佛还在眼前。借此，跟十局的新人们，讲几个故事，以祭奠那逝去的岁月。

一个周期就是童年

　　我经历的第一个水电站，现在看来很小很小，但在儿时的记忆中，很大很远。听父母讲，是在我刚刚学步，就去到偏僻的山沟里。那里像个大社会，一大批孩子，按不同的年龄段、分几个聚居地、不同爱好群，各就各位，上学、放学，上山下河；在引水渠游泳，将钢管当滑梯，顺着压力管道直下发电厂房；在那里的时光怎么就那么快，待我用顽皮的脚步，践踏、丈量水电站主体枢纽、仓库角落，就算是检验过了父辈们创造的奇迹，美好的童年就这样度过了。跟随父母转战下一个电站，如此周而复始，就是我们水电人的生活。到了都江堰（那时叫灌县）我猛然发现，自己该读初中了。童年的时光，太快了，一个小水电站的周期，太长了。

我出卖了老班长

水电二代，进入单位工作，是天经地义、顺理成章的事。刚开始是普工，就是还没分配工种，安排干啥就干啥。一次分配到浇筑班，夜班浇筑厂房挡墙混凝土。女孩子们是被照顾的，安排在骨料槽，称、放砂石骨料，由皮带机传送到搅拌站；我算是身强力壮，就该搬水泥，每次几包扛过去、拆封、倒入搅拌机；还有个小不点的男孩，大概16岁，总是躲在水泥堆中睡觉，喊不醒。班长是个四十岁的壮年，曾当过劳模，任劳任怨，算是十局中坚骨干。班长照顾小不点儿，安排他称、放添加剂，是缓凝剂，因为混凝土搅拌好了，从漏斗放入楼下的解放牌翻斗车，运输几公里到厂房，经溜槽入仓浇筑。刚开始，很是嫉妒小不点儿，我告诉他：黑板上写的0.21kg，算来是四两二，你这活儿也太轻松了。他把秤盘向袋子里一勾，提起来摇两下、扒拉秤砣大概平，往罐里一倒，又躲到角落睡觉去了。而我还在把汗水打湿的口罩拉开，顶着铺天盖地的水泥灰，忙忙慌慌倒水泥。很快，他的好日子就到头了，班长巡视来了，又把他从角落提出来，拖到黑板下，他还没有醒；班长大声问他：叫你秤添加剂，跑去睡觉，你这么快就加完了，秤的几斤？小不点儿弱弱地答：四两二钱，是他告诉我的。班长火冒三丈，对我大吼：这么大一车料，才加那么一点有啥子用？就该是四斤二两。我拉下不透气的口罩，据理力争；班长见我当众顶撞，一摆手道：你说了算还是我说了算？听我的，就加四斤二两。很快，我内心的不爽就烟消云散了，因为小不点儿这下比我还忙了，轻飘飘的添加剂，每一次要加入四斤多，可把小不点儿给忙坏了，秤盘又小，他手又短，半个身子都钻进口袋里去了，手忙脚乱，不停地在那里秤了倒、倒了秤，哪里还有机会睡觉，我开心的大笑起来。然而，没过两天就出事了，那一班浇筑几十立方米的混凝土总是不凝结。处里下来调查，我从实招供了。班长被撤职了，从此他见到我都是蔫头耷脑的；我也是心情沉重，是我出卖了班长，毁了他前程。

过早凋零的青春

那时，隧洞出渣是轨道加矿车。爆破完成、通风过后，一群男男女女，扛着锄头撮箕就进洞。到了掌子面，男孩子就把矿车推过来，先将大块的岩石抱起来放进车里；女孩子嘻嘻哈哈的用锄头往撮箕里勾小石头，再端起来倒进车里，当然长得漂亮的女孩，自然有男孩帮她接过来倒进去的。我们大多十八九岁，那时的生活真是无忧无虑，矿车推出去还没有返回的间隙，就找个凹处坐下（老师傅说这里比较安全），互相间说笑打闹；有意思的男女，就丢石子，在对方身上试探反映，当然会有效果，也有反的效果，被一大把泥土回敬过来，引得众人哈哈大笑。

所有人都穿蓝布工作服，臃肿的一坨，分不清男女，男孩子大多乞丐式，找根电线拴在腰间，还把饭碗勾在上面，很有点邋遢帅的感觉。我一个要好伙伴，是男孩子中的另类，在工装里居然穿白色领子的衬衣。女孩子中，庹三妹很特别，她非常漂亮，皮肤白皙，身材修长，有一头小卷发，最特别是她的工装跟大家不同，是改过的，穿在身上，贴身紧凑，尤其把裤子改得笔挺像现在的牛仔裤，更衬托出窈窕身材，加上最爱低眉浅笑，非常的出挑。

那时的我们没有烦恼，没有危机感，更没什么奢望，平淡得如那小溪，经年累月、日复一日的流淌；按时上班，到点下班，工资不多，从无拖欠，没有钱了，可借可赊，领薪就还；在快乐中忘记了忧愁，更忽略了安全。

我和白衬衣伙伴推矿车时，岔道处抖动翻倒车里一块大岩石，砸到他扶在车筐的手指，他猛地往回拉，手出来了，我抓起他的手看，少了一节小指头，推开岩石，拉出帆布手套一摸，肉肉的，竟然从里面抖出了那节手指。

后来，我离开了这个工区。不久，听到一个惊人的消息，庹三妹死了，是被一块石头正砸在头顶。我很难过，猜到了，她平时就不喜欢戴安全帽，怕压坏了漂亮的卷发，也不知是坐在隧洞的那个凹里，还是出洞口时正好遇到山上滚石。在那样的环境中，生死早已见惯了，只怨老天可恶，当真天妒红颜，偏偏就选中她了，还不到 20 岁，花样年华、美好青春，就戛然而止；她家也真不幸，两年前，她的一个哥哥，也是在隧洞中，被爆破意外砸死了。这时，我才领悟了老一辈说的：献完青春献儿孙——感到万分悲壮。

那些年，传统的生活模式，如闸坝前的水，幽暗、平静，唯有生死，能泛起内心些微的波澜。

我 的 一 个 小 目 标

我有个忘年交的朋友，老郭，是个工程师，五十岁了，没有成家；那时他有二百多的工资，当时算很高的了，他不抽烟不喝酒，怎么用得完这么多的钱？他的爱好，除了京剧，就老是跑来找年轻人玩，翘着个兰花指，嗲嗲的唱几段我似懂非懂的桥段，再摆个不男不女的造型，引得我们大笑。一次，我认真的跟他讲：如果哪天能拿到你这样高的工资，那我就很满足了，这是我第一次有点想法，给自己定一个目标。他竟然轻蔑的撇着嘴，用兰花指点着我的头道：年轻人，你错啦！将来，一切皆有可能，一切都要变了。

项目制给我们的冲击

后来就出了一本书《鲁布革冲击》，我们离鲁布革很远，没有切身的感受，但书中对新型水电站建设的描述，颠覆了我的认知。听说日本人主要是通过索赔来赚钱，忍不住大骂鬼子又欺我中华无人，小小的公司敢向国家索赔？日本人几十个人的公司，居然敢来中国承包上亿的国家工程，而且还不是全都来，只有个什么项目经理，带几个人来，指手画脚一番，就把我们的钱赚了，还赚得我们心服口服。

公司，那是个新名词，我的想象中，不说是人山人海，也该几千号人，起码要推挖装运钻碾各式装备；基建类公司，怎么可能没有广大场地、如山的机具、庞大的人力，居然在大城市的写字楼上，靠几十个人就完成运营？

这就是日本大成公司，教会我认识项目制、菲迪克条款、索赔等；管理，第一次被提高到技术之上，成了一个抽象、模糊而又时髦的名词。

对硬实力的肯定和向往

大型项目施工，最靠实力，传统解释就是家底，就是有钱有装备。十局的实力在整个水电系统内，是最弱的，在四川的三个局，我们与七局的物理距离最近，但实力上的差距就太远了。我们一直被表象误导，实力就是硬件、家底，后悔没有趁指令性工程的最后机会，多向总局要点调拨材料、装备等。双方设备档次上的差距是很大，我们唯一大型的电铲挖掘机，几个人辅助抬着电缆，钢索拉动齿轮铁臂，惊天动地嘶吼，也才挖出半斗石料；七局都用上进口的液压挖掘机了，那个快、那个巧，帅得我们流口水；我们似乡下人进城，见识了七局和铁十八局的液压多臂台车，像变形金刚，四支机械臂，顶在掌子面上，分分钟钻出几个深孔，而我们还在用手风钻打眼放炮；终于，我们也有了一台所谓多臂钻，其实就两个臂，这算十局当家的主力装备了，这一台的价值，几乎是全局的一半家当，宝贝得不得了。

我们很长时间都不懂，机械设备可以短时间内攒钱买来，但管理、技术人员成才，是需要几十年的积淀。

我们花了很多时间找客观，在怨天尤人，因此，在接下来的进入社会，招投标竞争地方水电项目过程中，屡战屡败，双方的差距更大了，照此比较，我们永远不可能望到七局的后背了。

央 企 的 无 奈

实事求是讲，央企进入社会找饭吃的十年，是行业至暗时刻，因为国家宏观条件造成，不仅十局，整个行业都在死亡线上挣扎。我们与地方企业甚至私人老板之间的竞争，像大型矿车与农用车争抢货源，大象与松鼠争食，是以己之短较人之长。加之我们还没有足够的积累，还没有练成内功，就无奈下海了，能够活下来，就不错了。万幸的是，在此艰难困苦期间，反而锻炼、成长、培养了一批人才，为春天到来，备下了发芽的种子。

十 局 的 一 个 大 劫

围棋中有打劫，一劫胜负，生死存亡。传中说有渡劫，一条蛇在风雨雷电中渡劫；它历经了千辛万苦、九死一生，存活了近千年，在蛇类中，已经算大大的成功了，竟然还不知足，顺着大树往上爬，仰着头去迎接闪电；如果没有被雷电劈死，渡劫成功，就能飞天成龙。

十局，在经历了十年与鼠争食、与狼共舞，几近绝望时，终于闯入了一片开阔的原野，如搁浅的巨轮，迎来了潮涨，滑入属于自己的大洋。十局第一次进入国际项目，是老挝水电建设，这是个转折点，是劫点；当然也经历一番惊心动魄、九死一生，最终柳暗花明。过程已经不重要，可能已被忘却，结果是意外的惊喜，巨大的成功。

搁浅没有死，雷电劈过没有死，那么就该迎风飞舞了。十局劫胜了，度过了危机；这艘大船，从内河湾，驶入发展的海洋。当年，全局工作会上，局领导工作报告，向大家报喜：经过努力，全局完成产值几个亿，力争再增加几千万；如今却是令我目瞪口呆的数据，去年完成七八十亿，明年力争达到施工产值过百亿。

分局的一次突围

三分局的历史，在十局内是最短的，今天却是辉煌的，它的成立和成长，却很有戏剧性。

当时十局中标了陕西林强一个项目，局里一时没钱配套购置必要的设备，而设备定时定点入场，是合同生效的条件。于是，任务落到了机关设备物资公司的头上，该公司多方筹措，发挥原有渠道优势，先用自有资金垫付，半买半赊，购回推、挖、装全套设备，运抵现场，却超过了规定的期限，项目失标。不得已，设备运回，放在仓库里，十局没钱支付；设备长期放在仓库，也是要花钱的，厂家又不断催欠，已经严重影响到十局的信誉。怎么办？先暂时出租给当地土方施工老板，变现回收点资金；后来发现其中还有利可图，土方施工简单高效，还可以顺势进入当时成都的三环路建设；于是，设备物资公司提出申请，局领导当机立断，成立了机械化施工处，进入周边的引水渠、路桥施工，这就是三分局的前身；后来利用十局多年积累的人才资源，抽调精兵强将，不断地充实干部队伍，于是就有了今天的三分局，为十局在路桥建设方面，闯出了一片崭新的天地，成为十局除了水电行业之外的又一张闪亮名片。

这就像极了当时十局在老挝，后退必定死路一条，身临绝境，无路可逃，只有披荆斩棘，突出重围，坚持到最后，忽然涅槃重生，创造意外的惊喜。

十局成才的周期变短了

当年，十局各个专业的人才也是济济一堂，但能够独当一面的，不多，或者说不敢放手。现在看来着实有点小家子气，中标三千万以上，属于大项目，非副处级以上，不能担当项目经理，五千万以上，要副局级担任指挥长（项目经理）。

而今，随便一个项目都是上亿，更有几个亿的，都是八零后年轻人担纲，独当一面；项目部各部门负责，多是九零后，照样风风火火，摧城拔寨；是格局大了，更自信了。正如当年老郭说的，年轻人，一切皆有可能。

软实力作用远强过硬实力

我没兴趣再追究日本大成公司今天是否健在，但对当年鲁布革冲击的反思，借鉴，忽然顿悟，今天的十局，今天的项目公司，和项目部，就有当年大成的影子。

当今的市场竞争，是更高层次的竞争，更讲究拼实力。硬件在今天已不重要，最有竞争力的是软实力。社会上有钱的个人和公司，可在一夜之间买来全套装备，但他们买不来一个成熟的项目管理班子，更没有进入行业的资质。

拼硬件的时代过去了，软实力的时代到来了。软实力，就是管理能力。以前讲管理，只是个抽象模糊的概念，必须进行分解、明确到具体指标，各个对应落实，才能真正懂得含义，发现真实差距，找到突破点。

由于历史、体量、积累等因素，拼硬件，我们注定永远拼不过；那就从软件方面看，如理念，是学习和思维能力，不需历史、家底和经验的积淀；如资质，特级已到了天花板，十局也申特成功，没有更高级了，那么从今天起，十局同七局，终于在这里，站在同一起跑线了。

以此类推，得出结论：未来，一切皆有可能。

我有幸为承前启后的第二代，今天的故事，是对十局历史的回顾，更是对十局未来的展望；当今之大势，十局已经顺利融入时代发展的潮流，渡劫成功，飞龙在天。

借用伟人的名句：俱往矣，数风流人物，还看今朝。

从中国改革开放四十年看十二局发展变化

中国水利水电第十二工程局有限公司　胡英姿

1978 年党的十一届三中全会到今天，改革开放即将走到第四十个年头，从计划经济到市场经济，从中国制造到中国智造，从跟随世界到引领世界，在获得一系列卓越成就的今天，中国依旧在改革开放的道路上继续前行。改革初期，大家议论的是改革的利弊，并多以弊为主。人们普遍担心在改革之中地位不保，担心竞争对手的强大，担心资产的流失，最担心的是机械的自动化操作会令不少人下岗。事实如同人们担心的那样，下岗潮倒闭潮破产潮接踵而来。然而数年之后，大多数人民的生活水平越来越好，在告别吃大锅饭的日子之后，他们找到了致富的金钥匙——勤劳。

在这个时间段里，久闭的国门开始向世界经济敞开，庞大的中国市场吸引了众多外资涌入中国。人口众多且劳动力廉价的优势令世界大型跨国企业将工厂转至中国，也为中国创造了大量的就业就会；与此同时，越来越多的市场机会开始显现，民营企业、集体企业开始兴起，众多中国当今的知名企业，便是在当时有了雏形。

进入 21 世纪，我国继续深化改革开放，市场经济进一步有效推进，越来越多地人们和企业开始意识到科学技术是第一生产力，创新成为助推经济发展的新兴关键词。恰逢在互联网热潮之时，大量创新型公司应运而生，互联网金融、数字经济雏形开始形成。

2001 年，中国成功申办了第 27 届奥运会，举办 APEC 会议，成功加入 WTO，综合国力不断增强，世界话语权大幅提升。也正是 2001 年至今，世界经济复杂多变，前景扑朔迷离，海外各种经济危机、政治斗争接连不断。在党中央的坚强领导下，我国不仅有效应对了复杂国际政治经济环境的风云变幻，更在相当不利的条件下取得了经济的中高速平稳增长。

党的十九大选举产生了党的新一届领导核心。2017年10月25日，中共中央总书记习近平在新一届中共中央政治局常委同中外记者见面讲话时指出，将总结经验、乘势而上，继续推进国家治理体系和治理能力现代化，坚定不移深化各方面改革，坚定不移扩大开放，使改革和开放相互促进、相得益彰。四十年来，中国经济发生了翻天覆地的变化，这说明改革开放是中国强国之路镌刻在汗青之中的重要一步。未来的道路，还需要继续不断努力，以此实现中华民族伟大复兴中国梦。

作为一名退休老同志，在回顾国家发生大变化的同时也不断思考着十二局的变化，在改革发展的进程中，工程局也发生了种种变化。改革开放以后十二局也有着非常好的成绩，承建参建的湖南黑麋峰抽水蓄能电站、福建仙游抽水蓄能电站、山东泰安抽水蓄能电站、安徽响水涧抽水蓄能电站、浙江华东桐柏抽水蓄能电站都获得了国家级金奖及鲁班奖。尤其今年是贯彻落实党的十九大精神的开局之年，是改革开放40周年，也是决胜全面建成小康社会、实施"十三五"规划承上启下的关键一年，对于我们国家来说至关重要，同时对我们十二局来说也同样重要。新时代作为原水电十二局的员工，也要不忘初心，牢记使命，为后方基地和谐、稳定贡献自己的力量。

近些年来我们从报纸、网站上以及十二局管理所的职代会精神传达，平时参加后方单位召开的有关会议上，知道了公司改革过程中的变化。我深切感受到，十二局这些年与时俱进扎实工作。在生产经营、党建工作、反腐倡廉等方面都取得了可喜的成绩。尤其值得点赞的是，近几年来十二局领导积极解放思想、转变观念，大力推进体制、机制创新。强化管理防风险，提高效益促发展，市场营销、合同履约、项目精益化管理齐头并进，较前些年有了非常大的变化与进步，企业核心竞争力不断提升，综合实力明显增强。也可以说十二局这几年是负重前行，前些年发展形势和任务不容乐观。近两年来市场布局，项目履约，领导干部的担当、作为，把握大势，谋篇布局，干事创业的精气神令人感动。我们欣闻工程局取得的成就，作为离退休人员对十二局可喜的今天、明天感到十分欣慰和期盼。

筑梦江河展风采　装点山川谱华章

——改革开放四十年水电九局水利水电建设成果回眸

中国水利水电第九工程局有限公司（以下简称水电九局）经过六十年发展和改革开放四十年拼搏奋斗，从江河中踏浪而来，在喀斯特岩溶地区拦河筑坝书写华章，依靠自身实力和技术优势，不忘初心，牢记使命，执着追求，匠心打造，一座座电站大坝让高峡出平湖，一个个水利枢纽惠及千家万户让梦想成现实。

精 工 善 建 铸 品 牌

20 世纪 50 年代，水电九局在贵州猫跳河流域与喀斯特地貌"博弈"，经过 20 年的艰苦奋斗，建成了红枫、百花、修文河口、窄巷口、红林、红岩、李官 7 座坝型各异、质量过硬的中型水电站，打造出了中国大坝"展览馆"，开创了我国整条流域梯级开发的先河，为我国在岩溶地区修筑大型水电站提供了可靠的技术支撑和科学借鉴，使我国的筑坝技术从此走上了世界领先地位，成为喀斯特世界筑坝领域和中国水电行业载入史册的一张靓丽名片。

水电九局作为贵州水电开发第一主力军，参与了国家重点工程南盘江天生桥一、二级大型水电站的建设，完成当时国内最大水电站调压井施工和居亚洲领先的链轮闸门与弧形闸门安装；建成了当时的特大型钢管制作厂；独立承建国家"七五"重点工程东风水电站，建成 20 世纪亚太地区最高最薄的双曲混凝土拱坝，在实现电站提前一年发电和当年投产两台大型机组的目标同时，完成了国家"七五""八五"几十项重点科技攻关项目课题的研究和应用，创造了多项国家和行业先进技术。

随后，全面参与乌江、北盘江等大型流域的水利水电开发，参与了三峡水电站及"西电东送"洪家渡、索风营、董箐、光照、构皮滩、沙沱、思林、马马崖等所有乌江流域大型水电站及北盘江流域大型水电站的建设。乌江洪家渡水电站荣获中国住房和城乡建设部、中国建筑业协会联合颁发的"鲁班奖"；乌江洪家渡、索风营水电站和北盘江董箐水电站荣获第八届、第十届和第十三届中国土木工程"詹天佑奖"；马马崖一级水电站水电九局工地获贵州省 2015 年度建筑安全文明施工样板工地称号，马马崖引水发电系统土建工程荣获 2017 年度"黄果树杯"优质工程等几十项荣誉。

在承建贵州省"西电东送"世界喀斯特地区最高拱坝构皮滩水电站等多个主体单元项目中，实现了一年全面启动、两年正式开工、三年大江截流、四年大坝主体浇筑等重要节点目标。2009 年 12 月，构皮滩水电站实现国产大型机组一年五投的伟大壮举，并在该电站建设中首次全部采用国产机组，充分彰显了中国力量。

在西部高原，中标承建新疆达克曲克等水电站工程，积累了在高寒地区建设各类型水电站的丰富经验。2018 年，独立中标承建西藏 DG 水电站大坝土建及金属结构安装工程，项目规模为西藏在建最大水电站，为我国目前在建海拔最高碾压混凝土大坝。水电九局将自强不息的"铁军精神"镌刻在雄伟的青藏高原，奔腾不息的雅鲁藏布江镌刻了九局人坚韧的斗志和风采。

在国际水电市场，水电九局积极践行国家"走出去"战略，在"一带一路"中积极作为，承建了被誉为"白俄三峡"的白俄罗斯维捷布斯克水电站。作为水电九局进军欧洲市场的"基础工程"和"敲门工程"，有力促进了中白经济技术合作和当地经济发展，展示了水电九局实力强、经验足、履约好的国际承包商形象，在贵州企业国际业务"走出去"历程中起到了引领和示范作用，在亚洲、非洲、欧洲的十几个国家书写了熠熠生辉的中国电建水电九局诗行。

水电九局不断发挥在水利水电领域的实力和技术优势，精工善建，追求卓越，在祖国的大江南北和国际市场建成了百余座坝型各异的特大型、大中型水电站。

精 彩 九 局 展 风 采

在水利建设领域，水电九局参建了南水北调总干渠 1432km 中线宏伟的生态工程。承建了世界上最大的引水渡槽南水北调沙河渡槽和南水北调中线控制工程宝郏三标。通过精心施工，匠心打造，质量获专家一致好评，沙河渡槽多项工程指标综合排名世界第一，被誉为"世界第一渡槽"。

承建了黔中水利枢纽三个标段项目，是贵州首个大型跨地区、跨流域、长距离水利调水工程，也是贵州省水利工程"三年会战"标志性工程和贵州省重点民生工程。建设完成了单跨 200m、目前世界单跨最大的钢筋混凝土拱式渡槽。参建了贵州水利资源配置"一号工程"夹岩水利枢纽工程。

在山西水利市场，承建了世界地下引水隧洞埋深最深的山西中部引黄第 07 标、17标、23 标和山西大水网"两纵十横"小浪底引黄工程第 I 标、II 标共五个标段项目。中部引黄工程小浪底两个标段引水隧洞是整个工程最关键和最复杂的部位，涌水量大、工程艰巨、地质复杂，技术要求高，被世界专家称为"具有挑战性的世界级工程"。经过努力，按节点要求实现引水隧洞全线贯通，为亚洲第一高泵站首台机组按时投运奠定了坚实基础。水电九局在工程建设中诚信履约，以质量创效益，以品牌树形象，赢得业主和社会各界高度赞誉。

除此之外，水电九局还承建了鄂北引水、湖南涔天河水利、海南红岭、湖北汉江王普洲、浙江温州赵山渡等几十个国家重点水利枢纽项目，在水利基础设施建设领域铸就了骄人业绩，成为行业内水利建设市场上的一面旗帜。

今天，水电九局已发展成为贵州首家、中国电建集团第二家同时拥有水利水电工程、建筑工程施工承包特级资质"双特四甲"建筑企业，"建一流企业，创一流品牌"的"十三五"战略规划给水电九局未来发展注入了强劲动力，点燃汇聚了新时代水电九局改革发展的澎湃激情和磅礴力量。

新时代，新机遇。水电九局将始终依托中国电建世界 500 强排名 182 位的强大综合实力，聚焦发展新能源、市政公用、公路桥梁、生态环境治理、砂石矿业等领域，发挥产业链一体化优势，通过转变思路，创新模式，努力实现管理现代化、产业多元化、经营国际化、发展特色化的目标，砥砺奋进，演绎精彩，谱写水电九局雄浑壮美、豪迈空前的时代华章。

四十年·回望|水电十五局：每个第一，引燃改变

中国水电建设集团十五工程局有限公司　贺小平

改革开放四十年，引领中华民族走向伟大复兴的重要历史拐点。

1978 年 12 月 18 日，星期一。

邓小平坐在十一届三中全会的会场里，思考着中国的未来。

之后的四十年，中国发生了翻天覆地的变化，水电发展突飞猛进。

身处这个伟大变革时代的水电十五局人不忘初心，砥砺前行，见证和参与了这个时代的日月变迁。

一座座有着时代烙印的水电站，一个个有着里程碑意义的"第一"闪亮登场，荣耀神州，惊殊世界。

"老老实实做人，结结实实筑坝。"这是水电十五局人坚守的最朴素信条。

四十年风雨征程，水电十五局人靠着一股拼劲，打起背包闯市场，走出陕西，跨出国门，打出一片新天地，创造了令人瞩目的发展成就。

1978 年冬天，华夏神州春雷滚动，一场时代巨变的大幕应势开启……

为有源头活水来！当代中国打响了具有深远历史意义的改革攻坚战，夯基固坝、疏渠引流，解放思想，解放和发展社会生产力，解放和激发社会活力的春潮波澜壮阔。

此刻，在斜峪关山上挥动着马灯、钢钎的水电十五局人没有想到，三十年后，全球最大的水利水电工程三峡水利枢纽是在施工全部机械化他们的手中"成百上万方土"地打造起来。

日月经天，江河行地。在苍茫的崇山峻岭之间，一座座水电站拔地而起，勤劳智慧

的水电人在祖国的大好河山上谱写着华美的乐章。

世界水电看中国，中国水电看电建。在举世瞩目的世界级水电工程建设中，处处闪动着中国电建人的身影。

风云激荡四十年，从亚洲第一高黏土心墙土石坝石头河水库到世界第一大水利枢纽三峡工程，中国电建旗下的水电十五局人一路砥砺前行，不断创造着水电建设的数个"第一"，刷新了一个又一个生产纪录，实现了从追随者到领跑者的飞跃。

截至目前，中国水电十五局在国内外累计修筑各类拦河坝、水电站、泵站 100 余座，隧洞 100 余公里，供水管道和公路 500 余公里，大中型桥梁、渡槽 50 多座，房屋建筑近 50 万 m^2。

<h3 style="text-align:center">四十年，艰苦初创
土石筑坝起家，奠定行业第一</h3>

历史，总是在重要节点勾起回忆和反思，传递精神和力量。

1971 年 10 月，随着荒瘠的斜峪关峡谷第一声开山礼炮响起，为解决关中农田灌溉难题，水电十五局的第一代水电人带着妻儿子女来到这里，住进清一色的茅草棚，投身到石头河水库建设的火热场面中。

"石头河，石头多，千年万载没奈何，今日水电大军来，要把河水库中锁"。这是流传在陕西眉县斜峪关石头河水库工地上最广的一首童谣。

1974 年，在当时全国水电施工机械化尚在起步阶段情况下，水电十五局人就已在石头河水库工地率先制定了以机械化作业为主的施工方案。

改革先行不惧难。经过不断摸索、试验和优化，他们成功解决了机械化作业中的配套工艺和其他关键课题，逐步形成了土石方开挖、土石方与反滤料填筑、混凝土浇筑等机械化作业生产线。

1977～1978 年上半年，石头河水库建设共打响了五次大会战，综合机械化作业工艺成功得到了检验，新的生产纪录不断出现，捷报频传。

"我到石河来参战，一颗红心斗天地。我随大坝一起长，大坝不起我不还"。年年月月，石头河水库工地上始终呈现的是积极、奋进、争先、火热的施工场面。

据老工人魏志祥回忆，当时大坝填筑的场景热闹非凡，砂石筛分楼灯火通明，昼夜工作，长虹似的皮带运输机穿山越岭供应着土石方料；大型挖掘机与大型自卸运输车紧密配合，挖、装、运、卸、碾一条龙生产日夜不停；大吊车、平板车为起吊转运设备穿梭奔忙；隧洞开挖运渣的扒渣机、电动矿石车时进时出，其场面蔚为壮观。

1978年10月，全国水利机械化施工经验交流会在陕西石头河工地召开，同年，该工程综合机械化施工工艺荣获"全国科学大会科技成果奖"……

1981年，凝结了水电十五局4000多名职工心血的石头河水库建成，下闸蓄水，标志着水电十五局土石筑坝的技术走向成熟，也奠定了水电十五局在振动压实土石料领域的龙头位置。

石头河水库被誉为当时"亚洲第一高黏土心墙土石坝"水库，最大坝高114m，以灌溉为主，兼顾发电、防洪、养殖等功能，总库容1.47亿 m^3，灌溉农田面积8.5万 hm^2，是名副其实的"关中水塔"，也是陕西省闻名的饮用水优质水源地。

从石头河水库开始，水电十五局人真正完成了计划经济下的初创期，水电建设规模优势逐步凸显。

四十年，体制革新
全面深化改革，解放思想第一

变，就意味着改革和超越；变，就意味着阵痛和阻力。变，就意味着成长和挑战。

从计划经济到走向市场"找米下锅"，从企事业单位改制到国有独资公司，从地方水利企业上划中央水电企业，一次次的改革阵痛中水电十五局人实现了三次历史性的飞跃。

20世纪80年代，枯黄的白炽灯下，水电十五局领导班子聚在会议室里为计划生产任务萎缩而眉头紧蹙，思踌着企业下一步的发展方向……

改革开放的一声春雷，冲破了计划经济的思想桎梏，处在改革"深水区"的水电十五局人率先觉醒。

"不等不靠闯市场，在竞争中找出路。"水电十五局人主动出击，跨出陕西，到新疆地区寻找市场，到突尼斯开展劳务输出，较早完成了由计划经济到市场经济的"转轨变型"。

20 世纪 90 年代，改革开放陷入胶着之境，邓小平此时提出，"思想更解放一点，胆子更大一点，步子更快一点"，越来越多的想不到一个个接连发生。

"那个时候，水电工程全面'市场化'了，谁能想到会推行三轮领导班子任期目标责任制。作为一名陕工局的职工代表激动呀，我站在填票间里，当时握着笔杆的手还在抖啊抖。"老职工侯东泉回忆起那段往事记忆犹新。

进入 21 世纪，水电十五局正式确立现代企业制度，进一步开拓国内外市场……

目睹了变革过程中父辈们起起落落的人生，经历了从计划经济到市场经济的历史转型，王文娟见证了改革开放以来，一家与共和国几乎同龄的老牌国企砥荡沉浮的发展历程。

"一晃 40 多年了，光阴倏忽而逝，很多水电人都老了，但水电十五局却从小到大，从弱到强，越来越生机勃勃。昔日肩扛人拉的施工场面，早就不复存在了，现在完全实现了机械化、智能化施工。这真是一个巨变的时代！"王文娟说。

全面深化改革永远在路上。2007 年 3 月，水电十五局职工代表大会通过了"经营规模化、组织扁平化、机制市场化、管理规范化"的内部管理体制改革方案。

党的十八大以后，国资监管开始从"管企业"转向"管资本"，国企供给侧结构性改革朝着明确的主攻方向持续发力，创造的改革红利极为显著。

5 年之前，当传统水电业务极度萎缩时，大家还为水电十五局的发展捏着一把汗；5 年之后，水电十五局转型发展的路上，一组组铿锵有力的数字让人亮眼。

在调整供给侧结构性改革中，水电十五局经营规模年均增长 26%，涨幅居中国水电股份公司 17 家全资子公司第 2 名。截至 2018 年 1 月，全局实现营业收入同比增长 13.17%，实现利润总额同比增长 26.97%，新签合同额同比增长 7.09%，其中国内水利水电、国内非水电和国际业务分别占合同总额的 39%、44.6%、14.60%。完成投资 5.7 亿元。

据局人力资源部柳捷介绍，水电十五局正在积极推进市场化的用人、用工和分配机制，还将积极探索有效的激励约束机制。

四十年，转型升级
驱动产业多元，技术创新第一

改革开放 40 年，中国水电发展滚滚向前、洪流不息。最宝贵的经验之一，就是不断改革和创新，依靠技术发展驱动企业转型升级。

创新求变，是水电十五局人对技术进步的永恒不变的追求。

从土石坝施工的"王牌"队伍到碾压混凝土坝的施工劲旅，水电十五局依托世界级重大工程，依靠技术创新在激烈的市场竞争中频频"亮剑"。

创新无止境，变革无穷期。由南水北调造福子孙后代、京沪高铁世界同步接轨、"一带一路"闪耀南欧江畔的征程中一路走来；高端市场的历练给了水电十五局人发展的底气。

一座座奖杯，一条条纪录，一项项工法续写着水电十五局人实现创新跨越发展的传奇。

承建黄河上游首座高海拔的百万千瓦级电站——黄河公伯峡水电站。水电十五局人在全国首创并应用混凝土边墙挤压机技术及国内一次性浇筑完成最长的混凝土面板218m 两项科技成果而获"全国企业新纪录"。

承建国家"八五"重点项目下的高科技水利枢纽——黄河小浪底水利枢纽工程，第一个与中德意联营体合作，签署共建合同；在全工地主体工程施工中第一个开工，阶段目标第一个完成；提前 5 个月完成小浪底西霞院反调节水库的基础开挖。

承建目前世界上规模最大的水电站——长江三峡水电站。挑战三大世界性难题之一的高边坡开挖支护工程，顺利完成了永久闸室 12 级花岗岩、90°直立墙、深度 68.5m 的三、四闸室开挖。

承建国内最高黏土心墙砂砾石坝——陕西西安黑河金盆水利枢纽大坝，坝高 130m，刷新"中国企业新纪录"。

承建国内在建的最大平原水闸——刘家道口节制闸工程，节制闸为一等一级，闸室垂直水流方向总长度 646m。

......

中流击水，唯改革创新者胜。不断涌现的新技术、新设备、新材料、新工艺，驱动水电十五局开足技术创新的马达由传统水电施工向市政、交通、桥隧、港口、房地产、投资等领域多元发展。

引汉济渭秦岭隧洞段，一台 1400 余吨、长 317m 的 TBM（隧道掘进机）在地下 2000m 深处以每月 500m 的速度掘进。

梅汕高铁的预制梁场，T 形梁混凝土色泽均匀、光滑，棱角分明、线条顺直、内实外美，梁身二维码在阳光下清晰可辨。

白河县综合管廊城堤，以防洪为主，集清水、行车、观景平台于一体，疏通了电力、通信、给水、热力、燃气等城市"血脉"，撑起了城市的"面子"。

"北斗双星全球定位、大坝碾压无人驾驶、'数字大坝'全方位监控、无人机航拍测量……"这些新技术在新一代的水电人眼里不再陌生，挑战"世界高坝"不再遥不可及。

……

这些，仅仅是四十年改革创新路上的一个节点，更是一段新征程的起点。

四十年，走向世界
一带一路建设，合作共赢第一

驼铃悠远，丝路绵长。中国水电十五局作为中国电建践行国家"一带一路"战略的先锋军。四十年来，水电十五局人"走向世界"的步伐从未停歇。

"走出去"已经成为中国电建企业传统水电业务实现可持续发展的必然选择。

如今，水电十五局的足迹遍及伊拉克、突尼斯、毛里求斯、几内亚、马里、老挝、阿尔及利亚、柬埔寨等"一带一路"沿线国家，承担了水利水电、公路、市政等工程建设。

中国坝、中国路、中国桥、中国港、中国站……让开放的中国在海外拥有了越来越多的世界名片。

尤其值得一提的是，水电十五局作为首批进入老挝市场的中资企业之一。因为勇于进取，一直推行"走出去"战略，中国水电十五局在老挝水电市场经过精耕细作 21 年，已经枝繁叶茂。

"自 1997 年进入老挝市场以来，从老挝南累克水电站进场公路进场施工，到助力老挝政府打造"亚洲蓄电池"计划建设，水电十五局累计承建项目 30 多项，市场规模不断扩大，已经有了质的飞跃。"水电十五局老挝代表处负责人何海生说。

目前，中国水电十五局在老挝承建的项目已有南欧江 7 级、南欧江 6 级、南康 3 水电站、南杉 3B 水电站、南塔水电站、南俄 5 水电站、南俄 1 水电站、东萨洪水电站等 8 个项目，形成了老挝"小国家，大市场"的格局。

"在老挝建成的南欧江六级水电站最大坝高 88m 是世界最高的软基岩复合土工膜面板堆石坝；南俄 5 水电站荣获"中国建设工程鲁班奖（境外工程）"。国际公司项目经理马栓牢自信的介绍。

水电十五局在"走出去"发展过程中，以"开放合作、互利共赢"为理念，真诚地做"属地经济社会责任的分担者"，撒播丝路文明的种子。

老挝籍员工占他·马来潘自称是"中国合伙人"，在项目上素有"多面手"之称。自从他的父辈开始，就通过中国企业合作。这一合作，就是 20 多年。

"在水电十五局上班很有获得感，跟着中国电建干有奔头！"。"获得感"是像占他·马来潘这些外籍员工对"一带一路"建设最真切的感受。

改革开放 40 年，在广袤的非洲、东南亚大地上，越来越多的外籍人士愿意与中国人搭帮干活、合作建设、携手发展，一起创造"了不起的'中国速度'"，分享"一带一路"建设的丰硕成果，书写着个体命运改变、国家飞跃发展、地区合作升级的动人故事。

定格来时路、温故而图新。回望 40 年风雨历程，今日之中国水电十五局傲立潮头，以改革的精神、改革的勇气、改革的方法，抓抢机遇，推动水电事业发展，正将中华民族伟大复兴努力变为现实。

2018 年，中国改革再出发，历史将铭记这个特殊的年份。

"跨入新时代，对理想信念最好的铭记就是不忘初心、牢记使命。对改革开放最好的纪念就是更全面、更深刻地推进改革开放。"2018 年 4 月 10 日，习近平主席在博鳌亚洲论坛年会开幕式主旨演讲中说。

全球一枝独秀的中国水电

机械科学研究总院　　齐靖远

中国年发电量稳居全球第一位。发电量远远超过美国、日本与欧盟。中国水电在过去 15 年发展十分迅速，总装机容量 3.4 亿 kW，年发电量约 1.2 万亿 kWh，水电的装机容量和发电量均居世界第一位。

电力工业水平已成为反映国家经济发达程度的重要标志。改革开放以来中国电力工业突飞猛进，2017 年发电量稳居全球第一位，美国发电量仅为中国的 61.87%。截至 2017 年底，中国水电总装机容量达 3.4 亿 kW，约占全球水电装机容量 30%，年发电量约 1.2 万亿 kWh，占中国清洁能源发电量的 70%，占全国发电量 19%左右。世界未来能源体系中，水电将发挥越来越重要作用。中国水电消费量占全球水电消费量的近 30%。我国水电发展具有得天独厚资源优势。青藏高原被称为"世界第三极"，蕴藏了世界上最丰富的水能资源。中国水电技术可开发量 6.6 亿 kW，年发电量 3 万亿 kWh，80%分布在西部地区，水电发展前景广阔。中国水电在过去 15 年发展十分迅速，总装机容量 3.4 亿 kW，水电装机容量和发电量均居世界第一。中国水电行业积累了丰富的专业技术，无论在勘测设计、施工承包、运营管理还是投融资方面。目前世界水电开发项目中，无论是分包参与，还是水电设备、投融资，均可看到中国元素与中国企业身影。据北极星水力发电网 2018 年 4 月 10 日讯：从世界第一的三峡工程，到目前在建的白鹤滩水电站，世界 20 大超级水电站中的 11 座在中国。

　　抽水蓄能电站在电网中具有启动灵活、调峰填谷的作用，是电力系统中的"充电宝"。河北承德丰宁县有一座"特殊的"水电站，总装机容量 3600MW，预计 2021 年竣工，建成后将成为装机容量世界第一大的抽水蓄能电站。抽水蓄能电站，一定意义上说是可实现人为干预的"升级版"水电站。修建抽水蓄能电站，不必完全依赖天然河流湖泊，理想情况下甚至可以在无水源处直接挖两座水库，只要两者有势能差，向上下水库灌水即可发电。抽水蓄能电站一般都是借助现有水电站的水库与天然库盆实现上下水库通水。抽水蓄能电站的工作原理很简单，首先要把上下水库全都灌入水，然后利用闸门和抽水泵将水"搬来搬去"，在这一过程中利用重力势能发电。中国已经掌握抽水蓄能电站核心技术——静态变频器。抽水蓄能电站的"心脏"就是变频启动装置，又称静态变频器（SFC）。抽水蓄能机组发电时，与一般水力发电机组无异，SFC 则是在抽水时发挥作用。在抽水蓄能机组进入抽水工作方式之前，需要将机组并入到电网中，相当于给"水泵"接上电。这个"大水泵"如果直接接入电网，将对电网产生巨大冲击，引起频率振荡、电压不稳定等若干危害。为了使机组无冲击接入电网，需要将机组从静止拖动到同步转速后再接入电网，这样就能消除冲击产生的危害，完成这一过程的关键就是 SFC，可以说它是抽水蓄能电站的核心。SFC 通过交流—直流—交流变换，通以不同频率电流，使得机组逐步加速到所需转速，即可接入电网。"十二五"期间，中国首套具有完全自主知识产权的大型抽水蓄能电站 SFC 设备研制成功，于 2014 年 4 月在响水涧抽水蓄能电站正式投入运行，已稳定运行多年，完全实现对进口 SFC 设备的替代，成为抽水蓄能电站的首选启动设备。丰宁抽水蓄能电站的上水库位于永利村上游左岸灰窑子沟顶部，下水库则利用滦河干流上已建成的丰宁水电站水库，库容足够，取水方便。正常蓄水位 1061m，总库容 6583 万 m^3，完全可满足下水库建设需要。丰宁抽水蓄能电站的建成，能够有效解决京津唐目前电力供应三大难题，维护电网的供应与安全。解决的第一大难题是调峰容量不足。调峰容量不足，可以理解为"减震"能力低下，一旦发生停电，不能及时恢复供电。京津唐电网以火力发电为主，电网电源构成单一，电源结构不够合理，也直接导致了调峰容量不足。因此，兴建规模大、调节性能好、运行灵活的调峰电源，已成为当务之急。丰宁抽水蓄能电站具有周调节能力，调峰灵活，能够较好地解决京津唐电网调峰容量不足的问题。丰宁抽水蓄能电站破解了京津唐电网发展的难题，保证未来 20

年京津唐地区电力无虞。目前，中国抽水蓄能电站装机容量稳坐世界头把交椅。

三峡水电站系长江西陵峡段与下游葛洲坝水电站构成的梯级电站。三峡水电站是全球规模最大的水电站，也是中国有史以来建设的最大工程项目。1994年正式动工兴建，2003年6月1日开始蓄水发电，2009年全部完工。三峡水电站共安装15回500kV高压输电线路连接至各区域电网。三峡水电站大坝高程185m，蓄水高程175m，水库长2335m，总投资954.6亿元人民币，安装32台单机容量70万kW的水电机组。三峡电站最后一台水电机组2012年7月4日投产，装机总容量2240万kW。三峡工程的升船机，总长约5000m。船厢室段塔柱建筑高度146m，最大提升高度113m，最大提升重量超过1.55万t，承船厢长132m、宽23.4m、高10m，可提升3000t级的船舶过坝，号称全球第一，2016年投入运营。

根据《长江流域综合利用规划简要报告》，长江宜昌以上干支流水力资源技术可开发量装机容量22246万kW，年发电量10677.3亿kWh。其中，金沙江中下游规划兴建梯级电站12座，装机总容量为5858万kW。其中雅砻江口至宜宾下游河段规划按4级开发，即向家坝、溪洛渡、白鹤滩、乌东德；奔子栏至雅砻江口的金沙江中游计划开发一库八级，即上虎跳峡水库、两家人、梨园、阿海、龙开口、金安桥、鲁地拉、观音岩。截至2008年底，金沙江中游金安桥水电站、金沙江下游溪洛渡水电站、向家坝水电站，均已开工建设。目前中下游多座水电站都在加紧前期准备，准备在今明两年集中上马。金沙江开发启动前后，长江上游主要支流的梯级开发也已经大规模启动。其中岷江干流都江堰以上的上游河段，规划了10个梯级电站，中下游规划了7个梯级；大渡河干流规划为22级梯级，后又增加下游的沙湾、安谷两级，共为24级；雅砻江干流，总共规划了21个梯级；乌江干流规划了12级梯级水电站；嘉陵江干流规划了17个梯级枢纽。在干流大搞全江"渠化"的开发规划以外，这些河流的各级支流，也已形成"密如繁星"的梯级开发态势。仅以主要支流为例：金沙江流域的岗曲河、普渡河、牛栏江、横江、白水江等共有56个梯级；乌江流域的芙蓉江有10个梯级，猫跳河有6级；嘉陵江流域的涪江干流31级，涪江上游火溪河4级，涪江上游虎牙河3级；渠江上游巴河5级；岷江流域的马边河9级，青衣江18级，杂谷脑河1库8级，黑水河2库5级；在大渡河流域，瓦斯沟1库7级，梭磨河8级，小金川17级，田湾河2库4级，南桠河7级，官料河 7 级；在雅砻江流域，九龙河 6 级，木里河 1 库 6 级。梯级开发有利于发电效益最大化，梯级水库形成的叠加效应，将远大于单一电站兴建的影响。

正在建设的两河口水电站大坝，高度与规模都超过三峡大坝，为中国最高土石坝。两河口大坝位于四川省雅砻江干流上，建设在 3000 多米高原上，是我国藏区综合规模最大的水电站。两河口水电站装机容量 3000MW（6×500MW），多年平均发电量 110.62 亿 kWh。为了确保主厂房和涡轮机安全，在山里凿了长 276m、高 67m、宽 29m 巨大山洞，6 台 3400t 重巨型发电机安装在这里，每年产生 110 亿 kW 电量。两河口大坝，无论高度还是从难度上都称得上世界奇迹。

白鹤滩水电站位于四川宁南县和云南巧家县境内，金沙江下游干流河段梯级开发第二个梯级电站，库容 206 亿 m^3，地下厂房装有 16 台机组，初拟装机容量 1600 万 kW，多年平均发电量 602.4 亿 kWh。2013 年电站主体工程开工，2018 年首批机组发电，预计 2022 年工程全部完工。电站仅次于三峡水电站，为中国第二大水电站。混凝土双曲拱坝高 289m，静态投资 846 亿元。

溪洛渡水电站位于四川和云南交界金沙江上，是金沙江最大的水电站，也是世界第三大水电站。2005 年底开工，2007 年实现截流，2009 年 3 月大坝主体工程混凝土浇筑，2013 年首批机组发电，2014 年 6 月 30 日溪洛渡水电站所有机组全部投产。左、右地下厂房，各安装 9 台单机容量 77 万 kW 巨型水轮发电机组，总装机容量 1386 万 kW，仅次于三峡水电站和伊泰普水电站。

乌东德水电站位于四川会东县和云南禄劝县交界金沙江河道，是金沙江水电基地下游河段四个水电梯级的第一梯级，装机容量 1020 万 kW，平均年发电量 389.1 亿 kWh，工程静态投资约 760 亿元。乌东德水电站枢纽工程为 I 等大型工程，安装 6 台单机容量 850MW 混流式水轮发电机组。

向家坝水电站位于云南省水富县与四川省宜宾县交界金沙江下游河段，是金沙江下游水电基地最后一级水电站，水库总库容 51.63 亿 m^3，装机容量 775 万 kW，保证出力 2009MW，年平均发电量 307.47 亿 kWh。静态总投资约 542 亿元，动态总投资 519 亿元，是中国第四大水电站，世界第五大水电站。向家坝也是金沙江水电基地中唯一修建升船机的大坝，升船机规模与三峡相当，属世界最大单体升船机，船舶翻坝效率远超三峡五级船闸，千吨级船舶过坝只需 15 分钟时间。

金沙江中游规划建设的"一库八级"电站从上到下依次为：龙盘（420 万 kW）、两家人（400 万 kW）、梨园（240 万 kW）、阿海（200 万 kW）、金安桥（240 万 kW）、龙开口（180 万 kW）、鲁地拉（210 万 kW）、观音岩（300 万 kW）。

龙盘水电站，位于云南省丽江市玉龙县与迪庆藏族自治州香格里拉县交界金沙江中游河段，是金沙江中游"一库八级"梯级电站的龙头水电站。总装机容量 420 万 kW，水库正常蓄水位为 2010m。总库容 371 亿 m³，工程总投资 326 亿元。

两家人水电站为金沙江中游河段水电规划"一库八级"开发方案第二个梯级水电站，位于虎跳峡下游 2km，为引水式发电。坝顶高程 1795m，最大坝高 81m。项目总投资 169 亿元，装机容量 3000MW，保证出力 1081MW，年平均发电量 114.38 亿 kWh。

梨园水电站位于金沙江干流，为金沙江中游河段"一库八级"水电开发方案第三个梯级电站，属一等大Ⅰ型工程，电站装机容量 2400MW（4×600MW），与上游龙盘水库联合运行时年发电量 107.03 亿 kWh，联合运行保证出力为 1103MW，总投资约 161.2 亿元。

阿海水电站为金沙江中游河段水电规划"一库八级"开发方案第四个梯级电站。最大坝高 130m，水库总库容 8.82 亿 m³，有效库容 2.18 亿 m³，具有日调节能力。总装机容量 200 万 kW，年平均发电量 88.77 亿 kWh，静态投资约 136 亿元。

龙开口水电站位于云南大理州鹤庆县境内，是金沙江中游河段水电规划"一库八级"开发的第六级电站。发电为主，兼顾灌溉、供水及防洪，属一等大Ⅰ型水电水利工程。装机容量 1800MW，5 台 360MW 混流式水轮发电机组，年发电量 73.96 亿 kWh，总投资 89 亿元。

鲁地拉水电站是金沙江中游河段梯级开发的第七级电站，位于云南省大理州宾川县和丽江市永胜县交界金沙江中游干流河段，属一等大Ⅰ型工程。电站以发电为主，兼有水土保持、库区航运、旅游等综合效益，总装机容量 2160MW。2013 年 6 月 28 日，鲁地拉水电站 1 号机组首次开机并一次性启动成功。

观音岩水电站为金沙江水电基地中游河段"一库八级"水电开发方案最后一个梯级电站，位于云南华坪与四川攀枝花交界。电站装机容量 300 万 kW。单独运行时保证出力 47.8 万 kW，年发电量 122.40 亿 kWh，年利用小时 4080 小时。工程概算总投资 306.96 亿元。

西藏全区水能资源理论蕴藏量 2.055 亿 kW，约占全国水能资源理论蕴藏量 1/3，居全国首位，主要集中分布在藏东南地区，其中：雅鲁藏布江干流曲松—米林河段约 500 万 kW、干流大拐弯河段约 4800 万 kW、支流帕隆藏布河段约 700 万 kW、藏东怒江干流上游河段 1422 万 kW、澜沧江干流上游河段 636 万 kW、金沙江干流上游河段 1666 万 kW，总计约 9724 万 kW，容量规模约是三峡水电站的 5 倍。其中仅雅鲁藏布江大拐弯段一处，可开发水能资源装机容量就达 3800 万 kW，约占全国水能资源经济可开发量的 10%。已经开工的墨脱水电站，装机容量是三峡水电站 2 倍，将是世界顶级水电站。墨脱水电站移民数量和淹没损失都很小。估算年发电量 2000 亿 kWh，与 2000 年全国水电总发电量相当。可节省代替 8000 万 t 标准煤或 4000 万 t 石油，相当于我国年进口 7100 万 t 石油总量的 56%。

近年来，中国援外水电工程硕果累累。乌干达卡鲁玛水电站设计装机容量 600MW，由中国水电建设集团公司承建，预计工期五年。2013 年 8 月 12 日，卡鲁玛水电站开工仪式隆重举行，乌干达总统穆塞韦尼、内阁部长、国会议员和地区官员出席了开工仪式。2013 年 9 月 6 日，三峡集团中国水电公司与乌干达能源及矿产开发部成功签署了伊辛巴水电站项目 EPC 总承包合同。2013 年 10 月 5 日，乌干达伊辛巴水电站开工仪式隆重举行。乌干达总统穆塞韦尼、内阁部长、国会议员和地区官员出席了开工仪式。伊辛巴水电站由中国水利电力对外公司以"设计、采购、施工（EPC）"的方式承建，总装机容量 183MW，预计工期 40 个月。该项目投资约 5.56 亿美元，中国进出口银行为该项目提供融资支持。2018 年 4 月底，巴基斯坦总理阿巴西在控制室按下机组启动按钮，由中国公司承建的巴基斯坦尼鲁姆—杰卢姆水电站首台 24.3 万 kW 机组实现并网发电，该项目正式投入商业运营。尽管 96.9 万 kW 总装机容量不算突出，但尼鲁姆—杰卢姆水电站对于巴基斯坦有着其他电站难以比拟的特殊意义。

改革开放四十年　中国水电成就卓越

中电建水电开发集团有限公司　李培　杨秋桂

0　引言

盘古开天，传说是仙。改革开放，决策领先。1978 年党的十一届三中全会的召开，提出改革开放的伟大决策，这标志着中国人民进入了改革开放和社会主义现代化建设的历史新时期。2018 年刚好是这一历史新时期的四十周年。这不平凡的四十年，以邓小平为核心的党中央逐步开辟了一条建设中国特色社会主义道路，以江泽民、胡锦涛、习近平为核心的党中央领导中国人民沿着这条道路取得了丰功伟绩。这些丰功伟绩如同天上的星星、人间的珠宝，举世瞩目，总是在人们心目中闪闪发光，而那发出璀璨、耀眼光芒的正是"水电"明珠！

我们参加过近十座大型以上水电站的建设施工与运行管理工作，亲身经历和耳闻目睹了中国水电沿着特色社会主义道路奋勇前进，取得了卓越成就。其卓越的成就主要表现在以下五大方面。

1　水电站建设速度迅猛

1.1　研究需求

能源是社会生产力的重要基础。世界各国的发展表明：国民经济每增长 1%，能源工业要相应增长 1.3%～1.5%才能为国民经济的快速稳定发展提供足够的动力。在现代社会中，能源工业的发展水平已成为反映国家经济发达程度的重要标志；人均消费电能的数量也成为衡量人们现代生活水平的重要指标。

能源广泛应用于社会生活、国民经济各行各业和生产、流通、信息传递等各个领域，而且也是建设精神文明不可缺少的能源，对促进社会和经济发展，提高人民物质文化生活水平，都能起着极其重要的作用。

整个世界，国民经济的发展需要能源先行，我国东部和沿海的经济发展需要西电东送，我国经济的持续和平衡发展需要加速西部大开发，西部大开发要水电先行。

1.2　抓住机遇

党的十一届三中全会以后，国家确立以经济建设为中心的发展方针，全面实行改革开放政策。在经济体制、电力体制改革的大背景下，水电也开展了建设体制改革的探索。水电建设经历了工程概算总承包责任制、项目业主责任制和项目法人责任制三个阶段。体制改革解放了生产力，对外开放注入了新活力。二者相互促进，极大地提高了生产效率。

20 世纪 80 年代初，水电建设实行工程概算总承包制，相继开工了红石、白山和太平湾水电站。工程概算总承包首次在水电施工领域打破大锅饭体制，为后来水电改革打下了一定基础。

1.3　借助外力

随着体制改革的不断深化，国家开放水电建设市场利用外资建设水电。鲁布革是1982 年在全国建筑市场率先引用世界银行贷款建设的水电项目。工程建设按照国际惯例实行招标投标制，首次在建设中引入竞争机制，打破长期以来的自营建设体制。

鲁布革的成功实践激发了人们对基本建设管理体制改革的强烈愿望，中国水电人开始认真了解和学习国外在市场经济条件下实行的项目管理的机制、规则、程序和方法。从此以后，随着国家拨改贷政策的实行，我国水电建筑业迅速由计划向市场转变。打破垄断、引入竞争虽然只是生产关系中生产方式的变化，但其对生产力的解放是惊人的。被誉为"五朵金花"的水口、岩滩、五强溪、隔河岩和漫湾等水电站就是业主负责制的代表。

1991 年，二滩水电站作为世界银行在单个项目贷款最多的项目正式开工。全面实行国际招标，项目管理全面与国际接轨，引进了国际管理经验和技术，促进我国水电建设技术和设备制造能力跨上了新台阶。

1.4 跨越式发展

据统计，到 1977 年底，中国水电装机容量达到 1576.5 万 kW，年发电量 476.5 亿 kWh。

改革开放后，中国水电建设步伐明显加快。20 世纪 80 年代，广蓄、岩滩、漫湾、隔河岩、水口等水电站"五朵金花"相继建成；20 世纪八九十年代，五强溪、李家峡、宝珠寺、天荒坪抽水蓄能电站开工建设；到 2000 年底，随着万家寨、二滩、小浪底、天生桥、大朝山等一大批水电站相继建成投产，中国水电装机容量达 7700 万 kW，居世界第二。

2004 年，以公伯峡水电站 1 号机组投产为标志，中国水电装机容量突破 1 亿 kW，居世界第一。2010 年，以小湾水电站 4 号机组为标志，中国水电装机容量突破 2 亿 kW。2012 年，三峡水电站最后一台机组投产，成为世界最大的水力发电站和清洁能源生产基地。溪洛渡、向家坝、锦屏、白鹤滩、乌东德等一系列巨型水电站相继开工建设，中国在世界水电领域保持领先的地位。2017 年，中国水力发电装机容量为 3.41 亿 kW，发电量 1.1945 万亿 kWh，分别占到全球水电总装机容量、发电量的 26.9% 和 28.5%。增长幅度就已超过 20 倍。

2 水电站数量惊人

中国是拥有水坝数量最多的国家。截至 2017 年底，已建成各类水坝 98478 座。数量之多、规模之大，名列世界前茅。

我国水电这种连续四十年的高速增长，在全世界的范围内，绝对是绝无仅有的。到 2017 年底，全球的水电总装机容量也只有 12.67 亿 kW，其中含抽水蓄能 1.53 亿 kW，水电发电总量 4.185 万亿 kWh。对比这些数字可见，我国一个国家的水电装机和发电量均超过了全球的四分之一。世界十大水电站，我国所占比例 50%，并且冠亚军都属于中国。

3 水电站坝高类型多

改革开放四十年，我国建成了一批高水平大坝工程。在混凝土坝方面，建成了举世瞩目的三峡、光照、龙滩等重力坝和锦屏一级、溪洛渡、构皮滩、拉西瓦、小湾等一批拱坝。其中，已建的锦屏一级（坝高 305m）、小湾（294.5m）、溪洛渡（285.5m）及在建的白鹤滩（289m）等 4 座拱坝的高度都超过了国际上已建成的最高拱坝——英古里坝（坝高 272m）。在土石坝方面，建成了有国际影响力的水布垭（坝高 233m，国际最高）、三板溪和洪家渡等面板坝以及小浪底、瀑布沟、糯扎渡等心墙堆石坝。在碾压混凝土坝方面，已建成超过 100m 的既有重力坝，又有拱坝，碾压混凝土重力坝有黄登（坝高 203m，国际最高）、光照（坝高 200.5m）、龙滩（已建坝高 192m，远景坝高 216.5m）等坝，碾压混凝土拱坝有万家口子（坝高 167.5m，国际最高）、沙牌、大花水等坝。

4　水电站技术领先

四十年来，中国水电坝工事业成就显著，建成了一批世界级的高坝、新型坝等工程，持续引领全球水利水电技术，不断取得突破，在我国科学防洪、安全饮水、经济发展，以及保障粮食等方面发挥了重要作用。我国水电发展突飞猛进，最大的工程、最先进的技术都诞生在中国，许多水电工程，水电站建设施工和水电站运行管理技术都有重大突破。

4.1　三峡水电站技术重大突破

三峡水电站（见图 1）总装机容量 1820 万 kW（加地下共 2240 万 kW）年发电量约 900 亿 kWh，总库容 393 亿 m^3 是当之无愧已建水电站的中国第一大水电站，同时也是世界目前第一大水电站。

直立高边坡开挖边坡稳定的技术难题，世界上最大的双线 5 级船闸——三峡永久船闸是从坚硬的花岗岩山体中整体开挖出来的，它的直立边坡最高达 175m，在开挖过程中，三峡建设者利用预应力锚索、高强锚杆、喷混凝土支护、光面预裂爆破等新工艺、新技术，使陡峭的岩体开挖出来如刀切豆腐一般，岩体边坡稳定性达到设计要求。

大坝高强度混凝土浇筑的技术难题，世界上最大的三峡大坝要用 1800 多万 m^3 混凝土浇筑而成，三峡大坝混凝土浇筑从 1998 年开始施工，1999～2001 年连续 3 年高强度浇筑，年浇筑量都在 400 万 m^3 以上，大大超过了巴西伊泰普水电站创造的混凝土施工强度世界纪录，在大坝浇筑中，三峡建设者在大体积混凝土温控防裂技术、混凝土制冷技术、塔带机连续浇筑工艺等方面取得了重大突破。

图 1　三峡水电站

截流和深水围堰施工的技术难题，三峡大江截流时河床最大水深 60m，截流水深居世界首位，三峡工程创造出"预平抛垫底、上游单戗立堵，双向进占，下游尾随进占"的施工方案，解决了深水截流的一系列技术难题，承担保护二期大坝浇筑重任的二期围堰最大堰高 82.5m，设计拦洪量 20 亿 m^3，工程建设要求这道在长江深水中建起的围堰"滴水不漏"，在二期围堰施工中，三峡建设者在围堰防渗墙施工技术方面取得重大突破。

4.2　溪洛渡水电站技术重大突破

溪洛渡水电站（见图 2）总装机容量 1386 万 kW，年发电量约 571 亿 kWh，总库容 127 亿 m^3，是中国第三大水电站，同时也是世界第三大水电站。

2016 年 9 月 26 日，金沙江上的溪洛渡水电站摘得"菲迪克 2016 年工程项目杰出奖"，该奖有国际工程咨询领域"诺贝尔奖"之称。溪洛渡水电站获奖在很大程度上在于其在建造过程中研发应用的数字大坝技术和智能温控技术。

图 2　溪洛渡水电站

　　溪洛渡"数字大坝"系统集信息、网络、可视化技术于一体，首次在坝工界实现了大坝工程施工全过程的数字化和信息化管理。"数字大坝"重在预测、预警，分为施工监测系统和仿真分析系统两大部分。施工监测系统重点是对设计、进度、质量、施工监测等信息进行收集和展示，对混凝土浇筑计划、原材料检测、混凝土生产、运输、浇筑和温度控制等数据进行全面收集，覆盖大坝施工的全过程。仿真分析系统主要是结合监测数据，对大坝温控、应力、开裂风险、安全、浇筑进度等进行分析，提出预警和预控措施。溪洛渡"数字大坝"系统采用信息化技术，让施工各个环节的管理真正做到了精细化、个性化，管理水平上升了一个台阶，使得大坝施工质量实现了实时、在线、全过程的管理和控制。

　　基于"数字大坝"系统的智能温控实践，溪洛渡拱坝研发了基于"数字大坝"系统的智能温控技术。为控制最高温度、降温速率和温度变幅，在混凝土内埋设数字温度计，全面及时地监测混凝土内部温度；建立和实施了大坝智能通水冷却温控系统，可稳定跟踪、无线采集混凝土温控数据和冷却水管通水情况；取得实际浇筑条件下的混凝土理论温升曲线，导入"数字大坝"系统后与实测温升曲线对比，为控制温升过程和最高温度创造条件。对温度异常情况进行预警，通过软件和电磁阀自动控制通水流量和通水温度，从而达到最高温度、降温速率、温度变幅不超标的温控要求。

4.3 众多水电站的技术领先

20 世纪后期，随着科技的进步国际坝工界先后推出了混凝土面板堆石坝、碾压混凝土坝等新型的筑坝技术。尽管，这些技术发明在国外，但是由于我国的在建的水电工程项目众多，所以，新坝型的大量实践大部分都是在中国完成的。因此，没有几年，很多新、老坝型的世界纪录，都先后被中国的水电建设所打破。

在水力发电机组制造方面，不仅世界上单机 70 万 kW 的水轮发电机组，绝大部分都安装在我国，而且，单机容量达到 80 万 kW 和 100 万 kW 的水轮发电机组，也只有我国才有。

5 中国水电造福人类

水电是清洁能源，可再生、无污染，运行费用低，便于进行电力调峰，有利于提高资源利用率和经济社会的综合效益。在煤炭、石油、天然气等传统能源日益紧张的情况下，世界各国普遍优先开发水电，大力利用水能资源。特别中国在改革开放 40 年中，水电事业的快速发展为国民经济繁荣、社会发展，以及人们的生活健康和参与一带一路建设做出了重大的贡献。

5.1 水电是人们生活与经济发展的基本保障

中国经济已进入新的发展时期，在国民经济持续快速增长、工业现代化进程加快的同时，资源和环境制约趋紧，能源供应出现紧张局面，生态环境压力持续增大。据此，加快西部水力资源开发、实现西电东送，对于解决国民经济发展中的能源短缺问题、改善生态环境、促进区域经济的协调和可持续发展，无疑具有非常重要的意义。另外，大力发展水电事业将有利于缩小城乡差距、改善农村生产生活条件，对于推进地方农业生产、提高农民收入，加快脱贫步伐、促进民族团结、维护社会稳定，具有不可替代的作用。水电开发通过投资拉动、税收增加和相关服务业的发展，将把地方资源优势转变为经济优势、产业优势，以此带动其他产业发展，形成支撑力强的产业集群，有力促进地方经济的全面发展。

电力是现代化工业生产和生活不可或缺的动力能量，改革开放 40 年来，我国的水电事业有了跨越式的发展，取得了令人瞩目的成绩，水电为经济发展提供了动力基础保障。

5.2　水电为"一带一路"推力

改革开放四十年来，我们在对现代水利水电科技学习基础上进行大胆创新，造就了一批举世瞩目的水电工程，成为世界公认的水电强国。"一带一路"沿线的国家有 64 个，中国水电在许多国家都有水电工程项目，比如：阿富汗的帕尔万水利灌溉工程、苏丹的非洲目前在建的最大水电项目麦罗维大坝工程、缅甸的水津水电站工程、老挝的老挝南乌江流域和南康 3 水电站开发项目。

中国水电践行"一带一路"发展战略，积极开展国际交流合作。不仅如此，我们还把掌握的水电工程技术和积累的水电工程经验与世界各国，特别是广大发展中国家分享，让那里的民众获得低廉的电能，点亮生活和梦想。"一带一路"发展战略，有中国水电的践行，将推动"一带一路"中国梦的早日实现。

6　结束语

改革开放四十年，中国水电取得了卓越成就，成就的案例在五千字内说不完、道不尽。以填词，如似大坝灌浆！

水调歌头·水电赞

党引领方向，企业践行先。改革开放速度，弹指四十年。战略核心西部，电站星罗棋布，铁架耸云端。汗水筑高坝，热血献江川。

河流截，河道瘦，库湖连。山中碧浪，既是仙景也金钱。夏禹开渠除弊，水电拦河兴利，福祉献人间。国外工程远，水电敢登攀！

开启长江新纪元　成就水电新高度

——纪念改革开放四十周年

葛洲坝水力发电厂　李四勤　陆坪

葛洲坝——万里长江第一坝。它发端于"高峡出平湖"的伟大构想，决策于"赞成兴建此坝"的光辉批示。它奠基于 20 世纪 70 年代初，竣工于 80 年代末，是我国依靠自力更生在长江干流上兴建的第一座大型径流式电站，设计容量 273.5 万 kW，装机 22 台，迄今为止，仍然是国内最大的径流式电站。它是三峡工程的重要组成部分，是 20 世纪我国自主设计、自主制造、自主施工、自主运行管理的最大的水利枢纽工程，是 20 世纪中国水电建设史上的一座丰碑。江泽民同志于 1990 年在首都青年举行的纪念五四运动 71 周年报告会上，将葛洲坝工程同原子弹、亚洲一号卫星、核潜艇等一同称为社会主义建设的伟大成就。

1980 年 11 月 24 日，葛洲坝枢纽的管理单位——葛洲坝电厂正式成立。1981 年 7 月 30 日，首台水轮发电机组——二江电厂 1 号机组并网发电，1988 年 12 月全部机组投产发电。自此，古老的母亲河终被唤醒，源源不竭的电能光耀神州大地。

葛洲坝电厂近 40 年来的改革发展史，见证了改革开放 40 年中国水电运行管理事业发展壮大的辉煌历程。自建厂以来，葛电人始终胸怀"管好葛洲坝，振兴我中华"的豪情壮志，践行对国家、对人民高度负责的承诺，坚持技术进步，坚持科学管理，励精图治，奋发图强，创新发展，致力于成为水电行业引领者，不仅为社会经济发展提供了安全可靠绿色的电能，更实现了跨越式发展。如果说三峡工程是世界水电建设史上的标杆，那么，葛洲坝工程则开启了中国水电事业走向辉煌的大门，是中国水电迈向世界前沿的起点。

励精图治铸就中国水电丰碑

投产初期，针对当时机组频频出现故障的情况，葛洲坝电厂决定对机组设备进行全面整顿，力争整顿一台稳定一台。在有关科研单位、大专院校、制造厂家和设计单位的协助下，全体葛电人辛勤劳动，以厂为家，开展以"搞好设备整顿，促进安全生产，提高经济效益"为重点的设备整顿工作。

经过全体职工的不懈努力，20 世纪 80 年代，全厂完成较大项目改造 22 项，提出并实施各类小改小革方案 200 多项，从根本上扭转了安全生产的被动局面，设备重大隐患逐步得到了消除，设备完好率逐年提升，年年超额完成国家下达的发电计划目标，为社会创造了巨大的财富，多次受到国家奖励。

进入 20 世纪 90 年代，葛洲坝电厂逐步走出了传统经验管理的模式，初步形成了具有葛电特色、适合特大型水电企业的现代化管理体系，建立健全了现代化管理组织，完善了生产指挥系统、经管决策系统、人才管理开发系统、科技管理系统、思想政治工作系统和监督约束系统，专业管理手段逐步迈向现代化。期间，葛洲坝电厂坚持新技术的应用和设备优化，将投产时期的常规控制改造成为远方数字自动控制，率先实现水电厂发电生产计算机实时监控，"葛洲坝二江电厂计算机监控系统"等 52 项技术改造成果先后获得省部级及以上奖励。

2002 年 9 月 29 日，为适应市场经济发展和国家电力体制改革的需要，促进长江水力资源滚动开发，中国长江电力股份有限公司在葛洲坝电厂的基础上改制设立，并于 2003 年 11 月 18 日在上交所成功上市，自此，葛洲坝电厂成为长江电力的生产单位和成本控制中心之一。新企业描绘宏伟蓝图，新机制带来创新发展。改制重组后，葛洲坝电厂肩负"管好葛洲坝枢纽，打造水电厂精品"的崇高使命，全面推行质量、环境、职业健康安全"三标一体化"管理体系并顺利通过认证；建设及推广应用葛洲坝区域 ePMS

系统，使信息化管理迈上国际先进水平；国内首创的水电站综合安全性评价系统使安全管理更加精细化、科学化；拥有自主知识产权的"无源零开断自动灭磁新技术的研发和应用"等 193 项技改项目的实施，极大地提升了葛洲坝电厂及电网的安全稳定水平，保障了国产电站设备永葆"青春"；建立了计算机监控、生产技术管理、水电机组数字化在线监测与诊断三大技术保障系统；实现了实时数据采集与处理、主辅设备的远方自动控制、生产管理成本控制、设备的诊断运行分析和设备状况评估等关键生产过程、关键业务过程控制的智能化，信息掌控能力位居国内同行业前列。

作为长江上首座大型电站的管理者，葛洲坝电厂坚持"发电育人"并重，造就了一大批水电经营、管理、运行维护人才，成为中国水电事业的人才摇篮。38 年来，葛洲坝电厂先后向隔河岩、广州抽水蓄能、三峡、向家坝、溪洛渡等数十家电厂输送高级管理人才和技术人才 760 余名。此外，葛洲坝电厂还派出骨干人员参与、指导了福建水口水电站、四川二滩水电站、马来西亚沐若水电站、内蒙古呼和浩特抽水蓄能电站的筹建运行工作，遍布的"葛电精兵"让葛洲坝电厂无愧于"中国水电事业的人才摇篮"的称谓。

38 年来，葛洲坝电厂坚持严格管理，不断深化企业内部改革，先后迈过了接机接站保稳定、企业整顿上轨道、达标升级上台阶、争创一流上水平、改制重组创精品等光辉历程，曾先后荣获"全国首届设备管理优秀单位""全国五一劳动奖状""全国模范职工之家"等 48 项省部级以上荣誉称号。

葛洲坝，堪称我国水电建设史上的一座丰碑。

安全高效奏响水电时代强音

奉献祖国，造福人民，和谐发展是葛洲坝电厂的不懈追求。38 年来，葛电人始终以"如临深渊，如履薄冰"的责任感精心管理好、运行好葛洲坝水利枢纽这颗长江上耀眼的水电明珠，奏响了民生水电、绿色水电、生态水电、和谐水电的时代强音。

38 年来，葛洲坝水利枢纽安全高效运行，巨大综合效益充分发挥。截至 2017 年 8 月 31 日 24 时，葛洲坝电站累计发电超 5420 亿 kWh，相当于节约标准煤 1.73 亿 t，减排二氧化碳 4.65 亿 t，减排二氧化硫 487 万 t，减排氮氧化物 139 万 t。

此外，葛洲坝大坝安全下泄长江干流 45000m³/s 以上洪水超过 60 次，包括 1981 年 7

月 19 日 72000m³/s 洪水、2010 年 7 月 20 日 70000m³/s 2 次大洪水。在 1998 年长江流域抗洪抢险中，不具有蓄水防洪能力的葛洲坝水利枢纽三次超限蓄水，持续时间达 11 小时，有效减轻了下游防洪压力，确保了长江中下游人民的生命财产安全。

自投产以来，葛洲坝水利枢纽水工建筑物、各类机电设备、通航建筑物运行良好。葛洲坝水利枢纽的运行实践充分证明，中国人有能力建设好、管理好大江大河上的巨型水利工程。

葛洲坝水利枢纽的安全高效运行，为三峡工程的建设和管理提供了成功经验。作为三峡工程的反调节水库，葛洲坝水利枢纽运用"静水通航，动水冲沙"的策略成功解决了航道泥沙淤积问题；运用"河流辩证法"科学布置"一体两翼"枢纽格局，从总体上解决了泄洪、排沙问题；采用上游单戗立堵的截流方案，成功实现了长江首次截流；由我国自行设计、制造和安装了当时世界上转轮直径最大的发电机组，推动了我国装备制造业的快速发展；500kV 葛洲坝至上海直流输电工程投入运行，拉开了跨大区联网的序幕……

葛洲坝水利枢纽的安全高效运行，有力带动了地方经济的发展。2017 年，年发电量达 190.52 亿 kWh，连续四年创历史新高，相当于我国一座中等规模城市全年全社会用电量。葛洲坝水电站 70% 以上发电量用于湖北，对保障湖北能源供给和地区经济发展起到了重要作用。葛洲坝水利枢纽的建设和运行，使得宜昌一跃成为中等城市。1982 年，宜昌市被新华社评为 14 个"明星城市"之一，1990 年被列为全国首批跨入小康的 36 个城市之一。特别是随着三峡工程的建设投产，宜昌市更成为闻名世界的水电名城。

葛洲坝水利枢纽安全高效运行，为长江电力的创立和发展奠定了良好的基础。2002 年，中国三峡总公司（现中国长江三峡集团有限公司）以葛洲坝电力资产为基础，改制设立长江电力并上市，全面提升了我国大型水电工程建设管理、大型水电工程融资和资本运营、大型水电生产运营和市场营销、梯级水利枢纽统一联合调度等核心能力。

创新发展逐梦水电行业之巅

岁月成就了葛洲坝的高度，也让运行近 40 年的"水电老厂"站在了选择的关口——机组主设备多为 70 年代国产产品，经过持续更新改造，主辅设备仍极为复杂；径流式电站机组过流水质差，水中杂质对设备造成损害严重；近年来，随着流域梯级电站联合调度能力提升，处于梯级最末端的葛洲坝水电站，机组停机检修时间持续缩短，经受着"长周期、不间断、满负荷"运行方式考验；这些因素为安全生产带来了极大难度。如何让电站"老"而不"旧"，始终保持行业领先？如何应对水电行业日新月异的发展变革？现实考验面前，葛电人迎难而上，在"十二五"发展规划中明确提出"建设智能电站、保持行业领先"的高远目标，从一开始就着眼行业最前沿。

面对电站管理边界条件的变化和风险挑战，在业界没有关于智能电站统一标准的背景下，葛洲坝电厂创造性地提出"建设智能电站、保持行业领先"目标，着眼行业最前沿，进入智能电站建设"无人区"，按照《葛洲坝智能电站建设框架方案》规划的路径，结合设备改造，稳步推进电站智能化。十二五期间，智能电站建设骨干工程——葛洲坝500kV GIS开关站安全稳定运行至今；机组改造增容大规模有序推进；第三代计算机监控系统、硬软件网络平台建设完成；在智能电站框架指引下，按照"统一规划，分步实施"原则，稳步推进机组改造增容，谋划提高水能利用率的新路子，目前，全部水轮机组和8台发电机组已先后完成了改造增容。至2016年，电站管理的可视化应用已基本实现，智能管理体系日渐成熟，建立了电站模块化管理机制和标准化评估机制，在此基础上推动"零缺陷"目标落实，满足了"分析过去，掌控当前，预测未来"的基本要求。智能电站建设创造了巨大的经济效益和显著的安全效益，也为行业发展积累了经验。

智能电站建设为葛洲坝电厂再次起跳搭建了较高的平台。"十三五"伊始，葛洲坝电厂确立了"建设智慧枢纽，树立行业标杆"发展目标，在智能电站基础上，编制完成了智慧枢纽框架方案，描绘了未来发展的宏伟蓝图，明确了智慧枢纽建设目标、体系和技术路径。目前，智慧枢纽建设骨干工程——220kV GIS开关站业已投运，相信未来5～10年内，葛洲坝电厂将运用物联网、云计算、大数据、空间地理信息集成等新一代信息技术，感测、分析、整合枢纽运行核心系统的各项关键信息，建成集成整合的智慧运作体系、建立先进的智慧技术架构、提升智慧的数字化运营能力、形成一流的智慧管理能力，在不断创新和突破中，用一项项真实的数据，向世人展示她逐梦水电行业之巅的实力和勇气。

通过不断推动管理创新和技术创新，葛洲坝水电站设备可靠性持续提升，电厂和电网安全稳定水平显著提高。等效可用系数从 2005 年的 90.58%攀升至 2017 年的 95.86%，平均每年递增 0.35%；2016 年较行业同类机组等效可用系数 94.12%高 1.74 个百分点。2014～2017 年，葛洲坝电厂连续四年刷新发电量纪录；机组年平均运行小时数保持在 6300 小时以上，2017 年这一数字高达 7141.8 小时，其中 3 号机组 2016 年运行了 8305 小时，相当于全年仅休息不到 19 天，成为名副其实的"劳模机组"；电站百万千瓦装机年发电量接近 70 亿 kWh，电站装机容量有效利用率远高于行业平均水平，经济效益十分显著。

彰显国人智慧和力量的葛洲坝工程，在改革开放的历史进程中创造了无数的世界之最。如今，葛洲坝电厂正焕发出新的青春活力，继续奔跑在逐梦路上。有梦，就值得期待。葛洲坝电厂永远值得世人期待。

在新时代改革开放征程中书写人生精彩

——纪念改革开放四十周年征文

中国水利水电第一工程局有限公司　赵丽华

> 历史总是在一些特殊年份给人们以汲取智慧，继续前行的力量。今年是全面贯彻落实党的十九大精神的开局之年，是改革开放四十周年，也是中国水利水电第一工程局有限公司（以下简称水电一局）建局六十周年。四十年来，特别是党的十八大以来，我们以壮士断腕的决心，背水一战的气概，闯出了一条新路、好路，实现了从"赶上时代"到"引领时代"的伟大跨越。

改革开放四十年来，中国发生了巨变，中国桥、中国车、中国港、中国船、中国飞机……一系列的中国制造把祖国的城市山河、小镇流水都连接在一起。巍巍中国雄踞于世界东方，在以习近平总书记为核心的党中央的坚强领导下，中国人民坚持聚精会神搞建设，坚持改革开放不动摇，持之以恒，锲而不舍，极大解放了中国的生产力，人民生活水平有了很大提高，使得中国成为世界第二大经济体，成为世界经济增长的主要稳定器和动力源。中国人民坚持立足国情，放眼世界，既强调独立自主、自力更生又注重对外开放，合作共赢；既坚持社会主义制度又坚持社会主义市场经济改革方向；既"摸着石头过河"又加强顶层设计，不断研究新情况，解决新问题，总结新经验，成功开辟出一条中国特色社会主义道路。四十年来，中国人民始终坚持解放思想，实事求是，实现解放思想和改革开放相互激荡，观念创新和实践探索相互促进，充分显示了思想引领的强大力量。

党的十八大以来，以习近平同志为核心的党中央坚定不移全面深化改革，推出了

1500 多项改革举措，重要领域和关键环节改革取得突破性进展，主要领域四梁八柱性质的改革主体框架基本确立，取得一系列深层次、根本性的历史变革。开放型经济体制逐步健全，倡议并推动"一带一路"建设，为世界经济发展注入强劲动力，中国正日益走向世界舞台中央。这是每个国人的骄傲和自豪。坚持改革开放是过去 5 年党和国家事业取得历史性成就，发生历史性变革的重要基础，也是开创新时代发展新局面的强大动力。党的十九大报告指出，只有改革开放才能发展中国，发展社会主义，发展马克思主义，这是对改革开放四十年经验的高度概括，更宣示了继续推进改革开放的坚定决心。党的十九大报告指出，要站在四十年的新起点上推进改革，方向更加明确，路径更加清晰，唯有将改革进行到底，从更高起点谋划和推进改革，才能让改革在新时代释放持久红利。

中国特色社会主义进入新时代，社会主要矛盾发生转化。新的历史方位，也使得推进改革开放有了新的历史特点，改革开放四十年波澜壮阔的历程雄辩地证明，与人民心心相印，同甘共苦，团结奋斗，没有克服不了的困难，更没有越不过的坎。今天我们推进改革开放的复杂程度、敏感程度、艰巨程度，一点都不亚于四十年前，越是面对繁难复杂任务和风险挑战，越要紧紧依靠人民，把人民群众利益作为改革的出发点和落脚点，坚持"四个意识"，坚定"四个自信"，把人民满意作为衡量改革成败的根本标准。

作为央企的水电一局，六十年的风雨兼程，一代代水电人披荆斩棘，风餐露宿，走过了甲子风云岁月，为我们留下了丰富的文化积淀和历史传承。改革开放四十年，水电一局人和全国人民一样，发生着翻天覆地的变化，尤其是近几年来，全局上下转变观念、深化改革、砥砺奋进，由最初的治理乱象、凝聚正气、改造发展软环境，到现在的励精图治、强基固本、打造发展硬实力，做成了许多过去没有做成的事，实现了公司前所未有的新成就，正向着水电一局应有的站位和气度昂首挺进。

对外，水电一局不断拓展国际市场，在埃塞、刚果（金）、老挝、缅甸等非洲、东南亚市场形成突破性发展，市场效果和经营成果得到了集团公司和海内外各界的肯定。国内业务进一步扩展了新领域，在地铁、市政、公路、矿山等施工领域形成了一定的竞争力，水环境治理、地下管廊等新兴基础设施领域得到扩展。集团、平台公司项目占有份额逐渐加大，融入集团发展趋势更加明显，市场规模与竞争力得到提升，企业发展软硬实力得到增强，有效开展了以队伍发展力为核心的人力资源体系建设，注重员工的思想教育，用水电一局精神凝聚人心，鼓舞士气，以高超的技能、高尚的情操、优秀的品质，打造出一个个精品工程，留下一座座精神丰碑。那些日日夜夜用汗水夹着泪水换来的成绩，是一份责任，一份担当，也是一份义务，水电人用自己渺小的力量托举着一个个小小的梦想，用一个个小小的梦想构筑成一个个中国梦。

国家和个人都像是个生命体，中国通过世界连接不断认识自己，守好大国地位，做好自己，就促进了全球生态文明的建设，对于每一个个体来说，在工作上履职尽责，在家庭中扮演好自己的角色，就是为国家做出了贡献。对内，我们一直在践行"人与效率"的工作方法，每个人都在工作中不断地认识自己，发掘内在的智慧和潜能，将自己的优势最大程度发挥出来。对外，我们用自己的生命成果唤起更多的生命智慧，让大家都能实践这样的方法，在自己的岗位上实现个人价值的最大变化。习近平总书记曾说过："幸福是每个人创造的"，笔者认为，在岗位上做好自己，就是参加了国家建设，就是见证了这个伟大时代！

身处伟大时代，身逢历史机遇，让我们携起手来，共同走进新时代，一览大国风采，为国家点赞助威，加油鼓劲，为一局发展尽力，在新时代改革开放征途中书写人生精彩。

引领水电发展坐标不断攀升　中国电建集团成都勘测设计研究院改革开放四十周年发展侧记

中国电建集团成都勘测设计研究院　邱云

四十年风雷激荡，四十年潮涌西南。从起步到跟跑，从并行到引领，四川水电在改革开放进程中的故事同样跌宕起伏、扣人心弦，因水电而生的成都勘测设计研究院（以下简称成都院）就生发于四川这片热土，她的辉煌成就和生动实践，成为中国改革开放宏伟篇章的组成部分。

向历史致敬，为未来壮行。改革开放，前路正长。

一、地位之变

四十年前，当改革开放的大潮初起，位于祖国西南大渡河流域的龚嘴水电站刚好投产发电，给四川带来了另一强大引擎——能源。龚嘴水电站作为西南首个大型水电工程，它的规模、难度以及带来的深远影响，已成为中国水电发展史上的一座里程碑。建成之后的三十年里，龚嘴水电站一直是四川电网的主力电源，点亮了巴山蜀水。自此，在强大的能源电力驱动下，四川发展进程进一步加速。

龚嘴水电站的设计者，就是 1955 年成立的成都院。在龚嘴水电站之前，成都院承担的水电站设计以中小型为主。水电权威潘家铮院士认为，龚嘴水电站是成都院设计水平奠定基础、打好翻身仗的经典工程。龚嘴水电站的成功，带来了成都院的长足发展，技术水平和人才队伍日益增强，工程业绩开始从川藏走向海外。

以服务中国水电为初心的成都院，完成了 100 余条大中型河流、占全国 54% 的水力资源普查和复查；规划水利枢纽和水电站总装机容量 2.1 亿 kW，约占我国可开发水力资源的 39%；勘测设计并建成 200 多座水电站，约占我国水电装机容量的 18%，各项业绩均位于全国行业首位，为中国水电的长足发展不断蓄势发力。

二、发展之变

让西南水电一举闻名于世的，当属雅砻江二滩水电站的成功建设。改革开放的坚定推动，让社会经济发展强劲，科学技术进步迅速，国家于 1987 年正式批准建设二滩水电站。其实早在 1956 年，成都院人的足迹就深入到雅砻江深深的峡谷之中，1958 年第一次发现了二滩水电站这颗璀璨明珠。1998 年，二滩水电站首台机组成功投产，让四川能源得以极大提升。

在水力资源丰富的大江上建设世界一流的水电站，是中国水电建设者的梦想和追求，把梦想变为光荣和现实，成都院用了整整 40 年。二滩水电站，照亮了雅砻江，更奠定了成都院乃至中国的水电设计地位。正如潘家铮所言，这座共和国水电建设史上新的里程碑将骄傲地向世界宣告，中国人有能力去建设我们需要修建的水电站。

在当时，330 万 kW 的装机容量和 55 万 kW 的单机容量均雄居国内水电站之首，被冠以我国 20 世纪建成发电的最大水电工程；240m 双曲拱坝为中国第一高坝，是我国首座突破 200m 大关的高坝工程，在世界同类型高坝中居第三位，难度数一数二；双曲拱坝的坝顶长度和坝身泄洪量为世界之最；大坝承受 980 万 t 的水压力，也为世界之最；被称为"世界第一洞"的两个大断面导流隧洞高 23m、宽 17.5m……数不清的记录和奇迹，标志着中国水电建设技术进入国际先进行列，引领了中国水电技术的第一次飞跃。

三、格局之变

改革开放的浩荡大潮勇往直前，西部大开发和西电东送战略应势而来，成都院设计论证的溪洛渡、锦屏一级等巨型水电站提上了建设日程。

溪洛渡水电站坝高 285.5m，装机容量 1386 万 kW，是中国第二、世界第三大水电站，地下洞室群规模世界最大，泄洪效能、功率居世界拱坝枢纽之首，多项技术指标居于世界最高水平；锦屏一级水电站，坝高 305m，为世界第一高拱坝，拱坝基础及边坡处理工程技术难度居世界之最。两座高坝均荣获菲迪克杰出项目奖，以它们的成功建设为代表，标志着中国水电建设技术步入国际领先水平，实现了中国水电技术的第二次飞跃。

此外，成都院还成功建设了世界抗震要求最高拱坝大岗山、世界深厚覆盖层上最高土石坝长河坝、世界海拔最高的抽水蓄能电站羊湖、世界高海拔上最大电站藏木等一系列经典工程，正在建设世界第一高坝双江口、藏区最大水电站世界级高坝两河口等一大批巨型工程，不断巩固水电发展的领先地位。

四、协同之变

经过六十多年创新求存，成都院在国家能源规划、高端技术服务方面培育出核心竞争能力，引领清洁能源发展方向，代表我国乃至世界水电勘测设计的最高水平，拥有 10 多项国际领先的核心技术——特高拱坝和特高土石坝勘察设计成套、复杂地基处理勘察设计、巨型地下洞室群勘察设计、数字工程与数字流域技术、环境评价与生态保护设计、城市水环境治理设计等技术——彰显出一个大院的实力，丰富了改革开放的成果。

改革开放之潮一潮胜过一潮，成都院通过自我改革和创新，从最初的勘测设计院发展成为集工程规划咨询、勘测设计、工程建设、投资运营为一体的工程公司，业务覆盖能源、水利、水务、建筑、水生态治理、市政与交通、环境保护与水土保持、城乡规划与城镇建设等领域，业绩遍及全球 60 多个国家和地区，培育了驰名中外的"成勘院"品牌。连续多年被评为"全国勘测设计综合实力百强单位"、稳居"中国工程设计企业 60 强"前列；先后荣膺"中央企业先进集体""全国五一劳动奖状""全国用户满意企业""国家优秀环评单位""四川质量奖"等称号。

成都院见证并参与了我国水电起跑到跟跑再到领跑的每一步跨越，是我国改革开放历史的一面镜子，为我国水电走出国门、共融世界奠定了基础。"不日新者必日退"，站在新起点，奋斗新时代，开辟新未来，在五大新发展理念引领下，成都院大力推进"深化改革、二次创业"，必将掀起新一轮改革发展大潮，走向下一个新高度，写就发展壮大新传奇。

中国电建集团昆明勘测设计研究院在改革开放的道路上砥砺前行

中国电建集团昆明勘测设计研究院　何丽文　刘昱

四十年如歌，一曲睿智与进取、拼搏与奉献谱写的颂歌。

四十年如画，一幅希望和挑战、忠诚和执着挥就的画卷。

郁郁青山见证昆明院四十年的面貌巨变。

悠悠江水放歌昆明院四十载的辉煌岁月。

站在新的历史方位上回望，昆明勘测设计研究院（以下简称昆明院）一路高歌、激流勇进的四十年，是推进改革开放的四十年，是在推进中国特色社会主义现代化建设伟大实践中不断提升发展境界的四十年。

一、改革释活力，三迤大地树丰碑

水能，以其清洁和可再生性，在能源体系中凸显自身优势。素有"水电王国"之称的云南，因拥有堪称"水电瑰宝"的我国第一座水电站——石龙坝水电站及其在全国水电史上的多个第一而彪炳水电史册。穿越时光隧道，撩去岁月风尘，六十年前，一个肩负中国能源建设使命的设计机构在这片美丽富饶的土地上遇势而生。从此，昆明院全面承担起了云南水电建设的规划、勘测、设计和科研工作。

勘测设计作为水电建设的先行者，在人迹罕至的崇山峻岭、深谷密林、急流险滩中拼搏奋斗，特别能吃苦、特别能战斗、特别能奉献，薪火相传；特别敬业、特别认真、特别负责，一脉相袭。以山为家，以水为邻的昆明院人走过激情燃烧的岁月，步入到改革开放的新时代。凭着敬业、负责、拼搏的精神，昆明院人在水电建设领域全面破题，创造了无愧历史的辉煌传奇，书写了令人瞩目的昆明院传奇。

鲁布革水电站建于改革开放初期，是我国水电工程中第一个利用外资并进行国际招标的项目。电站黏土心墙堆石坝采用风化料作为防渗体、溢洪道垂直高边坡采用喷锚加固、厂房采用岩壁式吊车梁等技术均属国内首创。尤其是"鲁布革冲击波"，拉开了全国水电建设新管理体制和利用外资建设水电的序幕，影响十分深远。

漫湾水电站是中国第一个由部省合资建设，实行全面招标承包制、工程建设监理制的国家重点工程。

天生桥一级水电站工程创同期多项国内外第一：混凝土面板堆石坝最大坝高178m，开创了我国此类坝型超级高坝建设的先河，是我国坝工建设的里程碑；坝顶长度、坝体填筑方量、面板面积居世界同类坝型之首；岸边式溢洪道，泄量和规模为当时国内最大。

景洪水电站创造了世界同类规模水电站建设速度最快的纪录，总工期仅 78 个月，刷新了国内外百万千瓦级水电站建设速度的新纪录。电站采用世界首创的水力驱动式垂直升船机，实现了澜沧江—湄公河的高坝通航。

小湾水电站拱坝坝高 294.5m，为当时已建成的世界最高拱坝，其基岩峰值水平加速度、坝顶弧长、总水推力等关键指标，在世界拱坝建设中均居第一。电站 4 号机组为我国水电装机容量突破 2 亿 kW 的标志性机组。

糯扎渡水电站心墙堆石坝最大坝高 261.5m，属于同类坝型世界第三，国内第一；开敞式溢洪道最大泄流量 31318m³/s，居世界之首；地下洞室群规模在居于世界前列。糯扎渡水电站是世界最具代表性的土石坝枢纽工程。攻克了人工砾石土心墙防渗土料成套工程技术等许多世界级的技术难题，取得数字大坝—质量与安全控制信息管理系统等诸多创新成果。

以鲁布革、漫湾、天生桥一级、景洪、小湾、糯扎渡等工程为代表，充分体现了我国水电建设的技术水平，展现了在中国改革开放背景下云南水电事业蓬勃发展的故事。

二、改革增动力，中流击水谱华章

进入"十二五"，在机遇与挑战并存、效益与风险同在的严峻市场竞争中，昆明院始终坚持把创新思路举措、勇于探索实践作为推动改革、加快发展的"金钥匙"，不断创新发展模式、调整业务结构、拓展业务领域。坚持以"多元化、国际化"为发展方向，集全力打造规划设计、工程总承包、投资运营"三位一体"的业务模式，拓展水利、水务、新能源、环境、交通、市政建筑等业务。从江河走向城市，从单一走向多元，从国内走向国际，在探索中前进，在改革中发展，在创新中提升，以行动一步步书写发展与进步的诗篇。

经过积极稳妥地改革，长期适应和培育市场，昆明院取得了长足的发展。

（一）企业资质覆盖全面

目前具有国家授予的工程设计综合甲级资质及勘察、咨询、总承包、监理等多项甲级资质，以及国家颁发的专项资质证书 40 余项。通过了中国 CNACR 和国际 UKAS 质量认证，并分别被中国对外承包商会、中国机电产品进出口商会和中国出口信用保险公司评选认定为 AAA 级信用企业，同时也是中国对外承包商会组织评选认定的社会责任绩效评价领先型企业。

（二）综合实力和品牌影响力大幅提升

长期以来，昆明院营业收入及利润保持稳健增长，有效实现了国有资产保值增值。连续十四年入选"ERN 中国工程设计企业 60 强"，荣获"全国电力行业实施卓越绩效模式先进企业""全国电力行业用户满意企业"等荣誉称号，在行业内和社会上树立起了良好的品牌形象。

（三）企业发展的业务基础进一步夯实

昆明院充分发挥懂水熟电、擅规划设计、能投资运营等核心能力，加快推进从国内市场向国际市场的转变、从设计单一核心业务向以设计为龙头、纵向覆盖工程建设全过程、横向跨越相关行业领域的产业链经营模式的转变。进一步夯实发展基础，业务发展可圈可点。

（1）水电水利。昆明院勘测设计了500余座水电站，总装机容量超过100000MW，基本囊括了当今世界上所有的大坝、厂房和水轮发电机机组类型，形成了昆明院鲜明的技术特色，在各型高坝、高水头工程、地下工程、高边坡治理工程、大流量高水头泄洪消能工程、水电站金属结构与机电工程等多个领域的勘测设计科研达到了国际先进水平，积累了18项核心技术优势；先后承担了昆明掌鸠河引水输水工程、牛栏江—滇池补水工程、滇中引水工程等的规划和勘测设计工作。

（2）新能源与电力。昆明院作为云南省新能源规划设计领域的开拓者，是我国西南地区第一座风电场的设计单位，共承担了国内外近300个新能源工程项目的勘测设计；具有丰富的电力系统规划研究、变电站和输电线路勘察设计咨询经验，承担了云南水电开发及外送规模研究、缅甸电力系统规划等几十项规划研究工作。

（3）水环境生态。与水相伴的芳华，昆明院与水结下了不解之情，更将这一情怀融入了水环境综合整治实践中。昆明瀑布公园，不仅是亚洲最大的人工瀑布，更将水域陆域、流域区域统筹整合，是"水安全、水环境、水景观、水文化、水经济"五位一体理念的成功实践。深圳市东部海湾水系、滇池、安庆破罡湖……昆明院正在一步步形成独有的环境整治理念和格局。

（4）城建交通。昆明院的市政建筑工程涉足国内外建筑工程设计与咨询、城市与小城镇规划、智能化建筑与系统工程设计、市政工程综合设计及景观艺术设计等领域，完成大中型项目超过1000项。形成了以建筑规划、设计、总承包、监理一体化的产业构架；完成了3000余公里各等级公路及特大桥、特长隧道的勘察设计，承担了云南、四川、重庆等省市多项市政道路设计；发挥专业协同优势，移植水电核心技术，开展地下综合管廊及海绵城市的勘察设计工作，形成了一套独具特色的地下管网运营、管理技术体系，并自主研发了城市三维智慧管网管理系统，取得了良好的经济和社会效益。

（5）信息工程。遵循"统一架构""一个平台""一个模型"的技术发展思路，顶层设计，打造数字化、信息化与工程各专业融合的信息集成服务平台。在规划阶段实现数字化、可视化展示引领，在设计、建造阶段实现多专业协同、数字化交付与信息化管控，在运维阶段基于工程大数据及多专业能力实现智慧化运维，形成数据采集、平台研发、数据分析应用的全产业链信息化产业。红河州建个元高速公路项目《基于 BIM 的项目建设管理信息系统》，《横琴新区海绵城市第一批示范项目信息管理平台》，基于水利水电工程运行维护的综合管控平台《水利水电三甲医院平台》……昆明院正在一步步形成信息化与工程融合相互促进、良性互动的产业发展格局。

（6）**工程总承包**。昆明院在系统内率先开展了 EPC 工程总承包业务，探索出了以设计为龙头的 EPC 工程总承包之路，业务涵盖了水电、新能源、水利、市政、交通、环保等多个领域，并逐步向国际市场迈进。

（7）**项目投资**。昆明院率先在系统内开展水电投资，投资范围逐步扩充至风电、光伏等清洁能源项目，权益装机容量约 3000MW。

（8）**国际工程**。20 世纪 70 年代中国政府最大的援外水电项目——喀麦隆拉格都水电站的建设，拉开了昆明院进军国际市场的序幕。缅甸邦朗水电站、老挝南欧江流域开发、尼日利亚宗格鲁水电站、玻利维亚圣何塞水电站……东南亚、非洲、南美洲，一个个经典工程的勘测、设计和建设，辉映着昆明院国际化的步伐，凸显了昆明院强大的品牌效应。

（四）人才结构不断优化

全院拥有一大批年富力强的骨干员工队伍，部分工程技术骨干在业界具有较高的知名度，巩固和增强了昆明院专业配套齐全、整体素质较高、职业道德良好和工作作风严谨的人力资源为基础的核心竞争力。

（五）科技创新成果丰硕

昆明院为国家重点高新技术企业，设有国家能源水电工程技术研发中心高土石坝分中心、国家水能风能技术研究中心昆明分中心 2 个国家级研发平台；获得 500 余项国家级、省部级科技成果奖励；主编或参编国家及行业标准逾百项（次）；获得授权的专利百余项；取得"HydroBIM"等 3 项商标注册，HydroBIM 乏信息技术、三维设计及 3S 集成技术等成果广泛应用，实现了信息技术向生产力的转化。

（六）党建工作成效明显

昆明院党委坚持融入中心、服务大局，把握方向、参与决策，抓好班子、带好队伍，促进改革、维护稳定，推动发展、共创和谐。落实全面从严治党各项要求，按照"五位一体"的总体布局，重点围绕"两抓（抓基层党组织建设、抓党员队伍建设）、三促（促活力、促转型、促发展）、一提高（提高党建工作科学化水平）"，创新党建工作的方法和手段，提升党建工作的价值创造，努力使党建工作与生产经营同频共振、相融共进。党建工作连年被中共云南省委省直机关工委考核为"优秀"。

（七）和谐企业建设不断推进

昆明院坚持做到发展为了员工，发展依靠员工，发展成果由广大员工共享，充分发挥员工的主力军作用，汇聚起推动发展的强大正能量。深入推进企业文化建设，积极构建和谐文化，不断推进人文关怀的层次和水平，拓展工作内容和维度。全院保持了稳定、和谐、向上的局面，连续25年保持云南省文明单位称号，被中国文化管理协会企业文化管理专业委员会授予"中国企业基层文化建设优秀单位"称号。

（八）服务社会业耀民生显担当

按照云南省委、省政府工作部署，明确责任，精准扶贫；捐资建设德宏盈江芒允希望小学，积极开展"一帮一、结对子"的捐资助学活动资助澜沧县勐朗镇三所小学贫困学生；捐资360万元支持云南省爱心水窖建设，向云南省"绿化昆明·共建春城"义务植树活动捐款100万元；在汶川、在玉树、在鲁甸，昆明院人都以实际行动谱写了一曲曲责任与爱心的凯歌。

昆明院紧紧扭住发展要务，以不懈奋斗、不断发展的溪流奔涌汇入中国改革开放盛世的广阔海洋，以与时俱进、开拓创新的胆识与魄力不断在发展中探索和调整完善加快昆明院发展的思路和战略举措。

三、奋进新时代，启航新程立潮头

1978～2018年，虽是普通的数字，却是浩如烟海的昆明院历史长卷。40年的历程并不长，但我们却于昆明院人的铿锵足音中，感受到了企业蓬勃、强劲的发展气势。40 年的历史积淀，赋予了昆明院更多的成熟与稳健。这些宝贵的物质和精神财富，将使昆明院自强不息，不断地提升自我，保持持续发展的势头。

在当前国内经济发展新常态和国际经济发展新趋势下，昆明院发展进入转型期，改革进入攻坚期，经营进入升级期，机遇与挑战并存。不断变化的形势，需要永不停歇的精神。已走过六十年辉煌历程的昆明院，在中国电建集团"建世界一流企业，创国际著名品牌"的企业愿景指引下，勇敢地承担起时代赋予的新使命，坚持守初心、牢基础、强品牌、谋创新。积极服务国家战略和云南"十三五"省级重点专项发展规划，抢抓战略机遇，加强创新驱动，深化改革，推动转型升级，优化资源配置，强化风险管控。在"五大发展理念"的指引下，以持续发展为目标，以质量效益为中心，以深化改革为动力，以依法治企为准则，以加强党建为保证，主动适应经济发展新常态，进一步加强创新驱动转方式调结构，进一步加强市场营销保增长，进一步加强经营管理提质增效，进一步加强党风廉政建设和反腐败，进一步关爱职工和促进职工与企业共同发展，向着技术创新型、业务集成型、资源整合型、质量效益型的国际一流工程公司迈进。

瀚海春潮涌，风劲帆正扬。站在新的历史起点上，踌躇满志的昆明院人正以载道抒怀的热诚、挑战未来的勇气去谱写更新更美的篇章！

"一带一路"小水电援外培训与国际合作交流综述

水利部农村电气化研究所（亚太地区小水电研究培训中心）

徐锦才　施瑾　林凝　赵建达　张恬

水利部农村电气化研究所（以下简称农电所），又称亚太地区小水电研究培训中心，是我国政府和联合国开发计划署（UNDP）及联合国工业发展组织（UNIDO）合作，于 1981 年 11 月在杭州成立的国际区域性组织，是亚太地区及全球范围内小水电研究、培训、信息及咨询机构，是中国小水电对外合作的重要窗口。农电所是我国唯一的农村水电和电气化科研机构，也是水利部农村水电工程技术研究中心、全国水利行业定点培训单位、可再生能源及农村电气化浙江省国际科技合作基地，在国外小水电及可再生能源行业享有良好的声誉。围绕"一带一路"沿线国家，农电所持续开展可再生能源、农村电气化等领域的援外培训、联合研究、技术转移和项目示范，深入践行我国"一带一路"倡议，推动相关国家小水电等可再生能源技术进步和设施建设，相关工作成效显著。

一、组织对外援助培训，提供能力建设服务

迎着改革开放的春风，农电所自成立以来充分发挥专业优势，依托中国政府援外政策和资金，面向发展中国家开展可再生能源及农村电气化技术培训，帮助"一带一路"国家提升能力建设水平。迄今，农电所已成功举办了 104 期水资源管理、小水电开发、农村电气化、气候变化等相关主题的涉外培训项目，共培训了来自 113 个国家 2000 多名学员。

近年来，农电所在"一带一路"主要国家和区域按需开展培训与研讨：针对东盟国

家，在老挝开展水电及大坝安全、可再生能源互补发电等技术研讨班，在柬埔寨开展水力、电力系统高级管理人才双边培训，在越南开展小水电融资双边研讨，联合东盟能源中心举办由中国—东盟合作基金资助的东盟小水电及太阳能农村电气化培训以及在印尼万隆举办由 UNDP 支持的东盟国家小水电及农村电气化研讨等，为东盟国家培养了 300 多名小水电及其他可再生能源领域的高级管理人才和专业技术人才；针对非洲，自 2015 年起连续 4 年为卢旺达举办小水电技术海外培训班，2017 年在埃塞俄比亚首都举办了东非国家可再生能源及离网互补发电系统研讨会，2018 年起在埃塞俄比亚首都亚的斯亚贝巴举办小水电技术海外培训班等，共有 23 期专门针对非洲国家开展多双边培训班，来自 46 个非洲国家的 1086 位水利、能源领域政府官员和技术人员参加过培训。

经过多年的发展和实践，农电所援外培训工作实现了培训地点从境内到境内外，培训形式从多边到多双边，培训语言从英语单语种到英、法、俄等多语种，培训级别从技术班、研修班到部级研讨班，培训内容从小水电技术到水利、水电、能源、气候变化等多领域的五大跨越。通过援外培训工作，农电所建立了较为全面的学员信息数据库以及完善的援外培训学员后续跟踪联络机制，通过定期开展援外培训回访、邀请高级别官员回访、免费提供远程技术咨询、发送《SHP News》电子杂志等形式，不断加强培训后续跟踪与交流，加深友谊、推动合作。

二、建立技术转移中心，开展技术联合研究

多年来，农电所与"一带一路"沿线国家保持密切交流与合作，同时不断拓宽交流渠道，注重对各国高层的访问与交流，在政府推荐或见证下，与相关高校和科研机构签署合作谅解备忘录，进一步增加政治互信，为切实开展技术与项目合作奠定了良好的基础。在水利部、商务部、科技部及我驻外使领馆的大力支持下，农电所与巴基斯坦、印度尼西亚、埃塞俄比亚、塞尔维亚等国家和地区开展项目合作、联合研究与技术转移，布局建设四个海外中心。

（一）中巴小水电及农村电气化关键技术联合研发中心

农电所与巴基斯坦可再生能源技术署合作，建立了中巴小型水电技术国家联合研究

中心。2015 年 4 月 20 日，习近平总书记在对巴基斯坦进行国事访问期间为中巴小型水电技术国家联合研究中心及其他 7 个中巴合作项目揭牌。农电所正在实施国家重点研发计划战略性国际科技创新合作重点专项，进一步通过优势互补与合作交流，提高巴基斯坦在小水电等可再生能源开发和农村电气化建设领域的科技创新能力。联合研发中心的建立将推动中国小水电和农村电气化技术和经验在南亚国家的应用和推广。

（二）中国—非洲清洁能源及农村电气化技术转移与研究培训中心

2017 年，在中国驻非盟使团支持下，农电所与埃塞俄比亚亚的斯亚贝巴科技大学合作成立了中国—非洲清洁能源及农村电气化技术转移及研究培训中心。在该中心合作框架下，帮助亚的斯亚贝巴科技大学、卢旺达大学开展新能源学科建设、教材编制、师资培养；与乌干达等国合作开展太阳能扬水系统、箱式水电站等适于非洲国家的可再生能源技术与应用研究与小系统示范；收集和分析非洲典型国家的小水电、太阳能、农村分布式能源情报、提供开发规划、站址认证等技术咨询服务；建设中非友好农村电气化学院，参与学历学位人才培养；大力推广中国小水电英文标准等。逐步将中心建设成为服务于中非清洁能源与农村电气化行业的合作平台，为合作发展绿色能源、推动非洲地区绿色可持续发展奠定了较好的合作基础。

（三）中国—东盟可再生能源与农村电气化技术转移与培训中心

东盟国家是世界经济发展最具活力区域之一，也是"一带一路"倡议的重点合作区域。东盟各国在清洁能源领域的发展还很不均衡，亟须进一步深化合作。2017 年，农电所通过承担浙江省"一带一路"科技创新合作项目《中印（尼）基于水电的农村电气化技术联合研究中心》，与印度尼西亚国家电力公司电气维护中心和印度尼西亚能源部电力与可再生能源技术研发中心合作，开展基于水电的多能互补农村电气化技术研发和设备试制、开展人力资源培训，合作建立示范电站，推广中国小水电、风能、太阳能互补发电技术等。在此基础上，农电所和东盟能源中心（ACE）牵头，联合中国和东盟国家从事可再生能源的高校、科研院所和企业，建立中国—东盟可再生能源与农村电气化技术转移与培训中心，通过人力培训、联合研究与技术示范，提升东盟国家可再生能源与农村电气化技术水平，推动中国和东盟国家的能源合作，形成能源资源合作一体化产业链，建设中国—东盟命运共同体。

（四）中国—西亚/东欧/高加索小水电技术与设备研制基地

2017 年 5 月，农电所与塞尔维亚贝尔格莱德大学签署合作谅解备忘录，共同探讨交流小水电等可再生能源发展技术与项目示范。同年，农电所承担国家重点研发计划政府间国际科技创新合作重点专项中塞（尔维亚）政府间合作项目《低水头的径流式水电开发技术联合研究》，通过开展塞尔维亚典型河流水能资源评估与规划和低水头径流式水电开发仿真技术联合研究，研究解决低水头河流水能资源开发方法与策略，推动可再生能源发展与基于水电的农村电气化模式应用；通过示范点建设，推动实用新技术与设备的推广应用；通过项目合作，创建双边科技合作交流平台，开展能力建设培养小水电技术人才，共同建设中国—西亚/东欧/高加索小水电技术与设备研制基地。

三、积极开展项目示范，促进产能国际合作

多年来，农电所利用南南合作援助基金、中非合作基金、援外项目基金、联合国开发计划署佩罗基金等，结合不同国家现状与需求，与各国合作伙伴广泛开展典型流域水能资源开发规划、水风光多能互补发电、低水头水轮发电机、箱式水电机组、光伏扬水技术与应用、光伏水净化系统等联合研究与项目示范。依托和挖掘利用长期以来开展国际小水电培训和交流合作所积累的人脉资源，以及四个海外技术转移中心的平台辐射作用，农电所已在越南、印度尼西亚、土耳其、秘鲁、肯尼亚和安哥拉等 50 多个国家成功开展了上百个小水电机电设备成套出口和安装及咨询、设计服务项目。通过项目合作与示范，为当地农村能源和基础设施建设提供技术与服务，促进了小水电等可再生能源等产能合作，创造了良好的经济和社会效益，也带动了我国小水电技术与设备的出口。同时，农电所积极发挥小水电行业国家标准、行业标准等领头作用，在开展小水电产能合作过程中大力推广已有中国小水电英文标准，并积极组织翻译更多用于水电站规划、设计、咨询、运维和施工标准（包括水利水电工程施工合同和招标文件）以及小水电设备制造标准等，参与并推动中国水利水电标准的国际化进程。

四、展望

改革开放已踏过整整四十个春秋，农电所开展小水电国际培训与合作交流也近 40 载。下一步，将继续坚持"能力建设—联合研究—产能合作"的工作思路，在水资源、小水电、清洁能源、气候变化等相关领域继续为"一带一路"国家提供人力资源培训和技术开发服务，联合开展技术研究与项目示范，推进技术转让与设备生产本地化，推动中国标准国际化进程，创建"开发共享、互利共赢"的可再生能源科技创新交流机制，促进清洁能源和农村电气化产能国际合作，为实现"一带一路"国家农村电气化，共同应对能源、环境、气候变化等全球性挑战，为增进世界人民福祉做出我们应有的贡献。

践行"一带一路" 提升国际水平

中国葛洲坝集团海外投资有限公司　周光灿

　　改革开放四十年来，我国的国际工程业务从无到有，由点及面，到今天的全球化、全生命周期、全产业链格局，是无数国际工程先驱们青春和汗水的结晶，着实不易！作为一名水电人，虽未能亲身经历早期国际工程，但依然能从老一辈水电人的交谈中得知刚开始"走出去"时的艰辛，在对今天的成绩感到自豪的同时，也自然而然地感觉到作为一名当代水电人，身上肩负的责任和期望更加沉重。

　　本人有幸成为海外水电项目投资建设大军中的一员，奋战在"一带一路"核心国别巴基斯坦，在回味前辈们成绩的同时，也对如何做好"一带一路"进行了思考。

一、"一带一路"简述及代表作

　　实施"一带一路"战略、推进国际产能合作，是党中央、国务院根据全球经济形势深刻调整变化，统筹国内国际两个大局，构建全方位开放新格局做出的重大战略决策。这个充满中国智慧、共享繁荣的发展方案正在为全球经济复苏与长远发展注入新的动力，共商、共建、共享的合作蓝图已在全世界华丽展开。目前，"一带一路"沿线国家一共66个，它们大多属于发展中国家和转型经济体，经济发展后发优势强劲，与中国的经济具有良好的互补性。

　　国际产能合作，是"一带一路"倡议的核心思想之一，"走出去"的企业经过长期的摸爬滚打，已经逐步找到了多种具体的合作模式，其中，以投资业务拉动施工总承包的"双轮驱动"战略就是国际产能合作的典范。巴基斯坦是"一带一路"沿线国家中的核心国别，中国政府已承诺在 2030 年前向巴基斯坦投资至少 350 亿美元，为建造发电厂提供融资。在这里，中资企业正在打造多个国际产能合作的代表项目：中国长江三峡集团公司承建的卡洛特水电站，是丝路基金首个对外投资项目；中国葛洲坝集团公司投资的巴基斯坦 SK 水电站项目，是迄今为止中国企业在海外绿地投资的最大水电项目，也是中巴经济走廊首批优先项目清单中的重点项目；同样是中国葛洲坝集团公司投资的巴基斯坦阿扎德帕坦项目，与 SK 水电站项目模式相同，是海外投资拉动施工总承包"双轮驱动"战略的又一范例，是国际产能合作的积极践行成果。

在国家"走出去"战略升级的背景下，所有企业都迎来了面向全球市场加快发展的历史机遇，如何在新形势下提升跨国经营、投资收益、风险防范和安全保障能力，是每一个企业必须面对的重大课题。

二、"走出去"企业的策略调整

我国"走出去"企业多以施工承包为传统业务，要实现稳步"走出去"，需要进行策略调整。

（1）要转变企业治理模式。中国企业多年海外实践表明，企业"走出去"必须深刻认识到经营环境发生的巨大变化。由于国外法律法规和运营规则、标准的不同，企业要想实现海外业务的可持续发展，需要逐步实现公司治理模式的转变，从国内单一满足中方投资主体利益需求转向海外项目中满足多个利益相关方的利益及诉求。这就要求企业海外项目的建设运营管理，要注重与各利益相关方保持融合的深度和广度，建立共赢的融洽环境，这些相关方包括但不限于中国政府和东道国政府、投资者（股东）、中方员工、当地员工和工会、当地合作伙伴等。

（2）重视项目评估管理中的环境评价和社会评价。中国企业往往在初期的市场前景判断中只注重项目的经济评价，对项目实施和运行过程中环境及社会风险缺乏应有的重视和管控措施。一些项目单从经济性上看可能是盈利的，但忽视了在东道国遵守环境管理法律法规及执行标准方面需要付出的成本支出，一旦出现违规现象势必造成高额罚单和不良社会影响。很多企业在项目风险分析中几乎没有涉及潜在的社会、社区影响，这也直接造成了一些项目因缺少这方面的调研和预案遭受了严重损失。

（3）稳步推进投资业务。就目前的形势来看，投资依然是推进产能合作、企业转型升级的重要推手。需拓宽投资项目信息渠道，稳固强化高层公共关系，将其转化为市场储备。积极拓展新的国别市场，企业应做好战略方针的制定，做好顶层设计，扩大项目储备范围。规范执行投资决策程序，抓好风险防控。持续规范投资运作，按照年度投资计划，严把投资并购项目立项关，密切观测投资质量，及时规避投资风险。深入推进融资工作，拓宽融资渠道，创新融资模式，加快推进融资协议签署，确保融资到位，实现项目的落地实施。

（4）提升管理水平。提升商务、技术、安质环管理水平，打造善于学习创新的活力项目团队，做好传、帮、带的知识传承工作，将先进的经验和能力转化为生产力。加大国际重点项目监管力度，对标国际标准，及时发现问题，解决问题，并在过程中总结提升。合理借助外部咨询力量，针对项目实际，组织好专业咨询团队。发挥好业主工程师的作用，将业主工程师的管理当作一项重要课题来研究，并在执行过程中不断改进管理方式。加强财务资金管理，合理控制非生产性费用支出，降本增效，科学压降"两金"。

（5）提升业主意识。在"双轮驱动"战略的引领下，我们正在从传统单一的承包商角色转换为同时拥有投资方、承包方、施工方三方特性的新角色。由于历史角色的思维定式，导致很多管理行为未能完全达到业主应有的期望。要履行好业主职责，做好项目建设运营，业主意识必须加强。顺利实现项目目标，需要理清各方的权责关系，建立健全新形势下的管理机制和管控模式。坚持以合同为依据，既要要求承包商诚信履约，自己也要带头诚信履约，做负责任、讲诚信、重契约的业主。

（6）更加注重合作共赢。这主要体现在我国企业在境外项目建设的过程当中更好地承担社会责任，更好地融入当地社会，特别是企业在境外合作区招聘员工时更多地吸纳本地的劳动力。通过帮助当地培训劳动力，参与当地的扶贫开发、农业综合开发及基础设施建设，为东道国人民改善生产生活条件，体现中国作为负责任的投资大国的形象。这一方面使企业获得了丰富的劳动力资源，同时也授人以渔，提升了当地劳动力的创业水平。

三、"走出去"企业的服务支撑

虽然中国企业已在海外积累了丰富的经验，但是当我们翻开经验教训的案例，由于对业务所在国的政策、税制、行业惯例、法律、规范要求等方面的生疏，接到的罚单是触目惊心。发生这种现象的根本原因是前期的准备和研究深度不够，而作为企业来讲往往不够重视这些外围研究，只局限在项目本身的经济和技术指标上，那"走出去"企业究竟应该如何做好外围服务的获取呢？笔者认为有以下几点：

（1）研究国家外交政策导向。国家为推进"一带一路"战略，也会针对企业在沿线国家开展国际产能合作面临风险较多、商业纠纷频发的现实情况，采取一系列措施加强法律咨询、法律顾问、商事调解、商事仲裁、商务敦促履约、经贸摩擦应对等工作，帮助企业防范风险、化解纠纷，维护权益。反映企业合理诉求，推动解决企业在开展国际产能和装备制造合作中遇到的突出问题。因此，充分了解国家外交政策的意向，掌握国家针对企业的一系列推动及解决方案，对规避风险、提升策略的有效性尤为重要。企业应紧跟国家外交政策导向，聚焦中国企业国际化发展过程中遇到的问题，从战略上进行宏观研究并提出应对策略，从微观上进行问题分析并提供解决方案，使公司具备宏观经济规划、企业战略管理、工程建设投资、境外风险评估等研究与咨询功能。

（2）借助优秀"外脑"。根据市场开发需求，企业可聘请"一带一路"沿线国家在能源、电力、基础设施领域的专家来公司指导，介绍国家情况，传授其国家项目管理经验，协助市场开发过程中的专业推介、合作推广、品牌宣传等工作。应积极学习和借鉴其国内有关项目管理理念、方法以及文化风俗习惯，提高市场的融入化程度以及属地化管理水平。通过与当地精英机构的合作，提升企业自身能力和品牌的融入速度。

（3）对"沿线目标国家"的考察。为能够全面的为企业提供政策咨询、管理咨询、工程咨询、投资咨询及技术转移咨询等服务，必须要深入地了解目标国家的国情，了解其市场开放条件、产业发展状况、法治完善程度差异性大的现实情况，事先认真做好对沿线目标国家市场政治、经济、法律、市场的分析和评估，在市场需求、投资回报、风险评估等方面下功夫，在开展对外合作时做到心中有数，确保稳健经营和资产安全。企业应成立相应的考察组，亲自到目标国家有针对性地进行实地考察，包括与目标国家的政府及商会积极沟通，以期了解其市场开放条件，并需咨询当地律师，充分熟悉目标国家的法律法规，树立长期发展、合作共赢的理念，提升企业的良好形象。

（4）综合意见，分析总结。对沿线国家考察的结果，应分门别类的进行专业化的分析，可大致分为工程类、商务类及法律类几项，结合企业聘请的当地专家的意见和建议，制定出适应当地国情的各类战略规划及遇到问题时的应对措施，总结出适合在该国实行的投资战略的模式，结合本企业的特点，编制一套国别市场的方案。

（5）进行有针对性的培训。基于已编制方案，组织工程人员、商务人员及法律人员进行有针对性的培训。充分研究国内外相关政策法规，利用企业已有项目的经验，编制具有实际战略意义的培训教材，聘请项目实际参与人员或业内专家，开展有的放矢的培训。

这样，可以让各领域从业人员更直观、高效地了解中国和目标国家情况，以便更好地开展接下来的项目工作，做到知己知彼百战不殆。

四、结语

路漫漫其修远兮，作为一项蕴涵着包容与共享理念的伟大工程，"一带一路"目前所取得的成绩还只是万里长征迈开的第一步。我们在为迈开第一步欢欣鼓舞的同时，也应该意识到，由于缺乏对"一带一路"战略和"走出去"国别的深入了解，我们的不少企业正在为"走哪去"、如何稳步"走出去"伤透脑筋，或者在为盲目"走出去"缴纳高昂学费，这不仅需要企业自身进行总结和提升，也需要国家和相关机构的关注和扶持。

展望前方，我们坚信，"一带一路"新蓝图在沿线各国的同心共绘下，"走出去"企业在科学精准的咨询服务保障下，东西方文明必将重续古丝绸之路的辉煌，奔向繁荣与和谐的明天！

中国电力建设集团有限公司首个境外投资项目甘再水电站

中国水电甘再项目公司 白准英

2000 年 10 月，在党的十五届五中全会上，我国"走出去"战略最终明确，西部大开发战略、城镇化战略、人才战略和"走出去"战略成为我国的四大新战略。面对国家"走出去"战略实施带来的机遇，中国电力建设集团有限公司（以下简称中国电建）秉着开拓进取的职业精神，积极开拓国际投资市场，主动寻找市场机会，并成功取得了甘再水电站的 BOT 特许经营权。甘再水电站是由中国电建真正意义上的首个境外投资项目，是我国首个以 BOT 方式进入柬埔寨市场的大型项目，是我国企业"走出去"的成功典范，是我国践行"一带一路"倡议的先行者。对中国电建国际投资业务发展、中国对柬埔寨投资业务发展、参建"一带一路"建设的中资企业具有重要影响和意义。

一、项目简介

甘再水电站是以发电为主，兼顾防洪、灌溉和平衡季节流量，改善下游供水状况，调节流域生态的水利水电工程。工程坐落在距离柬埔寨金边 150km 的贡布省甘再河干流上。电站坝高 150m，由混凝土浇灌成的重力坝，电站总装机容量 194.1MW，设计年平均发电量为 4.98 亿 kWh，项目特许经营期 44 年，其中建设期 4 年，商业运营期

40 年。

2004 年 6 月 11 日，柬埔寨工业矿产和能源部代表柬政府按法律规定程序以国际竞标方式开发和实施甘再水电站 BOT 项目，2005 年 1 月 20 日柬埔寨甘再水电站正式开标，中国电建被评为第一标，中国电建在激烈的国际竞争中成功获得甘再水电站的投资建设和运营权利。2006 年 2 月完成《实施协议》《土地租赁协议》《购电协议》的签订，甘再水电站自 2007 年开始建设，于 2008 年 3 月 20 日正式起算项目建设期，2012 年 8 月 1 日项目正式进入商业运营期，是当时柬埔寨最大水电站，在保障贡布省和茶胶省全部电力供应的同时，还承担了首都金边白天 80%、晚上 100%的电量需求，被柬埔寨洪森总理誉为"柬埔寨的三峡"。

从投产至今，甘再水电站已安全运行 2400 余天，累计发电量已突破 29 亿 kWh，电费回收、贷款还款正常，电站运营财务指标良好。在做好项目运营的同时，甘再水电站还通过捐赠、环保等措施积极履职，在属地树立了负责任的良好中资企业形象，实现了社会效益和经济效益的双丰收，成为互惠互利的国际合作和中国"走出去"企业的成功典范。

二、甘再水电站引领示范作用

（一）促进中国电建国际投资业务跨越发展

甘再水电站是中国电建第一次真正意义上的国际投资业务。甘再水电站的融资、投资、建设、运营等实践经验锤炼了投资开发、海外融资、建设管理、运营管理、资源整合、海投投资风险管控等国际投资能力，为电建开展国际投资业务开发积累了宝贵的经验和资源，积极促进中国电建国际投资业务的跨越发展。

2012 年 7 月为更好地推进海外电力能源投资业务与资产运营，中国电建投资建立了专业化投资公司中国电建集团海外投资有限公司。中国电建先后建成了老挝南俄五、尼泊尔上马相迪、南欧江发电公司一期项目、卡西姆电站等电力项目，投资项目遍布亚洲、非洲、欧洲、大洋洲等多个"一带一路"沿线国家，运营项目数量、投资规模成倍增长，成为我国国际投资尤其是国际能源投资领域的重要组成部分，改变了中国国际业务格局，国际投资业务实现跨越发展。

（二）带动中国对柬埔寨的投资发展

甘再水电站是中资企业首个以 BOT 方式进入柬埔寨的大型项目，对带动我国对柬投资发展具有重要的意义。

柬埔寨长期饱受战乱、殖民等影响，政局变更频繁，直至 1993 年 5 月，柬在联合国主持下举行首次全国大选，9 月，颁布新宪法，改国名为柬埔寨王国，西哈努克重登王位，11 月，柬王国政府成立，拉纳烈和洪森分别任第一、二首相，柬埔寨才正式进入和平重建历史新时期。柬王国政府成立初期，军事冲突频发，政局相对较乱，柬埔寨社会经济发展落后，投资柬埔寨具有高度不确定性，到柬埔寨投资的企业较少，由于大型项目往往投资额度大，风险不确定，愿意到柬投资建设的国家就更少了。

甘再水电站作为当时柬埔寨首个大型电力项目，中国在柬投资建设的首个大型项目，当时在国内外引起了极大的反响，带动了国内企业对柬埔寨市场的关注度和研究。20 世纪，柬埔寨正处于重建历史的初期，百废待兴，急需资本和技术，巨大的市场潜力提高了国内企业投资柬埔寨的热情。同时甘再水电站 BOT 模式，为国内投资柬埔寨基础建设提供了可借鉴的经验，极大地加快了中国企业投资柬埔寨市场步伐。国内很多基建公司，尤其是电力建设企业都将柬埔寨作为了投资目标市场。

从中国电建开始投资建设甘再水电站至今，我国对柬埔寨投资额度不断增加，尤其是在可直接借鉴甘再水电站模式的基础设施和电力开发领域。目前到柬埔寨投资建设电力开发的公司涵盖了中国电建、中国国电集团公司、中国大唐集团公司、中国华能集团公司、中国华电集团公司、中国重型机械总公司等多家国内大型电力公司，由中资建设或参加的超过 100MW 装机容量的电站已达 8 座，投资总额已超过 30 亿美元，总装机容量已达 1377MW，占到柬埔寨电力总装机容量的近 88%。在甘再水电站之后投资建设的各个电站，虽各有特色，但是基本采用了甘再水电站的 BOT 投资运营模式。截至 2017 年，中国在柬投资的企业已经超 2500 家，中国对柬埔寨投资总额已超过 100 亿美元，占柬埔寨吸引外资总额的近 35%，中国已经成为柬埔寨最大的外资来源国，见表 1。

表 1 　　　　　　　　中资投资（参股）建设的柬埔寨电力项目

名称	装机容量（MW）	设计年平均发电量（亿 kWh）	投资（参股）建设公司
基里隆 I 号水电站	12	0.53	国网新源国际投资有限公司
基里隆 3 号水电站	18	0.77	
甘再水电站	194	4.98	中国电建集团海外投资有限公司
斯登沃代水电站	120	5.02	大唐海外投资有限公司、云南国际经济技术合作公司、云南藤云西创投资实业有限公司
额勒赛河下游水电站	338	10.20	中国华电集团公司
达岱水电站	246	8.49	中国重型机械总公司
CIIDG	270	28	内蒙古鄂尔多斯鸿骏投资有限公司
桑河二级水电站	400	19.70	华能澜沧江水电有限公司
CIIDG	135	10	内蒙古鄂尔多斯鸿骏投资有限公司（占股）

甘再水电站作为柬埔寨水电开山之作，作为中国投资柬埔寨大型基建的第一站，它的成功极大地增强了中资企业对柬埔寨市场的信心，让中国企业看到了柬埔寨投资的市场发展潜力，让中国没有错过柬埔寨的发展，也让中国成为助力柬埔寨社会经济发展的强有力支持者。

（三）引领示范参建"一带一路"中资企业

2013 年 9 月和 10 月，习近平主席分别提出建设"新丝绸之路经济带"和"21 世纪海上丝绸之路"的合作倡议。"一带一路"沿线各国基础设施和能源开发相对薄弱，而中国作为基础设施投资和建设大国，电力电网、路桥等能源和基础设施建设技术先进、产能巨大。参见"一带一路"沿线国家建设，共创一带一路繁荣，为我国基础设施和能源投资业务提供更加广阔的国际舞台。

甘再水电站作为我国企业"走出去"的成功典范，国内首个以 BOT 方式投资建设国际大型项目，且项目所在国柬埔寨地处东南亚交通枢纽位置，是"21 世纪海上丝绸之路"的重要沿线国家。甘再水电站的成功对参建"一带一路"的中资企业具有很强的示范引领作用，尤其是为参与"一带一路"能源开发和基础设施投资建设的中资企业提供了可借鉴的经验和模式，积极促进我国国际投资业务发展和"一带一路"沿线国家建设和发展。

（四）带动中国标准国际化

为把甘再水电站项目建设成"环境友好型、资源节约型、科技文明型"的本质安全项目，全面贯彻"安全第一、预防为主、综合治理"的方针，构建安全生产管理长效机制，甘再水电站于 2013 年 7 月开始标准化创建工作，2016 年 7 月 1 日正式实施，并成为首个荣获中国电力企业联合会"国家 AAAA 级标准化良好行为企业"认证的中资境外企业。

由于柬埔寨电力行业发展落后，无完整的电力行业标准，在推进甘再水电站标准化建设的过程中，甘再水电站积极将中国标准引入柬埔寨，甚至参照中国标准帮助柬埔寨电力行业建立了相应的柬埔寨电力管理标准，得到了所在国电力主管部门和行业的高度认可，积极带动了中国标准国际化。甘再水电站的标准化创建模式还被推广到老挝、尼泊尔等电力项目，也为中国标准国际化提供了良好的示范作用。

三、结语

甘再水电站从进入柬埔寨市场至今，积极促进了柬埔寨电力、社会经济发展。甘再水电站的开创之举和成功经验，在促进中国电建国际投资业务跨越发展的同时，也为我国走出去企业，尤其是如今参建"一带一路"建设的中资企业起到了良好的示范引领作用，是互惠互利的国家合作的成功典范和案例。

中国水电在非洲

中国电建集团国际工程有限公司　罗霄巍

改革春风吹大地，扶贫开发暖民心；改革春风吹大地，座座新城崛地起；改革春风吹大地，家乡旧貌换新颜。

1978，中共十一届三中全会做出改革开放的重大决策，由此开启了中国改革开放历史新时期，并成为中国当代发展历史性的转折，中国命运由此改变。自此，中国的改革之风犹如雨后春笋，吹遍整个神州大地，生生不息！40 年来，中国取得了举世瞩目的成就，中国桥、中国路、中国车、中国港、中国网等新时代超级工程，展现了祖国发展的辉煌成绩。一个个超级工程，一项项世界之最，无不向世人证明了我国基础设施建设已经步入新的阶段，作为改革开放的引领企业，中国电力建设集团有限公司（以下简称中国电建）为中华民族伟大复兴做出了重大贡献。

一、公司的蓬勃发展

追溯到 20 世纪 50 年代初，中国电建的前身"水力发电建设总局"正式成立，搭乘着改革春风，中国电建蓬勃发展，先后在非洲承建了苏丹麦洛维水电站大坝，科特迪瓦苏布雷水电站，乌干达卡鲁玛水电站，喀麦隆曼维莱水电站、加纳布维、加蓬布巴哈水电站、尼日利亚宗格鲁水电站等。至目前已占有全国 65%以上水电建设市场以及全球 50%以上大中型水利水电建设市场，设计建成国内外大中型水电站 200 余座、水电装机总容量超过 2 亿 kW。中国电建不仅拥有全球能源电力方面的产业，更覆盖了公路、市政、轨道交通、铁路、房地产开发、水资源与环境、投资开发、规划设计、工程承包、高端制造等领域。并在全球 113 个国家设有 346 个驻外机构，在 121 个国家执行工程承包合同约 2500 多个。至今中国电建位列《财富》世界 500 强第 190 位，《工程新闻记录》（ENR）最大 250 家全球工程承包商及最大 250 家国际工程承包商榜单中第 6 位和第 11 位，在电力建设领域均位列全球第一，是全球最大的电力工程承包商。

二、艰苦奋斗的水电精神

中国电建所取得的辉煌成绩，离不开水电前辈们付出的辛勤、汗水、甚至生命。为倡导国家提出的"走出去"战略，一批批国家栋梁先后冲到最艰苦最危险的国家和地区，经受各种疾病和战争考验，例如 20 世纪 60 年代尼日利亚的"比夫拉"战争、20 世纪 90 年代发生的两次刚果战争，其中第二次刚果战争堪称"非洲世界大战"，曾经经历过刚果战争的同事这样描述：战争爆发的那几天，我们把大门上了几道锁，听着枪声和爆炸声响彻全城，计算剩余水和食物，终于挨到天亮才敢打个盹。但是他并没有退缩，仍然坚守岗位，直到战争结束，至今仍在刚果金兢兢业业业的工作；然而，战争并不是对水电人的唯一考验，非洲大陆上的多种传染疾病，无时无刻不在威胁着水电人的身体健康和生命安全。在这片交织着混乱、贫穷、战乱和落后的土地上，疟疾是非洲最常见的疾病之一，几乎所有的长期驻外的工作人员都有过疟疾经历，有的人一年会复发一次，有的人一个月发作一次，除了疟疾，还有伤寒、霍乱、埃博拉、艾滋病、马尔堡出血热等疾病也逞凶多年，不停肆虐。但是在战争和疾病面前，电建人并没有退缩，而是用实际行动诠释了水电人的精神。

三、积极履行企业社会责任

作为一家有实力有责任的国有企业，不仅要全力建好精品工程，保证企业可持续盈利能力，还要兼顾环境、经济和社会的综合效益，真正履行企业社会责任，体现中国企业应有的民族荣誉感和社会责任感。首先我们注重保护当地环境，有效利用与处理好生活污水，保护当地生态环境，真正实现可持续发展；我们积极推进属地化管理，对当地员工进行管理技术培训，使当地员工一技在身，避免项目完工就失业的现象；我们积极履行社会责任，为当地雇员和周边村民修建了临时住房、饮用水箱、足球场、修学校、道路和桥梁，尽己所能在基础设施、公益慈善及援助方面作出努力。通过长期耕耘，带动了项目所在国的经济发展与提升当地民众的福利水平，实现了企业经济效益与社会效益的协调发展。

四、积极推动中非合作

1949 年，新中国的诞生开辟了中非关系的新纪元，中国与广大非洲国家相继建立外交关系，随着国家倡导"走出去"战略部署，在党和国家的正确领导和大力帮扶下，上万水电人前仆后继踏往非洲这块既遥远又贫困的土地，一代代水电人将毕生精力无私奉献给了非洲，为中非友好关系奠定了坚实基础，在经历了半个多世纪的发展和巩固后，形成了患难与共、平等互利、全面合作的友好关系。

习近平总书记曾在 2015 年约翰内斯堡中非企业家大会闭幕式上发表讲话：企业家是中非经贸合作的主体，是推动中非友谊的使者。我衷心希望广大中非企业家担负起中非经贸全方位合作的重担，勇于创新，互相借鉴，共同为创造中非人民的美好未来而努力！

我们将牢记习近平总书记的嘱托，团结一心，直面困难、迎接挑战，深入开发非洲，扎根于非洲，构建更加紧密中非命运共同体。

明珠闪耀老挝南欧江

南欧江流域发电有限公司　宋会红

老挝,古称寮国,这里曾经是烽火交战的紧张地带,境内有 80% 的山地和高原,多被森林覆盖,乡村的人们过着刀耕火种的生活。这里没有高楼林立的现代都市,没有高耸入云的摩天大楼,没有风驰电掣的高铁动车,没有自动高效的生产机械。这里一座座破旧的小村落没有水没有电,没有桥没有路。然而这里却拥有着丰富的水力资源,中国电力建设集团有限公司(以下简称中国电建)乘着中国改革开放的巨轮走进老挝深耕细作二十多年,在这片土地上扎根发芽结果,让这里发生了翻天覆地的变化。中老高速铁路正如火如荼地建设;400 多公里长的南欧江上七座电站串成七颗闪耀的"明珠",正在助力实现老挝成为"东南亚蓄电池"的梦想。懂水熟电、擅规划设计、长施工建造、能投资运营,不但建设好每个工程而且积极履行社会责任造福黎民百姓,中国电建已经不单是一个企业的称谓,更多的是人们心目中的品牌和信任。

老挝南欧江是湄公河左岸老挝境内最大支流,发源于中国云南省江城县与老挝丰沙里省接壤的边境山脉一带,河流流向自北向南,全流域面积 $25634km^2$,河长 $475km$,落差达 $430m$,水能指标优良,且位于老挝人口相对密集、发展速度较快、电力供应紧缺的北部,是老挝政府极力推进开发的水能资源基地之一。

早在 20 世纪 90 年代,美国、俄罗斯、挪威等国家的咨询公司,就对南欧江水能开发先后提出过诸多规划方案,但这些方案大多基于形成高坝、大库进行规划,对老挝的国情、民情和国民经济现状及发展考虑尚不充分，始终未获老挝政府的批准。

2007 年，中国电建以全球视野紧紧抓住这一难得的历史机遇，站在积极促进两国间技术经济合作、共谋发展的高度，争取到了论证南欧江水电资源开发方案的优先权；2011 年，签署《特许经营框架协议》；2012 年在中老双方高层领导人的见证下，签订了南欧江一期项目二五六级电站特许经营协议和购电协议，从此拉开了"绿色开发南欧江，建设美丽水电站"的大幕。南欧江项目也因此成为中国电建"实施国际业务优先发展战略"后获得海外整条河流超过 100 万 kW 装机开发权的项目，也是在海外作为投资商进行开发的最大水电项目，是中国电建实现"走出去"战略，开拓海外投资市场，推进海外全产业链一体化战略的重要项目。

南欧江一期项目团队在电建海投公司的正确领导下，认真践行做"全球绿色清洁能源的优质开发者、项目属地经济的责任分担者、中外多元文化融合积极推动者"，充分发挥"战略引领发展、管理提供保障、文化凝聚人心"，通过与参建单位的共同努力，在投资、进度、质量、安全、移民、运营等方面实现既定目标，取得了优异成绩。

一、"四位一体"管控模式，实现工程建设目标圆满完成

南欧江流域一期二、五、六级电站分布在老挝琅勃拉邦省、丰沙里省两省境内，三个电站相距 400km 左右，战线长，管理难度大，特别是移民安置生计恢复工作，是一项复杂而艰巨的工程。项目受水库淹没影响需搬迁移民涉及 2 省、4 县、45 个行政村 1193 户 8000 多人，移民搬迁管理战线总长约 450km，总面积约 4000km²，多为老挝少数民族，居在山区林地。移民工程既要完成移民的征地、房屋、青苗、搬迁等补偿费用的谈判、签订、费用发放等工作，又要规划建设完成移民安置新村建设，既要与移民谈判，又要与政府省、县、村各级政府谈判，可谓艰辛万苦。

项目的三个梯级各电站坝型机型多样，地质条件相差较大，施工条件复杂，技术和管理要求高，二级电站为灯泡贯流式水轮发电机组，五级和六级电站为混流式水轮发电机组。五级电站大坝为碾压混凝土重力坝，施工强度高，而料场至大坝的距离长达 70km，

如此远距离高强度的骨料运输国内也是罕见的，六级电站大坝是 88m 高的土工膜面板堆石坝，是目前世界上采用土工膜防渗技术的最高堆石坝，技术难度非常大。整个项目在建设过程中遭遇施工场地地质变形、施工洞口塌方、水泥供应不及时、洪水泛滥、雨季道路塌方中断等诸多困难，特别是 2013 年 "8.4" 特大洪水、"12.15" 旱季百年一遇特大洪水侵袭，2014 年 7 月下旬由台风 "威马逊" 形成的巨大洪水及 8 月中旬暴雨所形成的洪水的侵袭，加之与老挝当地政府中央、省、县、村关系协调难度较大，造成较大施工困难。

面对如此严峻的考验，中国电建参建队伍一体化的优势、全产业链的优势得到了充分体现。南欧江一期项目采取 "小业主、大服务" 的项目管理模式，建立 "一个目标、三级管理、四位一体" 控制管理体系，根据合同约定，履行各自责任的前提下，充分利用同为电建旗下子公司优势，形成统一目标、团结协作、责任共担管理体系。由投资方和管理方共同承担项目建设管理，按照 "项目部保证、监理部控制、流域公司监督" 的原则，建立了有效的管理体系和保证体系，对电站建设实施管理和控制，加之各参建单位是集团系统内单位，考核目标相同、管理模式相近、发展历程相似，彼此就像 "亲兄弟"，大家想工程之所想，急工程之所急，互相支持、互相理解、共渡难关、不断进取，保证了南欧江梯级电站项目的顺利推进，保证了中国电建品牌在国外的良好效应。

2015 年，为响应老挝政府提出的向老挝人民民主共和国 2016 年 12 月建党 60 同年、建国 40 周年献礼的号召，要求南欧江一期项目二级电站于 2015 年 11 月 29 日提前四个月实现发电目标。在制定提前发电目标后，各参建企业迅速响应，齐心协力、协调一致，设计、施工、监理、制造各方积极增加资源投入。设计方投入人力资源加班加点按提前目标提供施工图纸；制造方按提前目标改变制造计划，提前制造、提前交货；施工方按提前目标优化施工措施，加快施工进度，争取提前完成各施工节点目标。参建各方共同努力，众志成城，克服各种困难，保证各个环节相互衔接，保证项目进程的顺利执行，从而圆满实现二级电站首台机组提前发电目标。2016 年，南欧江一期项目集中展现了中资企业优势，发挥了设计、监理、施工、制造、运维等最优资源配置，快速反应，提高效率，提前实现南欧江一期 "一年三投、半年六投产" 的发电目标，并顺利促进南欧江二期开工建设，展现了中国速度和中国企业实力。

二、"全产业链一体化"，中国电建海外管理模式的创新举措

改革开放和"一带一路"倡议，为我国企业"走出去"创造出了难得的历史机遇，也为中国企业提供良好的政治环境，南欧江流域开发成为推进中国电建产业链一体化战略成功实施的试验田，负有促进集团产业结构调整、市场结构进一步优化的历史重任。

中国电建以创新为导向，确定南欧江项目作为"规划、设计、施工、制造、安装、运营、维护一体化"的战略方针践行者，由集团旗下重要子企业电建海投公司履行南欧江项目投资人的职责，作为南欧江项目的投资方和项目开发的总负责单位。中国电建集团海外投资公司选派精兵强将组建南欧江流域发电有限公司，代表电建海投公司履行业主职责。项目的勘察、设计、施工、监理、制造、运营等参建单位均为电建集团的骨干企业，南欧江项目从前期规划、勘测、设计，到中期施工、建设，再到运营管理的全产业覆盖，充分发挥各参建企业各自的技术、管理和建设优势，形成了独具南欧江特点的全产业一体化创新模式。

在项目建设过程中，设计、监理、施工、制造各方以业主为龙头，发挥各自优势，快速反应，高效整合资源，实现交易成本降低和减少各方及整条产业链内耗，从而提高建设效率，缩短建设周期，节省投资，实现提前发电目标。

南欧江项目全产业链一体化管理，展示着中国电建标准化管理和内部管理运行优势，提升了国际化管理水平。

三、科技创新，带动中国标准进入国际

南欧江六级电站大坝为复合土工膜面板软岩堆石坝，坝高85m，是目前世界最高的土工膜防渗面板堆石坝，大坝软岩筑坝比例高达81%（目前国内外面板堆石坝软岩填筑比例最高为73.4%，且其填筑料强度高于南欧江板岩料），也是世界第一，技术含量极高，科研价值很大。蓄水后经过三年多的运行，效果良好，完全满足设计要求。为此"南欧江六级电站复合土工膜堆石坝设计"获得云南省科技创新二等奖。"南欧江六级电站"获得电建集团公司优质工程奖。

南欧江五级电站前建设期缺少骨料，因此将原设计的 RCC 纵向围堰改为 CSG 纵向围堰的方案。CSG 具有对骨料的适应性高、价格低、推广性强的优点，纵向围堰骨料主要来源来自于五级水电站南欧江上下游河滩料，缓解了五级电站骨料紧缺的局面，保证了围堰的正常施工。围堰建成后顺利经受了两次特大洪水的考验，CSG 围堰的成功应用在以后工程建设中具有非常强推广作用；石粉替代粉煤灰作为混凝土掺合料解决五级电站粉煤灰采购难、运距远、成本高的难题。在 2016 年 7 月中国电建科研成果验收和鉴定会上认为该项研究成果已成功应用于所依托工程，是以石灰石粉为掺和料在同一个水电工程的碾压和常态混凝土中首次全面单掺应用，突破了以往工程应用局限。为老挝等粉煤灰资源缺乏、对外交通不便地区应用石粉掺混凝土积累了丰富、坚实的应用经验，具有推广应用价值。该项研究成果达到了国际先进水平。因此"南欧江五级电站石灰石粉全掺混凝土科研课题成果"获得中国电力企业联合会科技创新三等奖和电力协会科技创新二等奖。

优化设计节约投资。由于南欧江二级电站地质状况较好，对设计进行优化，节约工程投资近 30 万美元；严格管控施工单位开挖爆破，建基面控制良好，坝基固结灌浆得到优化，节约投资 20 多万美元。

四、融入当地文化，彰显央企形象，树立品牌效应

以"海文化"为主要内容的特色文化，大力推进海外投资业务发展中已经形成了具有中国电建海外投资特色的管理思想和文化理念，把"五大坚持"贯彻到实际工作中，坚持"创新、协调、绿色、开放、共享"五大发展理念，发扬"海纳百川，投创未来"的企业精神。秉承"科学开发、绿色发展、坚持实施属地化发展战略，融入当地，扎根老挝"理念，积极履行企业社会责任，坚持精工良建、重视生态环保，助力改善民生，造福当地；注重与当地政府和电力行业单位的沟通互动，讲好海外故事，树立海投品牌，为公司在海外长期运营发展增强软实力。

突出品牌宣传，抓好生产经营动态、品牌建设、文化活动。以积极开放的姿态大力展示中企正面形象。利用建设工程重大节点策划宣传工作，邀请人民日报、新华网、中国能源报、中国电力报、万象时报等国内外主流媒体现场采访报道。接受中国新闻媒体、

电视媒体的现场采访，积极参与"一带一路"宣传，协助央视摄制组、香港凤凰卫视摄制组对南欧江电站采访摄制，积极接洽非政府组织（NGO）、中老铁路筹备组专家领导团队等参观交流；积极接待当地老挝各级政府到电站参观检查督导；积极参加2016年老挝科技博览会展览，围绕中国电建海外品牌建设、项目展示、科技攻关等制作画册和展板。通过各种对外宣传，赢得驻外大使馆、集团公司、老挝政府、行业单位、NGO组织等赞誉和好评。

通过制作视频宣传片展示企业形象。南欧江项目先后制作了《老挝南欧江流域梯级水电站》《情满南欧江》视频纪录片和《大美南欧江》《南欧江明珠》画册，赢得了中老双方的赞誉。中国电建海外投资公司主办的"情满南欧江"专题纪录片荣获全国电力行业影视作品一等奖和中国电力新闻奖（影视）一等奖；央视《一带一路》大型纪录片到南欧江电站采访摄制播出；中央四台"远方的家"摄制组摄制的《南欧江水中老情》在中央台播出；香港凤凰卫视"龙天下"摄制组在南欧江电站摄制的《坝之争》（南欧江）也播出。通过中国新闻媒体、电视媒体的现场采访，配合"一带一路"宣传，营造良好的内外部舆论环境和干事创业、企业文化建设氛围，树立品牌效应。

五、积极履行社会责任，南欧江项目属地化建设成效显著

南欧江从开始建设到现在，非常重视本土化发展和属地化管理，尽力招收当地员工从事不同的工作，在建设高峰阶段老挝员工达到5000多人的规模，为周边提供很多就业岗位，帮助当地员工勤劳致富。电站运营期招收200多人的老挝员工，从事司机、帮厨、清洁工、保安等工种，还有一些在中国留学的老挝大学生，从事运行、检修等技术和管理工作。公司对招聘从事管理的老挝员工，享受公司的各项人文关怀，并配备富有经验的中方员工进行"一对一""师带徒"教育培训，传授技术和管理知识，培养他们成长成才，使他们尽快成为工作骨干。

南欧江项目施工建设需要大量的人力、物力，这为发展当地建筑业、建材业和运输业及其他相关行业提供了机遇。在进行电站建设的附属工程时，库区清理、道路、移民村、输变线路、寺庙以及移民搬迁等工作，尽量承包给老挝当地政府或企业完成，既带动当地政府和企业共同发展，又解决施工项目符合当地居民生活习惯，降低移交时的风

险，提高施工成效。

在建设电站同时还积极履行社会责任，为当地架设用电线路和通信基站，修建码头、道路、桥梁、学校、医院、寺庙、引水灌溉、生活用水等基础设施，改变了没有交通、没有电，没有通信等景象；积极对当地受灾群众进行帮扶，对当地医院捐赠医疗器械，对当地学校捐赠办公学习设备设施，主动参与当地节日民俗活动，为当地种植业和养殖业传授技术，带动创业。受到项目的带动，促进当地肉类、蔬菜等副食品的生产和销售，扩大了当地居民就业机会，当地村民通过陆路、水路把经济作物在集市变卖，很多人做起了饭店、商店等生意，较大的提升了当地居民经济收入和生活水平。

通过属地化建设和在当地履行社会责任，彰显中国电建是负责任的企业，是注重生态环境保护和当地居民生活发展的企业。企业的社会责任心和责任感，切实履行担当精神，承担促进当地社会发展的责任，赢得了所在国政府的当地百姓的称赞。

六、"两位一体"精细运营，将流域梯级电站变为一串闪耀的明珠

南欧江一期二、五、六级电站总装机容量 540MW，多年平均发电量约 21.64 亿 kWh，总投资约 10.35 亿美元，特许运营期 29 年。

自 2015 年 11 月首台机组发电至今已连续安全运行近 1000 天，南欧江流域公司上下团结一致、振奋精神，贯彻电建海投"五大坚持"和"四大平台"，以"专业的人做专业的事"和"以问题为导向"，不断地思考，创新了业主方与委托运维单位联合管控的"两位一体"电力生产组织管控模式，探索创新委托运维为主体的电力生产实施体系和以业主方为主体的监督管理体系的"两大体系"管理。在经营业绩、安全生产、标准化建设、移民生计、流域调度和属地化管理等方面已取得了一定的明显成效。截至 2018 年 9 月 1 日，南欧江二、五、六级电站共九台机组稳定运行，累计发电量突破了 30 亿 kWh。为老挝北部电网输送源源不断的优质电能，为促进当地社会经济发展做出了突出贡献。

在今后的 20 多年运营期中，南欧江将精细运行和维护各梯级电站，以安全生产为基石，以经济效益为中心，以提高人员素质和保障设备可靠性为基本点，逐步实施标准化、信息化和集约化的"两点三化"建设，努力打造成为海外电力运营标杆企业，让南欧江流域梯级电站变为改革开放和"一带一路"上一串闪耀的明珠。

中国改革开放四十年和"一带一路"五多来的伟大胜利和成就令人深为感慨。我们既是改革开放和"一带一路"的参与者、见证者和成果享受者，有着很深的获得感、幸福感、安全感和自豪感。

"建一座电站、树一座丰碑、造福一方人民"。每当行船在碧波荡漾的南欧江上，望眼青山绿水，穿过一个又一个水电站，看着一排排移民新村老百姓过着幸福的生活，万家灯火照亮着沿江两岸的时候，我的思绪就会伴随阵阵清风飞扬，一边感叹河山之壮美，一边敬佩电建人之辛苦与伟大，更为中国的改革开放四十年来和"一带一路"倡议取得举世瞩目的成就以及中老两国深厚的兄弟之情感到自豪与骄傲。

百尺竿头更进一步。站在改革开放四十周年和"一带一路"五周年新的起点上，南欧江项目团队将乘风破浪，不断创新，高帆远航，在中国电建海外投资的战略引领下，凝心聚力，遵循标准，追求卓越，将南欧江项目打造成为海外电力运营标杆的企业，让一颗颗"明珠"在美丽的南欧江上闪耀，为千家万户送去光明，为中老友谊发挥光芒！

乘风破浪会有时　直挂云帆济沧海

中国电建集团中南勘测设计研究院　何颖　吴徐华

在水电行业日趋饱和的背景之下，面临复杂多变的市场形势，中南院人的危机感和紧迫感日益增强，对企业面临的形势有了深刻认识，同时改革的浪潮冲击着中国电建集团中南勘测设计研究院（以下简称中南院）原有的思想观念和做事方式，如果不及时求变，转变经营思路，在发挥水电勘测设计优势的基础上，对外广泛开展新的工作项目，参与市场竞争，就会让企业发展陷入死循环，长此以往甚至被市场淘汰。

正是在这样的背景之下，中南院领导当机立断，为发掘和拓展交通专业的市场竞争优势，力求打造中南院的新一个拳头产品，依托广东省中山至开平高速公路工程项目，中国电建系统内的第一个高速公路设计所就应运而生了。

一、磨砺前行，迸发进取

2017 年 3 月，迎来了高速公路设计所的诞生，他的第一个作品就是广东省中山至开平高速公路工程。中南院承担了广东省中山至开平高速公路工程江门段（K100＋500）～（K130＋537.254）共计 30.394km 的施工图勘察设计任务，含服务型互通 4 座，枢纽型互通 1 座，服务区 1 处。这是中南院交通专业历史性的突破，从原来的库区，坝区的复建公路、场区道路低等级公路设计迈入了最高等级的公路设计行列，这也意味着中南院的交通专业实现了从低速前行转向高速发展的新征程。

刚接到中开项目时，大家兴奋之余难免有些许担忧，担忧的是从来没有接触过的高等级公路设计，技术积累不够，欠缺经验，但是大家时刻谨记自己是一名中南院人，中南院人就是要不畏艰险，迎难而上，大家牺牲休息时间，自发学习和消化类似项目设计文件，隔三差五的组织知识讲座分享学习心得，通过集中努力，顺利的完成了定测外业、施工图设计及修编工作。目前中开高速现场施工已全面铺开，已派驻多名设计代表常驻现场配合施工，给予了足够的技术支撑，确保工程建设顺利进展。

高速公路设计所（以下简称高速所）成立后，在市政道路市场项目中也取得了不俗成果，先是拿下赣州市南康区赣州港至机场快速路连接线工程设计项目（地面道路按照城市主干路标准修建，高架为城市快速路标准，设计速度 80km/h，道路全长约 6.4km，含互通立交 2 处，道路红线宽度为 60m），该项目的顺利中标，为中南院进一步开拓江西市场奠定了坚实的基础，为中南院在高等级市政道路方面积累了业绩。由于项目时间紧，任务重，又是地方重点项目，项目难度比较大，在接到该项目后，高速所所领导牵头组织全体设计人员，同时邀请中南院及交通设计院总工团队集中研究设计方案，不断比选，优中选优。大家众志成城，力争要通过本项目为中南院交通专业在赣州乃至江西打响第一炮，除常规设计工作外，高速所在该项目方案设计阶段首次采用三维倾斜摄影 BIM 融合技术，录制视频—讲解配音—后期剪辑等所有工序均实现本土化制作，在汇报过程中，生动形象的展示了设计效果，获得了项目业主及地方政府的高度评价。正是由于该项目取得的良好反响，后续中南院又成功中标又一大型市政交通类勘察设计项目——赣州市南康区城西大道西延工程勘察设计项目（道路全长约 7.2km，道路红线宽度为 40m，道路用地面积约 64.8 万 m²，项目建设按照城市主干路标准修建）。

广东省惠州市仲恺高新区东江大堤（江南大道仲恺段）堤路建设工程是高速所成立之后面临的另一个巨大的挑战，项目全长 16.09km，按城市主干道标准，设计速度 60km/h，主线双向八车道，道路红线宽度 48～62m，是目前国内建设规模最大、标准最高的堤路结合项目。该项目涉及专业众多，涵盖涉及道路工程、交通工程、给排水工程、建筑工程、结构工程、景观绿化工程、防洪工程、治涝工程、下穿通道工程、电气工程、金属结构、消防工程、暖通工程、施工组织设计、移民安置工程、环境影响评价、水土保持、社会稳定分析、节能评价、工程管理、投资估算、经济评价、社会稳定风险分析等，是目前为止最复杂的市政道路建设项目之一，所有行业可研编制标准都无法完全适用。

接到任务之后，高速所下定决心，排除万难势要啃下这块硬骨头，经过多次方案对比，深化研究，历经数次院级评审，最终合理确定了路基堤防、路面等关键技术方案，创新性将多专业、多技术标准融合为一体，为堤路结合项目积累了一整套设计方法，可为后续类似项目提供参考及指导。截至今日，该项目已获得湖南省优秀奖。目前，该项目一期工程已顺利开工，现已进入施工高峰期。

二、万众一心，同心协力

高速所成立一年来新签勘察设计合同 4000 多万元，完成图纸 12399 张共 95 册，完成报告 3710 页共 51 本，这当然和院领导的正确领导和团队的齐心协力密不可分。

在院领导的正确领导下，高速所干部团队及全所员工众志成城、万众一心、攻坚克难。中开高速定测外业调查期间，正值广东省的台风、高温季节，时而普降暴雨，时而晴热高温，酷暑难耐，为抓紧时间完成现场调查工作，以科室干部为设总团队，脚踏实地、翻山越岭，脚步遍布了全线每一个角落。因工作强度大，正值广东 8 月酷暑天气，在外业期间，有项目人员出现中暑现象，正是在这种不怕吃苦、一丝不苟、工作不嫌细的精神下，高速所保质保量完成中开高速勘察设计工作，在专家评审中获得了好评。由于时间紧、任务重，高速所全体员工大部分时间奋斗在加班一线，经中南院考勤系统统计，高速所平均出勤时间高居全院有效出勤之首，中南院领导听闻后直呼交通设计院的同志们有干劲，了不起。团队中普通一线员工也有闪光点，员工何颖在赣州市政项目设计期间，为了保证设计进度，在妻子分娩的前一天晚上仍然在办公室挑灯夜战，第二天一早便迎来了他孩子的出生；员工熊穗，巾帼不让须眉，身为一名女同志，孩子还很小，家庭任务也很重，领导安排工作后从不推诿，而且在每次完成领导安排的工作任务后主动请缨承担更多；员工沈敏在中开高速二期工程中负责桥梁专业的施工图设计，桥梁专业工作量大、时间紧、设计要求也更高，为了按时完成任务，自己主动承担更多的工作，牺牲了陪伴自己刚出生的小孩时间高质量的完成了任务；员工李剑红在赣州市政项目设计期间身体不适每天吃中药，为了更好的完成整个项目最大技术难点——城市枢纽互通方案，轻伤不下火线，坚持到把最优的方案呈现给业主。像这样的例子还有很多，团队里大家都相互信任，劲往一处使，拧成一股绳，既是朋友也是家人，立志为高速所的发展奠定基础，为中南院交通专业的发展贡献力量。

三、不忘初心，继续前进

2018 年，交通设计院与移民工程院分立，而高速公路设计所也迎来了新的名字——高速公路所/市政交通所（以下简称高速市政所），面对新的定义，新的使命，新的挑战，高速市政所全体员工深知这是中南院交通专业的全新的舞台，也是中南院发展的更好的时代，大家会进一步加强自身积累，努力提高业务水平。在中南院领导的关怀下，定不辱使命，努力创造更多的精品工程，不断提升中南院的品牌价值，为实现中南院转型发展贡献力量。

诚然，高速市政所只是中南院这个大集体中非常普通的一份子，像这样的小集体还有很多很多，我们始终坚信，滴水成河，汇流成海，通过每个人，每个小集体的不断努力，中南院的明天会更好。

最后以李白的一句古诗与诸位共勉，长风破浪会有时，直挂云帆济沧海！

到国际舞台浪遏飞舟 在水电市场挥斥方遒

——大步走向国际市场的中国电建集团北京勘测设计研究院

中国电建集团北京勘测设计研究院有限公司 田园

中国经过近几十年的水力发电项目的开发建设，逐步建设成为一个水电能源开发程度较高的国家，中国的电力能源结构也更加合理。放眼世界，很多第三世界国家的基础设施建设相对落后，社会的发展受制于电力能源的供给，水能开发利用程度较低，当地有迫切的水电项目开发的愿望。且随着中国水电开发的进程，国内的水电市场正在逐步萎缩，国内的水电勘测设计企业竞争将更加激烈，面临前所未有的挑战。在世界经济全球化的大背景下，随着我国改革开放的不断深入，加快了中国经济与世界经济融合的进程，越来越多的水电勘测设计企业走出国门，在国际水电市场中谋求发展。

一、北京院务实担当，深耕海外十余年

在瞬息万变的国际市场，面对激烈的竞争环境，一家老牌技术密集型企业如何用现代的营销理念重塑自我？身处改革开放和"一带一路"的战略机遇期，如何释放独具特色的比较优势？

作为中国电建旗下发挥引领作用的水电勘察设计企业，中国电建集团北京勘测设计研究院有限公司（以下简称北京院）坚持"务实、担当、创新、共赢"的国际发展战略，以技术、人才等优势为依托，结合自身特长，紧跟集团脚步，带领中国标准、中国技术、

中国人才和中国企业"走出去"，在海外不断提升集团品牌"POWER CHINA"价值和影响力的同时，也给"中国设计"的品牌注入了新时期的内涵。

早改革开放之前，随着几内亚装机容量 3.2MW 的金康水电站的投运和阿尔巴尼亚装机 250MW 的毛泽东水电站的竣工，北京院凭借水电勘测设计的王牌专业背景迈出了"走出去"的第一步。作为一家拥有 65 年历史，中国水利水电行业最早成立的部直属大型勘测设计研究院，北京院稳扎稳打国内市场，工程业绩遍及全国 20 多个省区，总装机容量近 21700MW，已建成电站装机容量超过 7000MW，并以自身技术优势填补了国内抽水蓄能电站建设的空白。与此同时，北京院紧跟国家"走出去"的步伐，敢于担当"一带一路"的弄潮儿，在改革开放 40 年间，仅在水电领域，先后参与 24 个水电站的勘测设计与总承包，电站总装机容量累计近 900MW，并承接了 24 个新能源项目的可研、咨询与总承包，25 个项目的机电、监理、咨询及 5 个建筑工程的实施。国际业务涉及海外 20 多个国家和地区。

其中，早在改革开放之初，由北京院全权负责勘测设计的阿尔巴尼亚菲尔泽水电站就已竣工。装机容量 500MW，占该国当时电力工业装机总量的 70%，生产的大量电力除国内消费外还出口附近国家创收外汇。改革开放以来，2010 年在印度尼西亚建成的阿萨汉 I 级水电站、2013 年在柬埔寨建成的额勒赛下游水电站，均是北京院贯彻落实"走出去"战略，获取勘测设计工作的大中型水力发电项目，也是与国内有关建设单位合作共赢取得的成果。2017 年投运的白俄罗斯维捷布斯克水电站勘测设计工作，拓展了北京院国外水利水电勘测设计工作的范围和领域。在规划选点、机电设计、金属结构设计、工程技术咨询和施工监理等方面，北京院也先后承接了越南（红河规划）、马来西亚（拉瓦斯水电站）、几内亚（水电规划）、巴基斯坦（Neelum-Jhelum 水电站）、埃塞俄比亚（迪沙贝 TISBAY II 水电站和特克泽 TEKEZE 水电站）、巴拿马（BONYIC 水电站）、秘鲁（MACHU PICCHU 二级水电站改造）、乌兹别克斯坦（钾肥加工厂施工监理）、白俄罗斯（维捷布斯克水电站工程监理）等国家的工程。随着国际业务的稳步发展，北京院全局上下对国际业务的认识也发生了深刻变化，从事国际业务的信心大幅度提升，实现了从"要我做国际"到"我要做国际"的本质转变。

"一带一路"战略是我国构建对外开放新格局、促进"走出去"升级、深入推进西部大开发、培育区域经济支撑带和跨区域协调发展的重大战略举措，重点是促进基础设施建设、能源资源合作、优势产能互补和先进技术合作等。北京院不仅在国际优先的企业发展战略层面与"一带一路"的战略高度契合，其主营业务也与"一带一路"的具体项目属性高度契合。北京院自改革开放以来的40年间，从初出国门的"磕磕绊绊"到现如今以重点国别为中心辐射周边国家的市场布局，北京院还在不断学习、不断进步。我们"走出去"，既是生存的需要，也是发展的需要。我们会借改革开放的东风，弄"一带一路"的大潮，以"咬定青山不放松"的信念，书写中国企业"走出去""数风流人物，还看今朝"的辉煌。

二、北京院扭转经营思路，共赢之路更久远

改革开放以前，国内传统水电勘测设计行业，在国内是以"设计为中心"，更注重工程的安全性。改革开放以后，北京院意识到，国外项目应以商业模式开发为主，应"以项目为中心"，在保证工程项目实时运行安全的前提下，更多地考虑项目的经济性，更好地满足业主对项目的商业期望。只有经营思路转变了，才能为项目着想，实现"干一个项目，交一批朋友，拓一片市场"。

白俄罗斯维捷布斯克水电站是白俄罗斯境内最大的水电站，素有"白俄三峡"之称。该电站总装机容量40MW，年均发电量1.38亿kWh，以发电为主，兼顾航运。该项目自2012年进行勘测设计到2017年投运，北京院全程跟踪并参与项目，由其国际工程公司负责电站的勘测设计，由其咨询公司负责项目监理。我们始终奉行"千年大计，质量第一"的原则，并秉持可持续开发理念，尊重自然，保护自然。我们认为：水电开发是山河的再造、社会的重建。要高质量、高标准的设计好工程，不能有丝毫懈怠。建好一座电站、带动一方经济、改善一片环境、造福一方人民。白俄维捷布斯克水电项目，真真切切的贯彻落实了上述理念，北京院不仅保质保量地完成了设计及监理工作，而且兼顾业主通航及营地美化的各类要求，在保证质量的前提下优化设计保证其经济性，使该工程成为白俄罗斯乃至独联体国家范围内最美的一座水电站。同时，也使北京院在欧洲水电市场上树立了第一座里程碑，成为北京院在"一带一路"沿线上一项具有战略性地位的国际工程。

在改革开放 40 年的慢慢长路中，北京院秉承"互信方能共赢，互利才能长久"的信条，互利互信，务实合作，转变经营思路，这不仅拉近了北京院与各国家与地区的距离，也使这条共赢之路越走越宽。

三、北京院转型升级，新常态下的新模式

时代在变，唯有发展不变。大道无疆，行者志存高远。坐拥厚重的传统优势，北京院始终没有忘却作为行业发展先行者应有的敏锐和笃行。

"阿达玛风电项目是我国电力建设史上的一个奇迹"竣工仪式上埃塞俄比亚水资源与能源部长如是说，阿达玛风电项目不仅水电顾问集团的经典之作，更是北京院紧跟集团步伐以高端切入、规划先行、技术领先，使国际业务转型升级的成功实践。

首先，北京院结合目标国家和地区的经济社会发展远景规划，从水电、风电、太阳能等资源普查和电力规划入手，完成了中国政府技术援助非洲的第一个规划项目。北京院始终奉行"规划先行"的宗旨，倡导规划引领项目，北京院认为：通过规划能够超前挖掘市场、超前掌握和利用市场项目信息，比单纯参与竞争性投标更容易获得项目。因此，伴随着北京院对埃塞俄比亚国家能源规划的推进，一个个从规划中走出来的优质项目逐一落地，全面开花。北京院随即承接并完成了阿达玛风电一期 51MW 的勘测设计工作，并凭此经验，最终以过硬的技术实力和雄厚的人才队伍作为牵头方与水电五局组成联营体，成功中标阿达玛风电二期工程施工总承包。

该项目两期总装机容量 204MW，是非洲大陆第二大风电项目，被称为东非高原风电建设的一面旗帜，也是东非乃至整个非洲绿色能源建设的示范性工程，该项目采用中国贷款、中国技术、中国标准、中国设备和中国承包商，是我国第一个真正意义上实现整个项目"走出去"的工程。

随着阿达玛风电二期总承包的顺利完成，开启了北京院国际业务由单一水电向新能源等多业务经营，由单一勘测设计到总承包等业务转型升级的新模式。在项目实施过程中，北京院亲力亲为，带动中国标准"走出去"。从设计、施工、材料，到试验、验收和运行均采用中国技术和标准，所有永久设备均为中国制造。据统计，阿达玛风电二期项目直接带动中国机电设备出口约 2 亿美元。同时，我们紧跟集团指挥，与集团成员企业

组成联营体，并联合国内上下游企业"抱团出海"，填补项目所在地产业空白，努力打造中国水电"走出去"升级版。北京院认为：在海外，要想把项目建设好，不是独奏，而是合唱。我们应秉持"和平发展""合作共赢"的新时代丝路精神，在建好项目的同时兼顾改善当地民生，增加当地就业，在与国内企业"编队出海"的同时也能与当地公司优势互补、互利共赢、共同发展，走出一条改革开放的新模式。

改革开放40年，中国水电勘测设计企业走向国际市场，是企业自身发展的需要和内在驱动，也是顺应国家未来发展的战略需要。国际水电市场前景广阔，企业"走出去"，将面临新的挑战，同时也是巨大的机遇。国内水电勘测设计企业只有认清外部挑战，制定适应国际市场的战略目标和管理模式，转变经营思路，培养和锻炼国际型人才和团队，提升企业的核心竞争力，才能在国际水电市场中做大做强，促进企业可持续发展。

改革开放40年来，北京院紧跟中国电建集团有限公司的步伐，在"走出去"的过程中，也锻炼出了一大批具有国际化视野、符合国际经营需求的高端复合型人才，不断推动着国内管理体制、技术规程规范与国际惯例有效接轨，将北京院既有的核心竞争力升级为具有更高战略价值的国际竞争力。在北京院走出国门一路摸爬滚打的磨砺之下，我们认识到：要想使企业在海外走得进、留得住，我们必须要主动的"削足适履"去融入当地，而不能要当地来适应我们，唯有秉持这种削足适履的精神，才能让我们企业真正在当地立足。融入当地的同时，还应该用我们的技术，我们对待工作的态度和精神去感染当地人，使他们也能够适应我们的管理，适应我们的文化，这样企业才能真正地融入当地，获取长远的发展。

国际市场跌宕起伏，深知砥砺者方可行以致远。在这幅气势恢宏的"改革开放"的宏伟画卷中，既有勇毅笃行的开拓之路，也有升级转型的理念创新，既有敢为人先的技术探索，也有胸怀大爱的责任担当。从立足国内到走向全球，从积淀深厚的中国老牌水电勘测设计企业，到承载着光荣与梦想，走过十余载海外拼搏之路的国际性企业，北京院的道路还任重而道远。正所谓"雄关漫道真如铁，而今迈步从头越"，北京院会借着改革开放40周年之际，致知力行继往开来，再接再厉砥砺前行，在新时代不断加强企业自身能力，特别是国际竞争能力的建设，紧跟国家外交战略和"走出去"战略，凭借集团公司的广阔平台，到国际舞台浪遏飞舟，在水电市场挥斥方遒。

导师带徒培养模式在中国电力建设集团有限公司的实践和发展

中国电建集团海外投资有限公司　俞祥荣　高超　曹际宣　王耀东

改革开放 40 年，中国水电事业发生了翻天覆地的变化，取得了举世瞩目的辉煌成就。中国水电无论是规模、效益和成就，还是规划设计、施工建设及装备制造能力，都达到了世界领先水平。截至 2017 年中国水电装机容量达到 3.4 亿 kW，与全球 90 多个国家和地区建立了水电开发合作。中国水电成为继高铁、核电后的"第三张国家名片"。

中国电力建设集团有限公司（以下简称中国电建）先后参与建设了长江三峡、黄河小浪底、南水北调等一大批举世闻名的水利水电工程，是当之无愧的中国水电建设主力军。作为中国电建的水电建设者，今天我们站在新的历史起点上，不管是回顾过去，还是展望未来，都倍感荣耀和自豪。因为，企业的发展以及我们个人的成长，都早已和国家水电事业的蓬勃发展紧密地联系在一起。

改革开放 40 年中国水电取得的巨大成就，一方面得益于党和国家政策的引领和支持，另一方面得益于我们培养了一支强大的水电科技和管理人才队伍。在水电人才培养方面，以中国电建为代表的水电建设企业进行了积极探索和实践。当前，在工程建设领域广为应用的导师带徒模式，就是一项卓有成效的人才培养模式，对加快我国工程建设领域人才培养做出了突出贡献。

本文回顾了导师带徒培养模式在中国电建参建的黄河小浪底工程上的初步探索，总结了导师带徒培养模式在中国电建的实践与发展，并对新时期导师带徒培养模式管理提升提出了具体建议。

一、小浪底工程导师带徒培养模式的初步探索

（一）导师带徒培养模式产生的背景

小浪底工程是中国水电建设史上具有广泛和深远影响力的经典工程，被称为世界上最复杂、最具挑战性的水利水电工程之一。主体工程于 1994 年 9 月开工，1997 年 10 月截流，2001 年底全部完工。工程荣获了中国土木工程詹天佑奖和中国建筑行业鲁班奖。

导师带徒培养模式在小浪底工程较早提出和探索，这与其特定背景密不可分。一方面，小浪底工程规模宏大，地质条件和结构特殊，施工管理环境极其复杂。因导流洞塌方等因素，CGIC 二标工程延误工期 11 个月。为保证截流目标，必须用 20 个月完成 31 个月的施工任务，以中国水利水电第十四工程局有限公司（以下简称水电十四局）为主的 OTFF 联营体承担了重任。如何尽快建立培养一支素质优良、专业过硬的项目人才队伍，关乎任务成败。另一方面，小浪底工程建设处在我国改革开放由计划经济向市场经济转轨的特殊时期，主体工程采用国际承包，FIDIC 条款作为合同管理主要依据。工程由来自 51 个国家的 700 多名外商和上万名中国建设者参与建设，使小浪底工程成为中国水电与国际接轨的碰撞点，也为中国水电事业培养国际化人才提供了重要契机。为有效解决工程项目人才需求矛盾，加快国际化人才培养，水电十四局大理分局小浪底项目部积极思考，创造性地提出了导师带徒的人才培养思路。

（二）导师带徒培养模式的主要做法和具体措施

（1）主要做法。一是明确责任目标。项目制定《导师带徒管理办法》，成立项目经理为组长的领导小组，制订详细的毕业生培养计划。提出：3 月"结对子"、6 月"导路子"、1 年"压担子"、2 年"拔尖子"培养目标。二是双导师培养。结合小浪底项目实际，项目为每位青工配备技能导师和职业发展导师。技能导师负责为学员制订培养计划，传授工作技能和管理经验。职业发展导师负责员工思想沟通、职业规划指导。三是双向选择

师徒结对。项目经理主持召开导师、新员工座谈会，搭建沟通平台，促进相互交流，让导师和员工增进了解，双向选择，自愿结对。

（2）具体措施。一是选导师。项目挑选技艺精湛、经验丰富、为人友善的专业技术和管理骨干作为导师人选。二是签协议。新员工入职后一周内，项目根据导师和徒弟的条件特点，结合双方意愿，组织师徒签订导师带徒协议。协议明确师徒双方职责、义务及培养的目标、计划和考核机制等。三是传帮带。按照"用啥教啥，缺啥补啥，教啥练啥，练啥钻啥"的带徒原则，采用"师干徒看、徒干师看、徒干师评"渐近式培养方式，由导师对徒弟进行传帮带。四是严考核。按照协议规定的 2 年培养周期，定期组织师带徒评比表彰，找出培养目标差距，确保培养效果。五是重激励。对于考核结果优秀的新员工，予以提前转正，在绩效考核、评先评优时加分，给予经济补贴和精神激励。

（3）实施效果。导师带徒培养模式在小浪底工程建设中发挥了举足轻重的作用，不仅有效缓解了项目新老人才断档、青黄不接的矛盾，促进了截流目标成功实现，还为中国电建率先培养锻炼了一批水电国际化人才，成为中国电建水电国际业务实现跨越式发展的中坚力量。据不完全统计，小浪底工程项目自 1995 年开始实施导师带徒模式 7 年间，累计结成 400 余对合格师徒。其中，不少人才成长为中国电建高层次领导和技术、管理领军人才。小浪底工程的探索实践不但为中国电建导师带徒培养模式的发展积累了宝贵经验，而且一定程度上助推国家劳动部在 1998 年下发了《关于建立和实施名师带徒制度的通知》，为导师带徒在全国各行各业逐步实施和不断发展拉开了序幕。

二、导师带徒培养模式的发展和成熟

（一）导师带徒模式的发展和应用

自 20 世纪 90 年代末，小浪底项目率先实施导师带徒培养模式并取得良好效果以后，这一首创性的做法得到所在的大理分局的充分肯定和表扬，并很快被大理分局其他项目争相效仿。在随后的几年间，大理分局在全分局范围内不断引导做实、做细导师带徒活动。尤其是在设备操作、机械修理、混凝土、模板、钢筋工等技能性岗位，通过导师们零距离、手把手地言传身教，促使广大员工在小改小革上动脑筋，在精细管理上下功夫，在降耗增效上想办法，在提升素质上当典范。经过几年的探索实践，成效显著。据了解，1998～2001年，大理分局培养优秀熟练工的时间大幅缩短，职工队伍整体业务能力、技能水平迅速提高，为大理分局的快速发展提供了有力的人才保障。

2000年后，国内水电行业进入快速发展时期，作为大型央企的重要骨干企业——水电十四局愈发意识到人才培养的重要性。导师带徒这一成本低、见效快的培养模式，很快便成为全局各项目的普遍做法。2004年，在总结大理分局经验的基础上，结合当时企业人才培养的实际需要，水电十四局出台了《专业技术带头人管理办法》，明确规定导师带徒模式作为水电十四局人才培养的重要途径。要求根据毕业生专业特点及培养使用要求，指定具有一定专业技术及管理经验的老员工对其业务、工作和学习进行指导，为期一年。导师和徒弟双方签订书面合同，规定双方目标、责任义务、期限、考核方式等。年终对导师和徒弟进行考核，给予优秀者一个月平均工资的奖励。至此，水电十四局在全局范围内正式推行导师带徒模式，并在随后的十多年中，与时俱进，不断探索完善。加强导师带徒合同可操作性，创新传帮带的具体方式，提出"半年合格、一年成熟、两年出师"的目标要求。导师带徒的实施范围也不断扩展，从最初的技术类、技能类岗位，逐步向管理类岗位扩展。培养对象也不局限于新入职大学毕业生，凡是业务能力需要提升、知识有所欠缺的员工均可纳入导师带徒培养计划，最终涵盖全局各专业系统、各岗位。导师带徒培养模式在水电十四局的全面推广，为工程局培养了大批人才，为企业快速发展奠定了基础。据统计，2003～2012年，水电十四局人才流失率降低了8%，专业技术人才占比提高了12%，职工队伍整体素质和业务水平显著提高。人才队伍的充盈，为企业持续快速发展提供了人才源动力。十年间，水电十四局营业收入、利润额、资产总额、职工人均收入，年平均增长率分别达到了23%、59%、24%、19%，各项业绩指标始终位列于集团公司第一方阵。

21世纪初，导师带徒逐步成为水电企业一种常态化的人才培养模式，作为水电十四局的上级单位——中国水利水电建设集团有限公司在充分研究的基础上，开始在全集团推行导师带徒，并随着时代发展不断完善，使导师带徒培养模式朝着制度体系化，操作流程化，内容多样化方向发展。这一期间通过加强顶层设计，完善考核评价管理，将考核结果与年度评优、职务晋升、调岗培养等方面结合起来，充分发挥考评制度和激励机制的导向作用，从而促进导师带徒逐步发展成为企业人才培养的重要抓手。

2012年水电企业进行改制重组。中国水利水电建设集团公司、中国水电工程顾问集团公司和国家电网、中国南方电网所属部分电力勘测设计、工程、装备制造企业组建了中国电建集团有限公司。导师带徒培养模式没有因企业改制重组被忽视，反而得到进一步重视和加强。在2012年中国电建人力资源管理相关文件中明确指出，员工队伍素质对集团公司发展具有决定性作用，要求坚持并完善导师带徒培养模式，导师带徒要坚持以企业需求为导向，以能力建设为核心，构建完善的人才教育培养体系。在人才强企战略引领下，导师带徒培养模式一直在中国电建延续至今。

（二）导师带徒模式传承水电精神

水电行业属于国家最艰苦行业之一，且早在20世纪80年代就开始全面参与市场竞争。"特别能吃苦、特别能战斗"的水电精神，是几代中国水电人的思想精髓，更是水电企业持续发展的力量源泉。这种精神之所以得到传承并发扬光大，正是一代又一代水电人传帮带的结果。可以说，没有这种传帮带，就没有中国水电事业的今天，水电企业的发展史，就是一部以老带新的传承史。导师带徒培养模式在水电行业系统内的广泛应用，深刻诠释了师徒培养的重要意义，它不仅是传递岗位技能的需要，更是传承水电精神、优良作风的需要。

三、关于导师带徒培养模式管理提升的思考

（一）要在体制机制上不断完善

一方面，要不断完善导师带徒工作的长效体制机制，为提高导师带徒工作效能提供根本保障。企业要因地制宜制定导师带徒相关办法，建立完善导师带徒策划、指导、检查、考核、验收等规章制度，加强对导师带徒方案制定、组织实施、管控协调、考核验收、总结交流等工作的领导，在政策、人力、经费等方面给予倾斜。另一方面，要坚持

PDCA 管理循环，做好导师带徒过程监督、检查和总结，使之得到持续改进。做到日常抽查、月底检查、季度总结和阶段性复盘，形成领导机构健全、活动规划具体、培养措施得力、考核评价规范、经验总结及时的运行机制，确保导师带徒扎实开展，真正实现导师从"要我教"到"我要教"，徒弟从"要我学"到"我要学"的转变，建立导师与徒弟协同成长、共同进步的良性发展机制。

（二）要在形式内涵上不断丰富

一是要不断增强导师带徒培养模式的针对性。要以立足服务企业发展，助力员工成才为出发点和落脚点，结合企业生产经营实际，涵盖企业不同年龄阶段、不同岗位层次员工的个人职业发展诉求，有针对性地开展导师带徒培养工作，确保因材施教，量体裁衣，不断增强工作实效性和吸引力。二是要不断增强导师带徒培养模式的创新性。导师带徒过程中，不要拘泥形式，可根据专业和岗位，通过"一带一"或"多带一"，采取岗位培训法、角色换位法、定向培养法、内训轮岗法等方法，灵活多样开展。如师徒共同创建技能工作室、共同开展课题攻关、共同完成学术论文等。三是要不断增强导师带徒培养模式的长效性。企业要高度重视，不断完善导师带徒培养模式相关支持政策，及时总结经验和做法，以制度形式加以固化和推广，确保企业导师带徒培养模式的长效性。

（三）要在眼界视野上不断拓展

随着国家"走出去"和"一带一路"国际合作的开展，越来越多的中国企业积极走向国际市场。中国企业开展国际经营，无论是主观上还是客观上，都要求充分使用当地资源，推行属地化管理。属地化管理成为中国企业优化资源配置，增强国际业务竞争力的战略选择。属地化管理的一项核心内容就是属地化人才培养。坚持"授人以渔"理念，在中外员工间推行导师带徒培养模式，让中国"老师"带外国"学生"。通过理论讲解、现场教学、实际操作的方式，强化当地员工理论培训和岗位练兵实践，最终实现导师带徒弟、徒弟带徒弟的裂变效应，打造金字塔式的师徒传承模式，在传帮带过程中实现属地化人才队伍发展和壮大，不断增强中国企业国际业务核心竞争力。

导师带徒培养模式在中国电建历经 20 多年的实践与发展，不断丰富完善，不断创新提升，不断积淀传承。从当初承建小浪底工程时的首创探索到中国电建全系统的深入推广，由星星之火到燎原之势，始终历久弥坚，显现出强大旺盛的生命力。多年来，导师带徒培养模式为中国电建培养了大批技术、管理和工匠人才，成为支撑中国电建快速发展的坚实基础和强劲动力。当前，面对国家"走出去"战略及"一带一路"国际合作带来的难得历史机遇和广阔发展空间，中国电建制定了国际经营属地化战略，全面开启了国际化大发展的新征程。我们相信，导师带徒培养模式也必将伴随着中国电建国际化发展的坚实步伐，在国际业务属地化人才培养方面焕发新的生机和活力。

改革开放四十周年　我的水电情

——根据对四川分局 1978 年出生职工采访实录

中国水利水电第一工程局有限公司　莫玲

"1979 年，那是一个春天，有一位老人在中国的南海边画了一个圈"，这首《春天的故事》不仅红遍了大江南北，更是唱在国人的心中。40 年来，中国水利水电第一工程局有限公司（以下简称水电一局）的变化也印证了改革开放的发展轨迹。

一、80 年代的探索时期

1958 年，水电一局因建设恒仁水电站而组建成立。1978 年，我出生了，正是这一年，党的十一届三中全会吹响了改革开放的号角，20 岁的水电一局像是个朝气蓬勃的"青年"，大步迈向了新的征程，从此，开启了他的"戎马生涯"。沐浴着改革开放的春风，他努力的扩展根茎，开始在泥泞中摸索前行，一路走来，写下了一篇属于三代水电一局人的壮丽篇章。

我的父母都是老一辈水电人，从我开始记事起，父母就已经参与白山水电站的建设了，那时候，我们一家七口人住在平房里，还是实行计划供应，在这个计划经济时期，有时候有钱也买不到粮食，我爸工资开 28 块钱一个月，一张张小小的票证，就串联起我们家的生活。吃不饱就成为常态，记得小时候，每天妈妈做饭，都会抓起一把粮食留起来，想着到月末才吃，但是往往到了月尾，一家人还是不够吃，那几天，几乎都是喝稀米粥的，后来有一天爸爸从单位带回来一个面包，我第一次见到这么稀罕的东西，这也是我人生第一次吃到面包，也因为这个面包，我对爸爸的单位心生向往，那时觉得能去爸爸单位上班是天下最值得期盼的事情。那时候我还不知道，正是改革开放让我吃上了面包，有了这个心愿。

二、90 年代的发展时期

到了 20 世纪 90 年代，水电一局青年人前赴后继，为水电事业的发展奔赴远方。那一天，他们辞别故乡，踏上了开往天南地北的旅程，离别时，只知道即将要去的地方，却不知时光让他们永远烙下了青春的印记，在风华正茂的年纪，带着希望和梦想在世界的某个角落抒写一幅幅独属一局的建设画卷。

1996 年刚刚进入 18 岁的我就报名要求参军，当了三年兵，我赶上了第九次大裁军，我们部队面临撤编分流。单位领导找每个干部谈话。那时只有 3 种选择：转业、复员、交流。复员后我用复员费 1280 元买了我们家第一台长虹牌彩色电视机，后来我继承了父亲的衣钵，选择来到父亲工作过的水电一局，然后被分配到了松江河西南岔水电站，我拿到了一月 200 块钱的工资，我们全家人都含笑带泪，心酸又幸福。这是我白手起家，全家人扭成一股绳奋力生活的见证。

三、新世纪的快速发展

目前，水电事业建设已经成为"走出去"的重要组成部分以及"一带一路"战略的重要助力，半个多世纪以来，几代一局人从扎根大山深处艰苦奋斗，到如今站在改革的前沿，走在转型升级的大道上，使得一局在不断发展壮大。到目前为止，经过多年的艰苦奋斗与不懈努力，水电一局相继独立建成了桓仁、回龙、朝阳、白山、红石、小山、莲花等多座大型水利水电枢纽工程，并积极开拓国际市场，在俄罗斯、乌干达、刚果（金）、土耳其、缅甸、老挝等国家都留下了水电一局建设者的足迹。

到了现在，我也参与了琅琊山水电站、南水北调工程、毗河供水等工程的建设，工资收入也翻了几番，从吃不饱到能吃饱，再从能吃饱到吃出健康，饮食不再是只为了满足生存，而成为一种文化；而最初的第一台彩电也已变成曲面液晶显示屏了；辛苦了大半辈子的父母坐在新搬的楼房里脸上洋溢着幸福的笑容！

　　四十年来，我家从喝稀米粥到不愁吃喝，从平房搬进了楼房，家庭条件发生了翻天覆地的变化。从无到有，从有到精，没有国家的好政策，没有逐年增长的工资福利，我家的生活环境怎能经历如此巨大的变化呢？我们的小家和国家，都曾苦过、累过，我们也都努力拼搏过，在新时代的光环下，一局的生命之感也越发光彩，借助改革开放的春风，我们奔向了越来越美好的新生活！

感恩水电 无悔青春

——记改革开放四十周年

中国水利水电第一工程局有限公司 侯朋伟

小的时候，家门口农田里的拦河坝，便是心目中的水利枢纽了，后来上学时从课本上读到的三峡、小浪底水利枢纽，一座座有着里程碑意义的水电站"闪亮"登场，荣耀神州、惊殊世界。这时候我才知道，原来真正的水电建设是这个样子的。

改革开放的春风拂过祖国大江南北，也奏响水电人的前进号角。从此以后，中国水电进入了急速发展的黄金时期，也迎来了水电发展的巨大变化。

改革开放的这四十年来，伴随着科学技术的不断发展，在水电技术人才的不断探索中，我国自主研发的新技术、新工艺、新材料等不断在水电建设中广泛应用，使得我国水电工程的施工技术及施工质量已达到世界先进水平。世界最大工程、世界最高混凝土拱坝、世界最高碾压混凝土坝、世界最高混凝土面板堆石坝等一批具有"世界之最"的水电工程相继问世，丰富了电力资源，驱走了山区夜晚的黑暗；大型水库、南水北调、西水东调、引松入长、引黄入晋等为民工程、民生工程雨后春笋般遍地开花，改善了人们生活环境，提高了人们生活品质；"走出去"，走出国门，造福世界，"一带一路"倡议的提出，更是将中国水电"走出去"的作用与影响推向高潮。

在改革开放的引领下，那大江大河畔的奔腾流水，高山峡谷内的两河汇聚，变成了播撒光明的神圣使者，变成了清洁能源燃烧的希望火种。

从滇内到滇外，从滇外回滇内，入职水电已经五年有余，五年的时光印证了我对水电的激情，见证了我的青年之路。与江河为伴，和大自然亲近，大坝帷幕灌浆、浇筑混凝土、高铁建设、填筑土坝，一路走来，一路感悟。看着江河之水转变为电能，想着中国山区早日通电，远望山区的盏盏煤油灯，变得灯火通明，山里的人们拥有了光明，用上了电器设备，这些变化使我不禁产生了深深的自豪感。职业的平凡与普通不重要，重要的是所从事职业的内在含义，我也时常这样的感悟着、鞭策着自己，激励自己不断奔波的脚步，淡释着家人的抱怨、工作条件的艰苦。

从1978年到2018年，改革开放四十年，中国的变化天翻地覆，人们的生活全面改善，作为清洁能源代表的水电不断地在能源结构体系中进一步提高着其所占的比重。建好一座电站，振兴一个城市，带动一方经济发展，这是改革开放的成绩之一，这是水电不断发展的初心与使命。我感恩水电，因为是水电成长了自我，是水电岗位使我能够充分实现自我价值；我感恩水电，因为水电是我梦想的载体，是水电岗位赋予我走出大山，安家城市的机会。

感恩水电，无悔青春。一个人的工作也许是微不足道的，可一群人的努力成果却是让人瞩目的。奉献青春，换来光明；燃烧自我，丰富清洁之能源，这是水电人为之奋斗终生的目标，也是水电人一生为之坚持的信仰。世界之最的缔造征程，漫漫而长远；灵魂深处的水电执念，忠诚而无私。这是水电赋予我们的人生阅历，也是水电成就于我们的铁军品质。青春易失但无悔，水电孤寂却精彩，感恩水电，无悔青春。我们不仅仅是改革开放政策的受益者，更是改革开放风雨的见证者。曾经无悔，未来执着，我感恩着水电，也无悔着青春。

心向水电　刻绘青春

1985 年出生的我，从小就沐浴着改革开放的春风，听着引滦入津的故事，幸福快乐地长大。每每品尝着甘甜如怡的滦河水的时候，我就不禁问自己，水源短缺的生活究竟是什么样？每公升含 1000 多毫升氯化物的苦涩咸水究竟是什么味道？带着这个疑问，我走进了大学，并且选择了水利水电工程专业，从此和水利水电结下了不解之缘。四年本科，两年半研究生，毕业后又义无反顾地踏出国门，在非洲大地修建水电站项目贡献着自己微薄的力量。细细数来，至今已经 15 年了，青春在挥洒，热血在流淌，改变的是中国水电崛起的雄姿，不变的是对水利水电事业的追求。

犹记得刚刚进入大连理工大学校园的时候，我对水利水电工程根本没有什么概念，马震岳老师给新生上了一堂课，向大家介绍了中国水利水电概况，正在建设的工程项目，以及未来的发展前景，也谈及了全球水电分布情况。当时我听得心神向往，热血沸腾，下定决心要学好专业知识，为今后祖国的水利水电建设服务。几年的专业学习，使我对水利水电有了逐渐深刻的了解和认识。2006 年暑期我到长江三峡水利枢纽工程、葛洲坝水利枢纽、隔河岩水电站进行生产认识实习。三峡水电站大气恢宏震撼人心，让我印象深刻。那时的三峡工程还未全面完工，左岸电站 14 台机组已全部投入运行，右岸电站 6台 70 万 kW 的发电机组安装正在如火如荼展开，在那里我第一次见到了转子、定子等大家伙，见识了焊工精湛的技术，那热火朝天却又一丝不苟的场面深深印在了我的脑海里。如今三峡工程已经完工，承担着防洪、发电和航运等主要功能，在西电东送工程中发挥着巨大的作用，为国家建设的能源需求保驾护航。

2009 年，我进入天津大学继续研究生阶段的学习，依然是水利水电工程专业，在那里学习不再是简单的基础知识的堆砌，而是在某一方向上深入的研究和探索。恰逢金沙江流域开发建设，我有幸主要参与了向家坝和白鹤滩两个项目的高坝消能试验研究，在向家坝试验中通过模型试验研究了隔墙在泄洪时的水动力特性，并将模型试验结果应用于有限元数值计算，分析了隔墙的模态和动力响应，进而评价其安全稳定性；在白鹤滩试验中通过物理模型试验和有限元计算对水垫塘反拱型底板进行了非线性稳定分析。向家坝水电站和白鹤滩水电站都是金沙江流域的世界级水电站，不仅仅需要强大的经济基础，更需要先进的技术力量，如此规模的水电站能够从规划到设计到施工以及设备的生产制造，无不体现我们伟大祖国强大的综合国力。每次回想起那段日子，我都心潮澎湃，难以忘怀。我参与的只是宏大工程中一个部分的研究，相比之下微不足道，但每一个试验步骤的认真操作，每一步计算分析的深思熟虑，都深深镌刻在我的脑海里。为了一个可能存在的偏差夜不能寐，苦思冥想后的豁然开朗至今想来仍然令我兴奋不已。我为能够在改革开放的进程中为祖国的水电建设事业贡献一点点力量而骄傲！

2012年，怀揣着振兴祖国水利水电事业的雄心和梦想，我走出了校园，踏上了工作岗位。工作后我马上就被安排参与海外水电工程的项目管理工作。先后参与了尼日利亚KAINJI水电站改造设备成套项目管理、尼日利亚 Dadinkowa 水电站续建总承包项目管理和援埃塞阿巴-萨姆尔（Aba Samuel）水电站项目采购工作等。开始工作后三年多的时间里基本上与尼日利亚KAINJI水电站改造设备成套项目为伴，多半时间长驻项目现场，从合同管理到现场后勤，大大小小事无巨细，即使在国内的日子也是从各方协调到设备验收忙得不亦乐乎，每日工作到深夜，竟然熬出了白发。现在每每有人问怎么会有这么多白发，总是想起那段辛苦而充实的日子。尼日利亚是非洲第一人口大国，同时也是非洲第一大经济体，能源储备丰富，是中国企业走出去的重要市场，因此项目的良好执行对今后在该国市场开发具有重要意义；但同时，种族和宗教冲突、恐怖爆炸事件时有发生，令国人谈虎色变的疟疾更是这个国家的常有之事，不仅我自己得过疟疾，每每周围同事感染了疟疾，我都要陪同他们去当地医院验血打针输液，要知道在那里生病或者受伤着实令人堪忧，当地的医疗条件极其有限，医疗器械和药品匮乏，卫生条件落后，不知大家能否想象诊所内苍蝇随处飞舞的情景。如今想来，还心有余悸。中国的雨夜，芭蕉沙沙作响，摇曳生姿，让人心生涟漪，但这是中国的雨夜。在尼日利亚的雨夜，伴随着断电、断网，停水。初到现场的时候，每每遇到这样的情况，就要马上打开手电筒，只有那黑暗中亮起的微弱的光芒才会让自己心安；而后来的日子，黑暗就成为生活中的一部分，习以为常了。就是在那里我见识了伸手不见五指的漆黑，就是在那里我习惯了在黑暗中继续如常的工作，就是在那里我学会了静静地一个人坐着，感受内心的浮躁在风雨声中慢慢沉淀。可以想象，我们所在的驻地还是电站所在的小镇，其他地方的供电情况会更加糟糕很多。想到这，又不得不为我们的国家自豪，改革开放以来，我国电力快速发展并持续转型升级，大电网不断延伸、电压等级不断升高、大容量高参数发电机组不断增多，新能源发电大规模集中并网，为工业生产和居民生活保驾护航，我们应该谨记这些来之不易。更值得自豪的是中国水电建设能力和装备制造能力，都在改革开放后短短的几十年里突飞猛进，取得了长足的进步，不仅为祖国建设添砖加瓦，更是凭借自身实力进入国际市场，整体上各企业在 ENR 的全球和国际工程承包商 250 强排名中逐年提升；到具体的项目，就以我负责执行的尼日利亚 KAINJI 项目为例，60 年代大坝新建时的机组供货商包括奥地利 Voest Alpine、英国 English Electric Company、日本 Hitachi、瑞典 ASEA 等，如今华东院与哈电联合体中标该项目的修复任务，可见中国水电和装备制造企业已经可以与欧美等老牌企业同台竞技、更胜一筹。

改革开放四十年，中国取得了举世瞩目的辉煌成就，中国水电也紧跟时代步伐取得了历史性突破。乘风破浪会有时，直挂云帆济沧海，拥抱新时代，我们要高举中国特色社会主义伟大旗帜，锐意进取，埋头苦干，做好本职工作，不断取得新的更好成绩。

昨日余晖　今日芳华

中国水利水电第十工程局有限公司　肖璐

> 孟夏之日，万物并秀。众观中国水利水电第十工程局有限公司（简称水电十局）改革开放四十年。回首昨日光辉岁月，感人肺腑的记忆让我历历在目。展望今朝，细数风流人物，电建之魂永为留存。

拜水都江堰，问道青城山。往日坐落在汶川县映秀镇的水电十局机关及职工居住区。早在震前就已经搬迁在这样一个环境优美，空气宜人的旅游城市中。谁也不会想到这样美的城市中 10 年前遭受重创。回想曾在"5·12"特大地震中，痛失爱妻、爱女和妹妹的二分局工会主席彭开富舍小家顾大家。日日夜夜战斗在抗震救灾第一线。获得抗震救灾先进个人称号，然而他并没有消沉，而是勇敢面对生活又建立一个新家，同时把抗震救灾精神传承下来用在工作中。后来他退出分局领导岗位到老挝项目主管安全工作，由于工作出色，领导破例建议将他挽留下来。他说："作为受党培养、教育多的老党员，在悲痛和打击面前，我必须选择坚强，用个人精神展示我们水电十局对外形象。"

还有着这么一群人，他们远离城市在戈壁滩生活着。他们为边疆付出青春，付出生命、贡献辉煌的拓荒者—最前线的水电工人。2017 年 7 月 24 日，中国水电十局·别迭里项目部遭遇百年不遇的一场特大洪水灾害事件。洪水无情吞噬了人们的劳动果实。然而水电工人们并没有气馁，而是众志成城，百折不挠，在领导们号召下。抗洪抢险，功夫不负有心人，经历一个严冬，让别迭里水电站重新矗立在这永远是蓝天、白云的天空下方。前段时间老挝南部阿速坡省由韩国公司承建的桑边桑南内水电站发生严重溃坝事故，引发严重洪灾。大灾面前，我们水电十局建儿伸出援手奉献爱心，参与老挝溃坝救援。充分发挥水电专业优势，彰显大国央企担当。

"众人拾才火焰高"正是有了这样一群出色的电建者。水电十局才有今日芳华。过去水电十局承建的康定冷竹关水电站工程、江油通口水电站工程先后荣获四川省建筑行业质量最高奖"天府杯金奖"，康定小天都水电站获国家质量奖，2009 年公司承建的伊朗塔里干水利枢纽工程还获中国建筑（境外）鲁班金像奖，河南燕山水库荣获 2011~2012 年度中国水利工程优质（大禹奖）。今日我们分局所建的兴隆湖生态湖再次获得习总书记好评，以及我们目前正在修建的毗河工程，俗称"再造一个都江堰灌区"。这条灌区宛如蜿蜒盘旋长龙，飞跃在成都市金堂县和资阳市简阳市两个地区的 14 个乡镇上空。解决了当地人的吃水梦，又书写了恢宏的一笔。

随着"一带一路"建设。作为央企走出去，我们义不容辞。随着十九大精神的提出，公司要以习近平新时代中国特色社会主义思想始终贯穿工作全过程各方面。要坚持水电十局"百亿企业"发展战略不动摇，全面推进公司"十三五"发展规划战略部署及实施；要着力开展体制、机制创新，重构公司管理链条；落实向大土木、大土建、多元化产业结构的转型升级；强化"履约为先、管理为重、创效为本"的核心管理方针。目前公司正在由比较单一的工程承包商向全产业链的建筑服务商转变，由资源推动型向创新驱动型转变，由劳动资金密集型向技术商务管理型转变。迈进新时代、开启新征程、谱写新篇章是我们肩负的重大使命和责任。目前水电十局已经对外成立老挝公司。当年的老挝南累克水电站初期险些陷入绝境，如今已成为老挝片区水电建设的中坚力量。也为后续市场开发奠定了基础。相继承建了老挝南梦 3 水电站、赛德 2 水电站、南立 1-2 水电站、南俄 3、南俄 5 水电站等水电项目。其中南俄 5 水电站是老挝境内第一个水电投资 BOT 项目。运营期十局人大胆实践，敢于创新，以引入信息化管理为突破口，一举实现了基层水电场从决策人员到各部门、车间（班组）等生产业务计算机网络化管理，为电站的安全、经济运行创造了良好的内外部环境。南俄 5 水电站投运以来，设备状况良好，运维工作有序，截至目前，已累计发电超过 2 亿 kWh。平稳安全运行超 1200 天，造福了老挝政府及老挝人民。如今规模越来越庞大。目前的中老铁路，南俄 4、色拉龙、南欧 3、4、5 等水电站接踵而至。印尼公司也会在不久的将来成立。目前建设的雅万高铁，巴丹托鲁、佳蒂格德等水电站也正在如火如荼的建设中。

"一带一路"好比一根丝带，串起了沿线国家散落的珍珠。不仅串起了我国与他国经济发展。还串起了我国与他国的姻缘。让我们不少电建者收获了爱情。从"星空之恋"到中国电建外籍人其拉大婚，再到如同偶像剧一般浪漫的摩洛哥之恋。在 2018 年 8 月 5 日晚在瓦尔扎扎特明亮的上空，中摩两国人载歌载舞在欢声笑语中共同见证了张乐与卡丽玛的别样婚礼。

夕阳坠落在毗河花田里，回忆带不走水电十局昨日不朽的成就，如今奋战在基层的水电建设者们仍在撸起袖子加油干，为你们打 call！今朝十局等着你们再创芳华！

浅谈改革开放四十年以来的发展变化

中国水利水电第十二工程局有限公司　马季煌

今天很荣幸和大家一起参加离退休支部书记座谈会的活动，在此我想向大家分享一下我眼中的中国水利水电第十二工程局有限公司（以下简称水电十二局）改革开放四十年的发展变化。

古人云：穷则变，变则通，通则久。改革开放使我国的经济水平迅速提高，作为祖国的建设者，改革开放的四十年也是我们局积极求变的过程，作为一名普通的工人，站在这个平凡的视角，在这四十年间，我看到的科技的变化，效率的变化，还有生活的变化。

改革开放最直观的感受是生产工具的进步。1957年我从江西上犹水电站调来新安江水力发电工程局工作，令我印象最深的就是风钻设备的进步。1958年，我在机械化站搞宣传科工作时，有一次我随开挖一队支部书记杨荣贵一起进山洞考察进度。我看到当时朱家埠到岭后的山洞灰尘滚滚，工人们一个个都像猛虎似的打风钻，满面灰尘看不清对方是谁，山体渗出的水湿透了工人们全身的衣裳，这样的劳动场面让我震撼。走进山洞时我看见几个医务人员从担架上抬着一个工人向山洞口跑，我也跟着他们跑，到了山洞医务室，医生给那个风钻工打了一针，那个工人苏醒后又进山洞打风钻了，我马上赶上去问他，你身体怎么啦，他说我还好，我问他你叫什么名字时，他笑着没有把名字告诉我，而且说我的工作量还没有完成，我一定要完成后才下班，我们没有干完的工作不能留给下一班，而增加他们的负担。他的敬业精神确实让我感动，但他灰色的背影更加让人心疼，在那个生产力落后的时候打隧道都是工人提着风钻一点一点开出来的。在改革开放以后，我看到的是局里工人坐在带着巨大钻头的钻机上，缓缓地驾驶这个大块头开进山洞中。从"叮叮咣咣"变成了"轰轰隆隆"积极的面向改革开放的浪潮使我们局的生产力大幅度提高。

改革也总不是一帆风顺的，期间我们也遇到了很多挫折。90年代为了响应国企改革，局里也经历过大规模的职工下岗。在局里领导的带领下我们也挺过了难关，通过提高工人的工作效率，提高资产的利用率，面向市场，走出国门，单位扭亏为盈，在东南亚，非洲各地承建了多个项目。

改革，可以很大，大到天堑变通途。改革，可以很小，小到人们的支付习惯和出行方式。在我看来，改革开放最大的成就，是每个职工生活的变化。从物质生活上，家家户户搬进了楼房。精神生活上，近几年局里领导对离退休老同志也比较关心，经常来各基地看望老党员，老同志。退休后，我们关系转到罗桐社区，社区对我们也很照顾，帮助生活上有困难的党员，经常组织慰问活动，提供必要的帮助。在此我代表我们退休支部向局领导和罗桐社区领导表示感谢。我是改革开放的建设者，也是改革开放的受益人。

以史为鉴，可以知兴衰。在我们展望水电十二局光明前程的同时，也应该铭记为了建设新安江水电站而献出生命的那些工人们。建局之初，我局建成了中国第一座自己设计，自己施工，自行安装的水电站，成就是伟大的，但也有牺牲，在此我与新安江区的几个支部书记共同提议为建设水电站牺牲的建设者们在桃坞公墓建一座纪念碑。我希望我们的提议能够得到局领导和有关部门的支持。一方面，纪念他们为中国水利水电事业和水电十二局所做的贡献，弘扬水电工人精神，激励年轻人"不忘初心，继续前进"。另一方面，宣传水电十二局在建设新安江水电站做出的巨大贡献，体现我局社会责任感和历史使命。

乘着改革开放的夏荫

从 1978 年到 2018 年，改革开放至今已经走过了整整四十个年头。作为乘着改革开放的夏荫出生的一代，从呱呱坠地那刻起，我们就已然成为时代的宠儿。我没吃过"大锅饭"，但听说那是一个胖子和瘦子一人吃半碗饭的年代。我没参加过生产队，但听说大家分着同样重的粮食，队里有人忙碌有人闲。线条坚毅的永久自行车我倒是见过，但听说如果没有"商品票"，即使手握巨款也不可能把他从五金商店骑回家。所有改革开放前的生活对于我来说，只是奶奶口中的故事和写在书本上厚厚的历史。我，没有经历过社会的剧变，但却见证了它的高速发展。

一、传呼机

我对传呼机的印象极其模糊，只记得父亲别在腰间的那个小黑匣总是嘀嘀嘀嘀响个不停。不管在何处，只要匣子叫起来，父亲的两片眉都会不自觉地向对方靠拢那么一点，前一秒还笑得肉都挤在一起的脸，下一秒立马平整的像一张 A4 纸。本来懒散的步伐，也被这嘀声催的越来越快。直到发现一个公话亭，父亲的脚步才舒缓下来。看着公话亭前排成长龙的人，他总要深吸一口气，然后默默地排在"人龙"的最后。等父亲满意的向在公话亭中负责收费的人手里递去两角钱的时候，他的两片眉毛才又回到了各自的位置，脸上也重新扬起笑容。后来，"能砸核桃"的诺基亚手机出现了，大家纷纷丢掉那个会嘀嘀响的传呼机，用起既能收发短信又可以打电话的诺基亚。再后来，随着通信技术和电子信息产业的高速发展，智能手机应运而生，美颜照相、看视频、玩游戏、炒股理财、看新闻、看小说……各种功能一应俱全。旧版诺基亚手机也确只有砸核桃的份了。

二、"大发"出租车

那是我第一次看到鹅毛一样的雪花，它在天上向左飘一下向右摆一下，最后缓缓地降落，在它以为自己快要落到地面的时候，被车窗上的水珠紧紧抓住了。当时的我还没见过鹅毛，可能也不知道天上飘得是雪花，但那枚轻盈卷曲的薄片我至今都记忆犹新，还有那天坐在"大发"出租车上发动机的隆隆声，父亲哈在我脸上的痒痒的气、咚咚咚咚的心跳和那无比温暖的怀抱……

后来街上的"大发"出租车逐渐被夏利所取代，等到出租车中捷达的数量超过夏利时，我们自己家也买了车。舒服的真皮座椅、几乎听不到声音的发动机还有环绕音响。我们的生活水平有了质的飞跃，可心中却总觉得怅然若失，也许是比父亲高了一个头的我，对那被包裹的温暖感觉有的怀恋吧。

三、十层"大厦"

十五年前，父亲带我搬了新家，他怕我迷路，每次走到家门前的路口都要停下来，指着附近一座高楼上的红字对我说："儿子，记住'张氏集团'这四个字，你找不到家的时候就往高处看，看到'张氏集团'就能找到家了。"每每听到这句话我都会朝周围看上一遭，果然这座"张氏集团"大楼是最高的，便对父亲说的话深以为然，心里还忍不住窃喜，原来父亲背着我偷偷盖了这样一座大厦。后来，我不会迷路了，也知道了"张氏集团"其实是一对做屠宰生意的兄弟盖起来的。后来我们市里盖起了八十层巨楼，才发现原来曾经的十层大厦那么渺小。再后来，我，长大了，父亲，老了。那个让我骑在他的脖子上，带我去家门口的广告牌前看小平爷爷巨幅画像的人老了；那个告诉我"是画像上这位慈祥的老爷爷改变了我们生活"的人老了；那个养了我二十二年的人，老了。

后来，后来，再后来。我们的祖国一跃成为世界上最大的经济体，科技创新能力、综合国力均位于世界前列。这一切的背后不仅有着一位在历史书上总是挂着淡淡笑容的老人的身影，还有厥功至伟的一代代一辈辈奋斗在一线的科研人员与广大职工，正是他们的无私奉献让中华民族在伟大复兴的道路上越走越快，越走越远。

如今，改革开放已经到了攻坚期。党的第十九次代表大会吹响了决胜全面建成小康社会、夺取新时代中国特色社会主义伟大胜利的号角。乘着改革开放夏荫出生的我，今年六月刚刚毕业，怀揣着小时候的梦想，来到中国水利水电第十二工程局，成为中国电建系统二十万"螺丝钉"中的一员。

至此，我已经在项目办公室的岗位工作了整整五十三天。最初的日子，我觉得基层的生活虽然宁静充实，但却略显单调乏味，直到我的洞箫遇见室友的长笛，后来又和吉他、小提琴擦出了火花，这让我对基层的工作生活有了全新的认识。在这里，往返于项目部和施工现场间匆匆的身影，是同事更是亲人；顶着烈日让尘土沾了满身的，是工作更是祖国和人民殷切的期盼；焦裕禄曾任县委书记的兰考是我参加工作的地方，更是我挥洒汗水播种青春的"战场"。

今年六月，我刚刚参加工作，二十三岁，正年轻！

我在改革开放的岁月里　砥砺前行

中国水利水电第一工程局有限公司　孙明敏

> "历史只会眷顾坚定者、奋进者、搏击者，而不会等待犹豫者、懈怠者、畏难者"。1978～2018年，是中国改革开放的四十年，这四十年里，在伟大的中国共产党的坚强领导下，祖国大地日新月异、万象更新，发展突飞猛进，人民的获得感、幸福感不断增强！在纪念改革开放四十年之时，我想说说改革开放的岁月里，发生在我身上的故事……

我，一个90后，家住在吉林省桦甸市的一个偏远山村，在我的童年记忆中，家中的房子室外是土坯墙，室内是用报纸糊的。通往家中的乡村道路泥泞不堪，遇到大雨，道路便会冲毁，无法通车，上学只能徒步走到7里之外的学校。土坯房的教室里，只能靠生炉子取暖，我们的午餐都是自家带的饭盒，放在炉子上进行加热，根本谈不上什么营养，仅仅是为了填饱肚子。小时候家里的电视机画面还是黑白的，看电视只能看一个地方台，还要在房子外面弄一个木杆，上面安着"天线"，信号不好的时候还要不停地去外面旋转木杆，寻找好的"信号源"；每年最开心的时候就是过年，因为到了过年，才可以穿上新衣服，才有好吃的，才有玩具……寒来暑往，在这样的环境中，我度过了一个又一个春秋！

随着改革开放步伐的不断迈进，我的家乡发生了翻天覆地的变化！在国家政策的大力支持下，庄稼年年丰收，政府还有补贴，现如今，家家户户都盖起了新房子，村里早已修上了水泥路，现在我的侄子是坐着轿车去上学。宽敞明亮的教学楼里，空调机自动调节着温度，学校的食堂还配送着营养午餐！家里60寸的大彩电，能收到100多个台，画面清晰的就像一幅山水画。生活中的每一天都和过年一样！

改革开放，百花争艳，科教兴国，人才强国。2011年，我如愿考入了自己心仪的大学，怀揣着对美好生活的向往，我从"大山里"走了出来，在大学期间光荣地加入了中国共产党。如果没有改革开放，没有国家对教育事业的重视，没有政府对寒窗学子的支持，我不敢想象我是否有机会去选择自己想要的人生；或许，我会继续过着父母那样面朝黄土背朝天的生活，偏安一隅，空谈理想。

2015年，我大学毕业，毅然决然地选择了中国水电建设事业，有幸成为中国水利水电第一工程局有限公司（简称水电一局）的一员，毕业后到艰苦的施工一线去磨练自己的意志，增长才干。在水电一局工作的这3年，我深刻感受到了在"改革开放""党的十八大""习近平新时代中国特色社会主义思想"引领下公司发生的巨大变革！水电一局，这支从白山黑水间走出的水电劲旅，在改革开放春风的沐浴下，逢山开路，遇水架桥，在新时代的新征程上高歌猛进，发展势头显得越发强劲！

作为一名基层员工，我深刻感受到了水电一局的大兴之势，在公司、公司党委的正确领导下，员工工资逐年上涨，各项经营指标不断攀升，员工获得感不断增强；在公司"责任一局、担当一局、水平一局、能力一局、奉献一局、情感一局"的"六个一局"精神号召下，员工干劲十足。借着改革开放的东风，公司领导班子高屋建瓴，抢抓机遇，携手南北东西，挽臂海内海外，为公司员工提供了良好的发展平台，越来越多的优秀年轻职工走上了领导岗位，大放光彩！

百舸争流千帆竞，借海扬帆奋者先！弹指一挥间，改革开放关山飞渡，风雨兼程四十载！正如习近平总书记所言，"人民有信仰，民族有希望，国家有力量！""幸福都是奋斗出来的"。中共十九大已经描绘了我国发展今后三十多年的美好蓝图，若每个年轻人都奋力向前奔跑，改革事业就有不竭动力，国家民族就有美好未来！九层之台，起于垒土。要把做过发展的宏伟蓝图变为现实，我们必须不驰于空想，不骛于虚声，一步一个脚印，踏踏实实干好本职工作！

　　用力活着，才有分量；向前奔跑，才能抵达！改革开放 40 年，不论个人、家庭还是企业，在国家的引领、关怀下，都在不懈的奋斗着！如今，生活环境已发生了翻天覆地的变化，工作、生活条件都越来越好，怀揣着对美好生活的向往，我将在改革开放的岁月里，不断进取，砥砺前行！

后　记

　　2018 年是我国改革开放四十周年。四十年来，在国家改革开放总的方针路线指引下，中国水电以国家富强、民族振兴为己任，锐意进取、真抓实干，砥砺前行、成就辉煌。为了全面深入贯彻党的十九大精神和纪念改革开放四十周年，展现改革开放四十年来我国水电发展取得的重要成就和宏伟业绩，传承可歌可泣的水电改革和奋斗精神，推动我国水电事业在新的起点上承前启后、继往开来，在新时代奋力建新功再创新佳绩，由中国水力发电工程学会发起"改革开放四十年：中国水电"征文活动。十分感谢水利水电行业老领导对学会组织"改革开放四十年：中国水电"征文活动给予的大力支持和指导，感谢水电行业各有关单位和个人提供稿件、给予支持。

　　本次征文范围包括回顾和总结改革开放四十年来中国水电的发展成就和经验体会，反映改革开放四十年来对中国水电发展做出突出贡献、具有广泛社会影响力的经典工程和业绩，突出"传承 创新 发展"主题和弘扬中国水电奋斗精神，宣传和总结改革开放四十年来对中国水电发展做出突出贡献的典型人物和团队先进经验，以及水电体制改革、科技创新、装备制造、投资融资、工程建设管理、国际合作、人才培养等内容。征文通知发出后，得到了中国长江三峡集团有限公司，中国电力建设集团有限公司，中国能源建设集团有限公司，中国葛洲坝集团有限公司，水电水利规划设计总院，国家电网公司东北分部，中国长江电力股份有限公司，贵州黔源电力股份有限公司，中国电建集团海外投资公司，中国电建集团国际工程有限公司，雅砻江流域水电开发有限公司，华能澜沧江水电股份有限公司，中国华电集团云南怒江水电开发有限公司，国家电投五凌电力有限公司，黄河水利水电开发总公司，水利部农村电气化研究所，中国电建西北、北京、成都、昆明、中南、贵阳、华东勘测设计研究院，长江勘测规划设计研究院，中国葛洲坝集团第三工程有限局，中国水电一局、三局、五局、八局、九局、十局、十二局、十五局、十六局、基础局，中国电建市政建设集团有限公司、中电建水电开发集团有限公司等有关单位的重视和大力支持，组织有关个人积极撰写稿件。到征文截止日期为止，共收到征文 206 篇。

中国水力发电工程学会组织了有关专家进行文稿评审，共评选出优秀文章和论文共 155 篇，编辑成《改革开放四十年——中国水电》一书，正式出版。本书分为上卷（综合篇）和下卷（人物篇和论文篇）两卷。在此，我们谨向为本次征文提供支持和帮助的上述有关单位和踊跃投稿的作者表示衷心地感谢。此外，还要感谢中国电力出版社，在时间紧、任务重的条件下，为本书的编辑、校审、排版和装帧做了大量工作和辛勤努力，保证了本书在 2018 年内出版面世。

由于我们编撰水平和能力所限，书中错误和遗漏在所难免，敬请读者批评指正。

《改革开放四十年——中国水电》编委会

2018 年 11 月 30 日